Marianne Müller
Unverschleiert in Katar

www.fontis-verlag.com

Meinem himmlischen Vater gewidmet,
der mir alles bedeutet und dem ich alles verdanke.
Und der besten Familie, die man haben könnte.
Ihr macht mein Leben reich!

MARIANNE MÜLLER

Unverschleiert in Katar

UNSERE ABENTEUER ALS CHRISTLICHE
FAMILIE IN DER ARABISCHEN WELT

'fontis

Bibliografische Information der Deutschen Nationalbibliothek
Die Deutsche Nationalbibliothek verzeichnet diese Publikation in der
Deutschen Nationalbibliografie; detaillierte bibliografische Daten
sind im Internet über www.dnb.de abrufbar.

Der Fontis-Verlag wird von 2021 bis 2024
vom Schweizer Bundesamt für Kultur unterstützt.

Umschlag: SpoonDesign, Langgöns, www.spoondesign.de
Umschlaggestaltung unter Verwendung von shutterstock.com.
Foto Kamele Rückseite Umschlag: Fabien Bazanegue/unsplash.com,
Foto Skyline Doha Rückseite Umschlag: Melissa Mitchell
Foto Autorin Umschlag: © by Marianne Müller
Foto-Quellen: Das meiste Bildmaterial in diesem Buch stammt
aus der privaten Fotosammlung von Familie Müller und ist
urheberrechtlich geschützt (alle Fotos aus der Privatsammlung Müller
© by Familie Müller). Weitere Quellen: 1.) Pexels (S. 220 Fotograf:
Jose Aragones); 2.) Unsplash (S. 26 Fotograf: Samuel Regan-Asante,
S. 162 Fotograf: Visit Qatar, S. 171 Fotograf: ekrem osmanoglu,
S. 177 Villagio Mall, Fotograf: Visit Qatar, S. 180 Fotograf: Visit Qatar,
S. 193 Fotograf: Tomáš Malík, S. 209 Fotograf: Jon Tyson,
S. 232 Fotografin Liane Metzler, S. 241 Fotograf: Januprasad);
3.) Adobe Stock (S. 116 Fotograf: Omar, S. 122 Fotograf(in): matpit73,
S. 129 Fotograf: Michael, S. 147 Fotograf: Ekkasit A Siam,
S. 151: Fotograf(in): foxysgraphic, S. 324 Fotograf(in): hari.ksa,
S. 336 Fotografi(in): 9nong, S. 343 Fotograf(in): efesenko);
4.) Wikimedia.org (S. 40 Fotograf: Axelspace Corporation,
S. 166 Fotograf: Wilson Dias/ABr, S. 144 Fotograf: Jovan David
Rebolledo Mendez); 5.) Flickr (S. 177 Orry: flickr.com/photos/
dagoc2006/195005165?).
Satz: Samuel Ryba – Design Ryba
Druck: Finidr
Gedruckt in der Tschechischen Republik

ISBN 978-3-03848-249-9

Diese Geschichte erzählt von einer großen Familie,
die eine weite Reise antritt.
Dazu gehört:
Zurücklassen und Aufgeben,
Verzicht und Trauer,
aber auch:
das Entdecken einer neuen faszinierenden Welt
und einer Gemeinschaft,
die beschenkt und trägt,
in schweren Zeiten,
wenn alles hoffnungslos erscheint.
Es ist die Geschichte einer großen Familie,
die ins Ungewisse aufbricht,
im Vertrauen darauf, dass Gott sie führt.
Ich erzähle von einer Familie,
die eine neue Heimat findet in der Wüste,
... bis Gefahr droht.
Es ist die Geschichte von einem großen Gott,
der mitgeht und trägt.
Es ist die Geschichte meiner Familie.

Inhalt

9

Die Ereignisse in diesem Buch sind
tatsächlich so geschehen. Allerdings wurden
aus Gründen des Personenschutzes
die Namen einiger Personen abgeändert.

Prolog

Doha, Katar
30. November 2008

Mit einem Knall schlägt der Offizier der Haftanstalt die Akte zu und sieht Matthias an. In seinem Gesicht: eine seltsame Mischung aus Wut und Bedauern.

Nach einem kurzen Schweigen stößt er laut ein Schimpfwort aus und sagt dann: «Es tut mir so leid! Ich kann Ihnen nicht helfen. Ich kann nichts dagegen tun.»

Matthias' Blick streift beklommen die kahlen Wände des Büros sowie die ordentlich aufgeschichteten Akten auf dem Schreibtisch und bleibt dann am dekorativen Tablett hängen, das zwischen ihm und dem Offizier platziert wurde. Mit seinen aufwändigen orientalischen Verzierungen und den penibel angeordneten zierlichen Kaffeetassen scheint es ihn zu verhöhnen: Dieses exotische Land ist ihm und seiner Familie zu einer zweiten Heimat geworden. Aber nun muss er erfahren, dass sie unerwünscht sind.

Ähnlich den vergoldeten Tassen auf dem Tablett haben sie sie kennengelernt: die glänzenden Seiten dieses Wüstenlandes – und mussten dann feststellen, dass die Goldschicht in Katar

auch schnell abblättern kann. Was dahinter liegt, ist unter Um-
ständen sehr unansehnlich … Dennoch haben sie diese fremde
Kultur schätzen gelernt wie den landestypischen, würzigen und
ungeheuer starken arabischen Kaffee.

Wie ist es möglich, dass Matthias sich jetzt in einer großen,
trostlosen Strafvollzugsanstalt befindet?

Dabei hatte der Tag so gut angefangen! Nichts hatte auf die
Katastrophe hingewiesen, die nur wenige Stunden später ein-
treten würde.

Es ist der erste Advent, und auch wenn in diesem muslimischen Wüstenland überhaupt nichts auf Advent oder
Weihnachten hinweist, ist das Herz meines Mannes Matthias an diesem Morgen von einer freudigen Aufbruchstimmung erfüllt: Etwas Neues, Großes, Aufregendes steht
vor der Tür: In nur zwei Tagen wird er hier in Katar mit
einem Freund seine eigene Firma registrieren.

Zwischendurch hatte Matthias daran gezweifelt, ob es
wirklich klappen würde, aber nun haben sie den richtigen Standort und die perfekten Mitarbeiter. Das größte
Wunder jedoch ist das hohe Startkapital, das ein Freund
zur Verfügung stellen will. Die Firma wird eine Marktlücke
füllen und mit Sicherheit in Kürze gute Gewinne abwer-
fen – mehr als genug für unsere große Familie. Mit diesen
hoffnungsvollen Überlegungen startet Matthias ausgelassen in den Tag. Freudestrahlend begrüßt er auf dem Weg
ins Büro jeden, den er sieht. Endlich wird er sein eigener
Herr sein. Wie mühevoll war die Zusammenarbeit mit
den Besitzern der Firma, bei der er bis jetzt noch arbeitet!

Etwa zwei Stunden später sieht er beim Blick durchs
Fenster, wie das Auto seines Vorgesetzten über den Hof

rollt. Obwohl ihre Büros nur wenige Meter auseinander-liegen, läutet schon bald das Telefon.

«Matthias, komm bitte in mein Office!», fordert sein Chef auf Englisch.

Matthias' gute Laune verfliegt. In der letzten Zeit war die Beziehung angespannt. Was wird Herr Mustafa heute, an seinem letzten Arbeitstag, von ihm wollen? Doch dann beruhigt er sich. Was soll es jetzt noch Negatives geben? Vielleicht ein Stück Kuchen zum Abschied und ein Dan-keschön für die gute Zusammenarbeit.

Im Büro des Chefs, das mit seiner prunkvollen Ausstat-tung an die Lobby eines teuren Hotels erinnert, dauert es einige Minuten, bis die ausführlichen Begrüßungshöflich-keiten ausgetauscht sind: «Asalamu aleikum! Wie geht es dir? Wie ist die Lage? Wie ist dein Tag? ...» Die üblichen Fragen. Natürlich wird nicht mit einer Antwort gerech-net. Doch dann heißt es, wie nebenbei: «Ach! Fast hätte ich es vergessen, ich soll dir etwas ausrichten: Die Polizei hat mich angerufen. Sie wollen, dass du zu ihnen kommst. Sie müssen mit dir reden.»

In den arabischen Ländern herrscht vielfach das soge-nannte «Kafala»-System, so auch in Katar zu dieser Zeit. Das bedeutet, dass der Arbeitgeber für den Angestellten bürgt, für ihn verantwortlich ist. Der Arbeitnehmer ist letztlich unmündig. Er darf das Land ohne Erlaubnis sei-nes Bürgen nicht verlassen, meistens darf er noch nicht einmal seinen eigenen Reisepass behalten, sondern muss ihn beim Arbeitgeber abgeben. Und wenn er strafrecht-lich verfolgt wird, wendet sich die Polizei nicht an ihn, sondern an seinen Bürgen, der in den meisten Fällen der Arbeitgeber ist.

Matthias fährt der Schreck in die Glieder. *Was? Polizei? Nein! Warum nur?* Er hat in den bald vier Jahren, die er nun schon in Katar arbeitet, von vielen Ungerechtigkeiten gehört, ja, sie zum Teil auch mitansehen müssen. Trifft es jetzt auch ihn?

«Aber warum? Warum muss ich zur Polizei? Um was geht es?»

«Ich habe keine Ahnung.»

Das kann sich Matthias nicht vorstellen, hat doch sein Gegenüber einen hohen Posten bei der Einwanderungsbehörde. Er wagt es, noch einmal nachzufragen: «Ich kann mir überhaupt nicht vorstellen, warum die mich sehen wollen. Und ausgerechnet heute, an meinem letzten Tag. Es muss doch einen Grund geben!»

«Ich weiß es nicht, Matthias, aber es ist bestimmt nichts Wichtiges. Es wird alles in Ordnung sein», sagt sein Gegenüber lachend. «Geh einfach hin. Sie wollen einfach mit dir reden. Ich schicke Ahmed mit, er kann für dich übersetzen.» Mit diesen Worten wendet er sich betont beschäftigt seinem Bildschirm zu. Matthias versteht und verlässt das Büro.

Plötzlich geht alles ganz schnell: Ahmed lässt sich erklären, wo er hinmuss, und schon brechen sie auf. Unterwegs ruft Matthias mich an. Er erzählt mir, was passiert ist, und bittet mich, möglichst viele Freunde anzurufen, damit sie für ihn beten. Er hat keine Ahnung, was los ist und was ihn erwartet. Er macht sich große Sorgen.

Sie müssen nicht weit fahren. Das Ziel liegt in einer verlassenen Gegend an der Salwa Road außerhalb der Stadt. Als Ahmed vor dem weitläufigen Gelände hält, liest Matthias, was auf dem großen Schild steht: «Deportation Detention Centre» – Abschiebehaft. Ihm wird übel. Über diesen Ort hat er schon einiges gehört. Er ahnt, dass er heute nicht mehr nach Hause kommen wird.

Das kann doch nicht sein! Die Zukunft sah vor einer Stunde noch so gut aus, und jetzt das! Ich habe eine große Familie, die ich versorgen muss. Was soll aus uns werden? Vielleicht behalten sie mich gleich hier. Ich hätte lieber nicht ... Nein! Egal, was passiert, es war das Richtige, ich würde es wieder tun!

Polizeiautos und andere Fahrzeuge kommen und gehen. Hinter dem großen Parkplatz ist ein Schlagbaum zu sehen. Dahinter das trostlose Gelände, mit hohen Mauern und Stacheldraht abgeriegelt. Im Innenhof sind mehrere helle Bauten zu sehen, die ursprünglich wohl weiß waren. Davor: trostlos wirkende Menschen, vermutlich Gefangene. Vor dem Eingang herrscht ein reges Hin und Her. Die Männer in Anzug scheinen Mitarbeiter der verschiedenen Botschaften zu sein, begleitet von den ihnen anvertrauten Personen. Dann sind da Polizeibeamte mit neu ankommenden Abschiebehäftlingen. Es herrscht ein dichtes Gedränge von Männern und Frauen. Die meisten scheinen aus südostasiatischen Ländern zu stammen.

Ahmed fragt am Eingang nach dem Weg. Sie sollen ins Hauptgebäude, zum Büro eines Offiziers namens Jassim. Mutlos folgt Matthias seinem Mitarbeiter. Im Moment kann er kaum denken; in seinem Kopf überschlagen sich die Gedanken. Er weiß nicht, wie lange er dieses Gefühlschaos aushalten kann.

Vorbei geht es an einem Flugticketschalter, Scharen von Polizisten und Grenzbeamten, ratlos aussehenden Menschen, lauter verschlossenen Türen. Eine Treppe führt nach oben. Schließlich sitzen Matthias und Ahmed auf harten Metallstühlen in einem eintönigen Wartebereich. In dieser trostlosen Umgebung haben wohl schon viele Menschen in banger Erwartung gesessen, das kann man sich angesichts der abgescheuerten Sitzflächen der Stühle leicht vorstellen. Die Wände sind dreckig, alles wirkt heruntergekommen. In gleichmäßigen Abständen wird die kahle Wand von Türen unterbrochen. Hinter einer davon sitzt wohl der geheimnisvolle Jassim.

«Boss, warum musst du hierherkommen?», stößt Ahmed endlich hervor. Er kann es nicht fassen, denn egal, wie man's dreht oder wendet, sein deutscher Chef passt auf keinen Fall in dieses Umfeld.

«Ich weiß es nicht.»

«Ach», seufzt Ali. Dann blickt er Matthias an. «Aber du bist ein guter Mann. Es wird schon alles in Ordnung sein. Mach dir keine Sorgen. Ich weiß, du kannst kein Arabisch, aber ich werde für dich reden.»

Schließlich tritt ein freundlicher Mann mittleren Alters auf sie zu. Er sieht nicht aus wie ein Offizier in einer Haftanstalt. Er trägt weder Uniform noch bringt er Handschellen für den neuen Gefangenen. Mit T-Shirt, Jogginghose und Sportschuhen bekleidet, sieht dieser Mann vielmehr aus, als käme er gerade vom Fitness-Studio. Seine muskelbepackten Arme zeigen, dass er mit Sicherheit keine Hilfsmittel braucht.

«Sind Sie Herr Matthias?», fragt er freundlich auf Englisch.

Mein Mann wundert sich nicht über die merkwürdige Anrede, denn in der arabischen Kultur ist es üblich, den Vornamen zu benutzen.

«Ja.»

«Ich bin Jassim. Kommen Sie bitte mit in mein Büro, damit wir uns unterhalten können.»

Matthias und Ahmed stehen auf, doch Jassim bedeutet Ahmed, zu bleiben. «Warten Sie hier.»

«Aber ich muss dabei sein, um zu übersetzen», wendet dieser besorgt ein.

«Das ist nicht nötig. Warten Sie hier», wiederholt Jassim.

Matthias betritt das freundliche Büro und nimmt vor Jassims Schreibtisch Platz. Die ausgedehnten Begrüßungen beginnen: «Wie geht es Ihnen? Wie geht es der Familie? Aus welchem Land kommen Sie? Möchten Sie einen Kaffee haben?» Auf einem glänzenden Tablett stehen zwei verschnörkelte Kaffeekannen, kleine goldene Tässchen und Datteln.

Als vor beiden Tassen mit dampfendem arabischem Kaffee stehen, schlägt Jassim die Akte auf, die vor ihm liegt. Er blättert sie ratlos durch. Matthias versucht, einen Blick auf die Dokumente zu erhaschen. Es ist natürlich alles auf Arabisch. Er erkennt nur auf mehreren Blättern lange Reihen mit Telefonnummern. Das findet er besorgniserregend.

Das gibt es nicht. Ich habe es ja oft gehört, aber nie geglaubt. Ich dachte immer, sie übertreiben, doch anscheinend haben sie recht! Es wird wohl tatsächlich alles, was ich tue, überwacht, aufgezeichnet und gespeichert!

Jassims Blick wird immer ernster, als er die Akte durchsieht. Bedauernd blickt er Matthias an. «Sie müssen innerhalb von zehn Tagen mit Ihrer Familie das Land verlassen», stellt er nüchtern fest.

Also doch!

«Aber warum? Was habe ich getan?», fragt Matthias.

Jassim blättert noch ein wenig, dann schaut er auf. «Das weiß ich nicht. Es wird kein Grund genannt. Wir haben nichts gegen Sie. Sie müssen einfach unser Land verlassen.»

Das geht nicht. Nicht jetzt, wo ich endlich meine eigene Firma gründen kann!

«Aber es muss doch einen Grund geben», wendet Matthias ein. «Wir leben schon fast vier Jahre hier. Wenn ich etwas falsch gemacht habe, will ich es wissen, damit ich mich entschuldigen und es in Ordnung bringen kann. Warum sollen wir ausgerechnet jetzt gehen?»

Jassim schüttelt bedauernd den Kopf. «Sie haben nichts falsch gemacht. Ich weiß nicht, warum Sie gehen müssen. Ich habe einen Anruf vom Innenministerium bekommen mit der Anweisung, es Ihnen zu sagen, und ich muss diesem Befehl folgen. Sie müssen einfach ausreisen, und zwar schnell. Es gibt keinen Grund.» Dann sieht er Matthias betroffen an. «Glauben Sie mir, wenn es nach mir ginge, dürften Sie bleiben.»

«Aber ich habe sechs Schulkinder! Es ist mitten im Schuljahr. Bei dem einen sind es nur noch ein paar Monate bis zum Abitur. Wie kann er seinen Schulabschluss machen, wenn wir jetzt gehen?»

Jassim schweigt. Er scheint zu überlegen.

Matthias setzt nach: «Gibt es irgendeinen Weg, dass wir wenigstens bis zum Ende des Schuljahrs bleiben können?»

Jassim schlägt die Akte noch einmal auf und blättert sie durch. Er schließt die Augen, als ob er konzentriert eine Lösung suchen würde.

Schließlich sieht er entschlossen auf. «Vielleicht kann ich Ihnen wenigstens da helfen. Ich will sehen, was ich tun kann.» Er greift zum Telefon und macht einen kurzen Anruf. Minuten später steht eine schwarzverschleierte Frau vor ihm. Auf Arabisch gibt er ihr Anweisungen. Die Dame verschwindet, und die beiden Männer bleiben mit ihrem Kaffee und den Datteln zurück.

Matthias hat keine Ahnung, was los ist – umso mehr wundert er sich, als Jassim nichts mehr über den Fall sagt, sondern nun über Deutschland plaudern will.

«Aus welchem Teil Deutschlands kommen Sie?»

«Bayern», gibt Matthias kurz zurück.

«Ah!», ruft er begeistert. «Bayern Mon-chen! Eine Spitzenmannschaft! Und die deutschen Autos! Die sind so gut. Und schnell. Ich liebe Deutschland. Alles ist so gepflegt und grün», schwärmt der Offizier. Matthias ist innerlich so angespannt, dass es ihm schwerfällt, sich jetzt über etwas Belangloses wie die Vorzüge Deutschlands zu unterhalten. Aber ja, das hört er nicht zum ersten Mal. Von diesen zwei Sachen schwärmen die meisten katarischen Männer beim Gedanken an Deutschland – Fußball und Autos.

Die Männer plaudern noch kurz. Jassim erzählt von den deutschen Städten, die er bereits besucht hat. Und schon bald ist die Dame mit einem Dokument in den Händen wieder da.

Sie überreicht Jassim das Papier und verlässt gleich wieder den Raum. Er überfliegt es kurz und reicht es dann Matthias. «Unterschreiben Sie hier unten.»

«Ich kann nicht Arabisch lesen. Ich weiß doch gar nicht, was dort steht», wendet Matthias besorgt ein.

«Vertrauen Sie mir einfach und unterschreiben Sie.»

Matthias weiß nicht, was er tun soll. Vielleicht gesteht er mit seiner Unterschrift, dass er ein Verbrechen begangen hat. Doch Jassim macht einen freundlichen Eindruck. Bestimmt will er ihm wirklich helfen. In Gedanken bittet Matthias Gott um Weisheit. Nach kurzem Zögern nimmt er schließlich den Stift in die Hand und unterschreibt.

Jassim legt das Papier zu der Akte und steht auf. «Danke. Ich kann nichts versprechen, aber ich werde versuchen, etwas Zeit für Sie zu gewinnen. Ich gebe dieses Papier weiter, aber es wird ein paar Tage dauern, bis ich mehr weiß.» Er reicht Matthias eine Visitenkarte. «Hier ist meine Nummer. Sie können mich jederzeit anrufen, ob Tag oder Nacht. Wenn irgendetwas passiert, wenn es eine Polizeikontrolle gibt oder wenn jemand Ihnen Ärger macht – egal, was los ist –, rufen Sie mich sofort an! Ich werde Ihnen helfen. Denken Sie daran, Sie können mich Tag und Nacht anrufen.»

Damit gibt er Matthias die Hand. Das Gespräch ist beendet.

Matthias fällt ein Stein vom Herzen. Er muss nicht hierbleiben. Er darf nach Hause. Aber wie soll er mit seiner Familie innerhalb von zehn Tagen ein ganzes Haus zusammenpacken? Und warum ausgerechnet jetzt, wo endlich alles mit der geplanten Firmengründung geklappt hat?

Unsere Familie

Diese Geschichte erzählt von vier entscheidenden und spannenden Jahren für uns als Familie. Die folgenden Beschreibungen beziehen sich auf das Jahr 2005, in der die Erzählung beginnt:

Name: Marianne
Alter: 38 Jahre
Besondere Kennzeichen: Leidenschaftlich gern Mutter, selten ohne Buch und Strickprojekt unterwegs
Eigenschaften: Eher ruhig und zurückhaltend, liebt tiefgründige Gespräche

Name: Matthias
Alter: 39 Jahre
Beruf: Kfz-Meister, arbeitet als Service-Leiter in einem großen Unternehmen
Stärken: Mitreißender Geschichtenerzähler, sehr gastfreundlich, handwerklich begabt

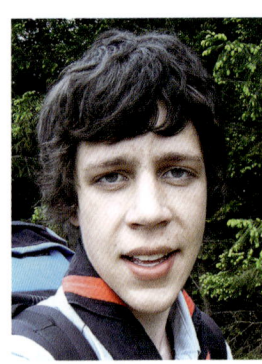

Name: Matthias,
wird aber «Thias» genannt
Alter: 16 Jahre
Hobbys: Computerspiele,
ferngesteuerte Autos
Rätselhaft: Mathe-Genie,
doch trotzdem ist in diesem
Schuljahr wegen der Mathe-Note
die Versetzung gefährdet!

Name: Nathanael,
wird aber «Thanny» genannt
Alter: 14 Jahre
Besondere Kennzeichen:
Geht Konflikten aus dem Weg
und macht insgeheim,
was er für richtig hält
Lieblingsfach: Deutsch

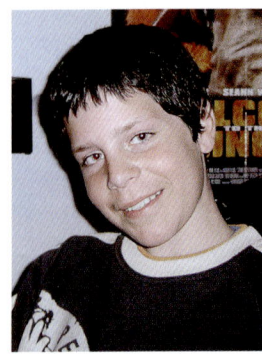

Name: Janek
Alter: 12 Jahre
Hobbys: Musik machen,
Ski fahren, Fußball
Besondere Kennzeichen: Nicht
begeistert von Veränderungen; kann
sich einen Umzug ins Ausland nur
vorstellen, weil dann der ungeliebte
Deutschunterricht wegfallen würde.

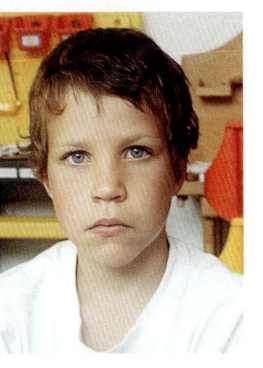

Name: Jonas
Alter: 9 Jahre
Besondere Kennzeichen: Kleiner Philosoph und zerstreuter Professor, darum kann es schon mal vorkommen, dass er erst in der Schule feststellt, dass er seine Schulsachen zu Hause vergessen hat…
Hobbys: Lego, Gameboy spielen

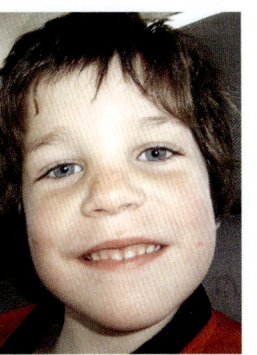

Name: Joel
Alter: 6 Jahre
Besondere Kennzeichen: Meistens draußen beim Spielen mit unseren Haustieren anzutreffen: Hund, Katze, Hühner, Enten, Hasen
Bekannt als: Kindergartenverweigerer, denn: «Warum soll ich dahin gehen, wenn ich daheim machen kann, was ich will?»

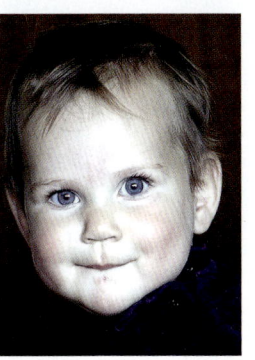

Name: Sarina
Alter: fast 2 Jahre
Besondere Kennzeichen: Bricht mit ihrer Niedlichkeit Herzen; entschlossen, kann sich als Jüngste gut behaupten.
Lieblingsbeschäftigung: Mit Puppen spielen, sich mit Schmuck und Accessoires behängen. Überzeugt, dass sie tatsächlich eine Prinzessin ist.

Teil I:

Ankommen

1. Immer nur Sonnenschein

Bayern, Deutschland
Februar 2005

Meine Tage sind zu voll. Ich fühle mich, als wäre ich in einem Hamsterrad gefangen. Immer weiterlaufen, ohne voranzukommen. Ich lebe mit dem Gefühl, nicht hinterherzukommen. Und immer wieder spüre ich dieses komische Rauschen in den Ohren.

Bei einer großen Familie wie meiner werde ich nie mit der Arbeit fertig. Dabei sind unsere Kinder alle zu 100 % geplant und gewollt. Auch wenn es mir manchmal zu viel ist: Ich möchte keins von ihnen missen, denn sie sind ein Segen und Geschenk Gottes!

Mein Mann kann mich bei der Erziehungsarbeit nicht so gut unterstützen, denn neben seiner neuen Position als Serviceleiter in einem Kfz-Betrieb hat er kaum Zeit. Es fühlt sich an, als wäre er nur noch zum Schlafen zu Hause. Am Wochenende liegt er oft mit unerklärlichen Bauchschmerzen auf dem Sofa.

Dazu kommt, dass unser Konto immer überzogen ist. Doch was mich noch mehr belastet, sind die Kämpfe mit unseren Teenagern. Heute war es wieder besonders schlimm. Es geht um die üblichen Themen, wenn man Teenager hat: Grenzen und Verbote, Schule und Hausaufgaben, Zeiten am PC, Geschwisterstreit ... Doch jetzt sind die drei Großen im Jugendkreis, und ich freue mich über das ruhige Haus und an dem, was ich heute geschafft habe.

Unser Leben ist zum Bersten voll, aber es gibt nichts, das wir einfach abgeben könnten: Neben meiner Rolle als Mutter leite ich die überregionale Mutter-Kind-Arbeit unserer christlichen Gemeinde. Wir gehören einer sehr kleinen Church an; unsere Familie macht mehr als die Hälfte der Mitglieder aus! Matthias ist der Gemeindeleiter, und beide haben wir fast jeden Sonntag Aufgaben im Gottesdienst.

Matthias und ich sehnen uns schon lange nach einer Veränderung, aber mit einer großen Familie ist das fast unmöglich. Trotzdem träumen wir davon, ins Ausland zu gehen. Matthias' Arbeitgeber bietet immer wieder Auslandsstellen an, und ein Angebot in China schien genau zu uns zu passen, aber dann bekam ein anderer Mitarbeiter mit kleinerer Familie die Stelle ... Wir sehen, diese Angebote kommen eigentlich nur für «normale Familien» in Frage, solche mit höchstens zwei Kindern, denn mit der Anzahl der Kinder steigen bei einer solchen Stelle natürlich die Kosten für Schule und Wohnbedarf. Eine Arbeitsstelle im Ausland – für uns scheint sie ein unerfüllbarer Wunschtraum zu bleiben.

Heute ist Matthias mal wieder spät dran. Unser günstiges Zuhause auf dem Land hat seinen Preis, denn mein Mann muss fast hundert Kilometer bis zu seiner Arbeitsstelle fahren, und mit seiner neuen Position hat er so viel zu tun, dass er abends selten vor sieben oder acht Uhr

Unsere Familie 2005. Nur Thias, der Fotograf, fehlt.

nach Hause kommt. – Selbst dann ist er in Gedanken bei der Arbeit und bei den ungelösten Problemen dort.

Doch an diesem trüben Februartag ist er nicht, wie sonst, völlig erschöpft. Kaum heimgekommen, eilt er aufgeregt zu mir ins Wohnzimmer und fragt: «Sollen wir nach Katar gehen?»

Als Kind habe ich begeistert Briefmarken gesammelt, darum kenne ich viele Länder, aber von Katar habe ich noch nie gehört. Oder ist Katar eine Stadt? Katar oder Katarrh? Dieser Ort klingt wie eine Krankheit!

«Katar? Wo ist das?»

«Das weiß ich auch nicht so genau ... Irgendwo im Nahen Osten. Aber dort scheint immer die Sonne, und es ist das ganze Jahr über warm!», schwärmt mein sonnenhungriger Mann.

«Ich habe noch nie davon gehört. Willst du dort arbeiten oder Urlaub machen?», frage ich lachend.

Ich beginne zaghaft zu träumen, doch ich bezweifle, dass etwas daraus wird. Ich habe Angst zu hoffen, nur um wieder enttäuscht zu werden. Doch ich bin auch neugierig, was es mit diesem Angebot auf sich hat.

Und dann erzählt mir Matthias von Herrn Malik, einem ungewöhnlichen Kunden, den er schon länger betreut. Er hat diesen arabischen Mann schon mehrmals erwähnt, doch ich hatte keine Ahnung, welch große Bedeutung er für unsere Zukunft haben würde.

Die seltenen Besuche von Herrn Malik sind wie ein Lichtblick in Matthias' stressigem Alltag in der Service-Annahme. Wenn er seinen Lieblings-Service-Berater aufsucht, bringt der hochgewachsene, kräftige Mann mit dem dunklen Teint stets zwei Becher Kaffee mit – einen für sich, und einen für Matthias.

Beim ersten Besuch des Firmenbistros hat er sich gemerkt, wie Matthias sein Getränk mag, und genau so einen Kaffee besorgt er nun immer. Matthias staunt über diese liebevolle Aufmerksamkeit; sie ist ein erster Hinweis auf die herzliche arabische Gastfreundschaft, die wir in Katar schätzen lernen werden.

Ja, die Besuche von Herrn Malik sind immer ein besonderes Erlebnis, nicht zuletzt wegen seiner freundlichen Ausstrahlung. Sein Lächeln, das unter dem wohlgeformten Schnurrbart hervorblitzt, tut im stressigen Alltag mit den zumeist entnervten Kunden gut. Bei seiner Arbeit in der Service-Annahme ist Matthias in erster Linie für die besonders «anspruchsvollen» Kunden zuständig, da er ein ausgleichendes Wesen hat. Das braucht er natürlich nicht für den etwa 30-jährigen Herrn Malik mit seinem ungewöhnlichen Anliegen: Der feingekleidete Mann mit der wohltuenden orientalischen Duftnote wurde bei seinem ersten Besuch der Autowerkstatt Matthias zugeteilt, weil die anderen Arbeitskollegen ungern auf Englisch beraten.

Bei diesem ersten Treffen erfährt Matthias, dass Herr Malik vorhat, am Goethe-Institut in München Deutsch zu lernen, um anschließend Medizin zu studieren. Er wohnt in einer Suite in einem der teuersten Hotels der Stadt. Er wird 5 Jahre in dieser Hotelsuite leben. Was das wohl kostet?

Seinen geliebten 7er BMW hat er aus Katar mitgebracht. In seinem Heimatland war ein Navigationssystem nicht nötig, aber in München kennt er sich nicht aus, darum will er ein Navigationsgerät nachgerüstet haben. Wichtig ist ihm, dass alles original ist. Matthias hört sich geduldig sein Anliegen an und verspricht, sich zu informieren, ob dieser ungewöhnliche Auftrag überhaupt ausgeführt werden kann, wie lange es dauern und wie viel es kosten würde. Er bittet seinen arabischen Besucher, am nächsten Tag zurückzukommen.

Ungefähr so sah Herrn Maliks Auto aus.

Als Herr Malik 24 Stunden später wieder da ist, geht in der Service-Annahme gerade alles drunter und drüber. Da ist es für Matthias eine willkommene Abwechslung, als er aufblickt und sieht, wie sein ungewöhnlicher Besucher mit zwei Tassen in der Hand würdevoll in seine Richtung schreitet. Doch bei aller Freude ist Matthias auch besorgt, denn er muss eine schlechte Nachricht überbringen.

Sie setzen sich in eine ruhige Ecke, und Matthias erklärt voller Bedauern, dass die Nachrüstung zu aufwändig und teuer wäre. Es mache einfach keinen Sinn. Der Aufwand wäre zu groß: Um das Navigationssystem nachzurüsten, müssten sowohl das Armaturenbrett als auch die Mittelkonsole und einige Kabelbäume des Fahrzeugs ausgetauscht werden. Da alles aus Vollleder sei, wäre das natürlich sehr kostspielig und ein Blödsinn.

«Aber Sie könnten es machen?»

«Möglich ist es schon. Aber es macht bei Ihrem Auto keinen Sinn. Es ist sehr teuer und dauert lange. Sie können doch stattdessen ein neues Auto kaufen, mit einem integrierten Navi. Das ist viel einfacher und günstiger. Ich kann Ihnen helfen, ein Auto zu finden, das genau Ihren Bedürfnissen entspricht.»

«Nein, ich möchte mein Auto behalten. Ich habe es schließlich extra aus Katar einfliegen lassen! Wie lange würden die Umbauten dauern?»

«Na ja, vielleicht zwei Wochen?», überlegt Matthias. Zweifelnd sieht er seinen Besucher an. «Aber die Kosten …»

«Zwei Wochen? Das ist in Ordnung. Es ist egal, was es kostet. Ich freue mich, dass es möglich ist!»

Als das Geschäftliche erledigt ist, erzählt Herr Malik von seiner schönen Heimat. Er kommt von einer winzigen Halbinsel im Mittleren Osten: Katar.

Nach dem netten Gespräch lässt Herr Malik sein Auto gleich in der Werkstatt.

Die nächsten zwei Wochen sind nicht einfach für meinen Mann. Nach dem Zusammensuchen und Bestellen der nötigen Teile gibt er den Auftrag an seine Mechaniker weiter. «Ist der verrückt?!», schimpfen sie. «Keiner zahlt so viel für die Nachrüstung eines Navis! Er wird sich nie wieder blicken lassen, und wir haben dann die ganze Arbeit umsonst gemacht!» Sie wollen gar nicht erst anfangen, und bei jeder Schwierigkeit – und davon gibt es einige – muss Matthias sie neu motivieren.

Nach zwei Wochen und viel Druck ist das Auto tatsächlich fertig. Matthias ruft Herrn Malik an, der sich sofort auf den Weg macht, um sein Fahrzeug abzuholen. Freudestrahlend betritt er die Annahme.

«Mein Auto ist wirklich schon fertig? So schnell?»

Er kann es kaum glauben, dass alles genau so ausgeführt wurde, wie er es sich gewünscht hat. Er bedankt sich überschwänglich bei Matthias und drückt ihm einen Hunderter in die Hand. Matthias lehnt dankend ab, doch Herr Malik besteht darauf. Und dann hat er es eilig, seinen geliebten Wagen in Empfang zu nehmen.

Matthias übergibt ihm das Fahrzeug und erklärt ihm, wie das Navi funktioniert und welche Funktionen es hat.

Voller Freude bedankt sich Herr Malik nochmals. «Wo kann ich bezahlen?», will er nur noch wissen. Worauf er zur Kasse schreitet und unter den staunenden Blicken der Kassiererinnen den gesamten Betrag in bar aus seiner Tasche zieht.

Fünfzehntausend Euro.

So fängt alles an.

In den nächsten zwei Jahren kommt Herr Malik mehrmals zu Matthias, immer wenn er ein Problem mit seinem Auto hat. Das nächste Mal ist er da, weil eine Scheibe seines Autos in der Tiefgarage des Hotels eingeschlagen wurde. Da er nicht weiß, was er machen soll, erklärt ihm mein Mann, dass er bei der Polizei Anzeige zu erstatten hat, es der Versicherung melden und verschiedene Formulare ausfüllen muss. Herr Malik versteht, doch der langwierige Prozess ist ihm zu umständlich. Er entscheidet: «Reparieren Sie einfach den Schaden. Ich bezahle wieder bar.»

Herrn Maliks angenehme, ruhige Art bleibt ein Lichtblick inmitten der Hektik eines geschäftigen Tages. Er vergisst nie, den richtigen Kaffee mitzubringen, und er hat stets viel Zeit zum Reden. Besonders gern erzählt er von seiner Heimat: «Sie müssen in mein Land kommen, es ist dort so schön!», schwärmt er. Es sei ein traumhaftes Land, meint er, mit vielen langen Stränden und 360 Sonnentagen im Jahr. Besonders an langen, stressigen Tagen kann sich Matthias immer besser vorstellen, dass er besser nach Katar passen würde als in das kalte, trübe, abgehetzte Deutschland.

Auch am besagten kalten Februartag im Jahr 2005 schaut Herr Malik bei Matthias vorbei, es geht heute jedoch nicht um sein Auto. Er wird von vier Freunden aus Katar begleitet. Sie sind auf dem Weg zur Automesse in Genf. Im Gespräch wird schnell klar, dass Herr Malik sie nicht nur mitgebracht hat, um Matthias kennenzulernen, insgeheim wünschen sie sich eine Führung durch den Betrieb. Sie wollen nicht nur die Annahme sehen, sondern die Werkstätten und – einfach alles! Matthias führt sie durch den gutstrukturierten, modernen Betrieb und zeigt ihnen jeden

Arbeitsbereich der Niederlassung. Dabei freut er sich über ihr begeistertes Staunen.

Es stellt sich heraus, dass einer der Männer selbst eine Vertragswerkstatt besitzt. Er heißt Mustafa und ist der kleinste der Männer. Mit seiner schmächtigen Statur und der Brille sieht er aus, als würde er sich an einem Schreibtisch wohler fühlen als in einer Werkstatt. Mustafa fragt Matthias: «Kennen Sie jemanden, der bereit wäre, nach Katar zu ziehen, um für mich zu arbeiten? Ich brauche einen guten Manager. Vielleicht haben Sie einen jungen Mitarbeiter, der dafür in Frage kommt? Können Sie mir jemanden empfehlen?»

Am liebsten würde Matthias sich wie ein aufgeregter Erstklässler mit winkender Hand melden und rufen: «Hier! Hier! Nimm mich!»

Sein Leben fühlt sich an wie ein unmöglicher Spagat: Die große Familie, für die er zu wenig Zeit hat, seine Position im Job, die immer mehr Zeit und Einsatz erfordert, dazu Gemeindearbeit und mehr. Er hat den Eindruck, dass viele Hände an ihm zerren und er früher oder später daran zerbrechen wird. Gleichzeitig sieht er aber auch keinen Ausweg. Sein schneller Aufstieg in der Firma hat seinen Preis, die Arbeit wird von Tag zu Tag stressiger. Er findet die Erwartungen seiner Vorgesetzten unrealistisch, und seit der letzten Beförderung hat er das Gefühl, nur noch dem Betrieb zu gehören.

Inzwischen sind seine Bauchschmerzen zu einem Dauerzustand geworden. Schon seit über einem Jahr betet er für eine Veränderung: «Herr, zeige mir, was ich tun soll. Bitte gib mir eine andere Stelle, oder zeige mir, wie ich alles schaffen soll.» Die große Familie bringt viel Verantwortung mit sich. Er kann nicht einfach kündigen und riskieren, arbeitslos zu werden. Könnte die Frage dieses arabischen Mannes endlich Gottes Antwort sein?

Seine Begeisterung unterdrückend fragt Matthias zögernd: «Vielleicht wäre das etwas für mich?»

«Nein, nein», lehnt Mustafa entsetzt ab. «Das ist nichts für jemand qualifizierten wie Sie!» Nachdem er den durchorganisierten, glänzenden Betrieb gesehen hat, ist ihm klar, wie weit der Standard seines Betriebs in Katar von diesem hier entfernt ist. «Ich sehe, wie groß Ihre Verantwortung hier ist. Das können Sie nicht aufgeben, um für mich zu arbeiten. Aber vielleicht kennen Sie einen Mitarbeiter, der diese Aufgabe gern übernehmen würde?»

«Nun, selbst wenn ich jemanden dorthin schicken soll, müsste ich vorher die Situation kennen. Vielleicht sollte ich kommen und mir die Lage ansehen?» Matthias möchte sich diese Gelegenheit um keinen Preis entgehen lassen. Wenn er sich die Firma dieses Mannes anschauen kann, wird er selbst merken, ob das etwas für ihn ist. Sein Gegenüber ahnt ja nicht, wie gerne er diesen glänzenden Betrieb verlassen würde, um etwas Neues auszuprobieren.

«Gerne!», kommt die freundliche Antwort seines arabischen Besuchers.

«Ich müsste aber meine Frau und meine kleine Tochter mitbringen», tastet sich Matthias vorsichtig vor.

Selbst damit ist der Gast einverstanden.

So kommt es an diesem kalten Februartag, als Matthias nach Hause kommt, zu der Frage, ob ich Lust hätte, ein paar Tage mit ihm nach Katar zu fliegen, damit wir uns das Land und die Firma ansehen können. Doch können wir uns wirklich vorstellen, in ein arabisches Land zu ziehen, sollte die Stelle geeignet sein?

Allein schon die Idee ist verrückt! Wer zieht schon mit seiner Großfamilie in ein unbekanntes Land? Und dann noch ein arabisches. Zu dieser Zeit liegen die Anschläge vom 11. September 2001 nur wenige Jahre zurück. Wenn es in den Nachrichten um diesen Teil der Erde geht, steht im Mittelpunkt der Berichterstattung vor allem der Terrorismus. Herr Malik ist zwar sehr freundlich, aber was wissen wir schon über ihn? Und ob das Angebot seines Freundes Mustafa wirklich ernst gemeint ist?

Nach dem Träumen und Überlegen und Beten vom Vortag setze ich mich am nächsten Morgen an den Computer. Für mich sind Fakten und Informationen besonders wichtig, darum will ich zuerst herausfinden, was für ein Land Katar ist.

Katar ist tatsächlich sehr klein, stelle ich fest, kaum auf der Landkarte zu sehen! Die Halbinsel sieht aus wie ein winziger Daumen, der an dem benachbarten Riesen Saudi-Arabien hängt und in den Persischen Golf ragt. Mit seinen knapp 12.000 Quadratkilometern hat das ganze Land gerade mal ein Sechstel der Fläche von Bayern! Von der nördlichsten Spitze bis zum südlichsten Punkt sind es etwa 180 Kilometer, von West nach Ost gerade mal 80 Kilometer – man könnte also leicht an einem einzigen Tag ganz Katar erkunden!

Und trotzdem ist dieser Winzling bedeutend, geht mir auf, denn es gibt Unmengen von Erdöl und Gas. Die wenigen Katarer gehören dank dieser Ressourcen zu den reichsten Menschen der Erde.

Viele Gastarbeiter bevölkern das Land; 2005 sind weniger als ein Viertel der etwa 600.000 Einwohner Katarer. Inzwischen ist die Bevölkerung stark gewachsen, und Katar hat 2,7 Millionen Einwohner, von denen nur etwa ein Zehntel Einheimische sind.

Bei einer Sache haben die netten Besucher meines Mannes wohl nicht übertrieben. Das mit dem Sonnenschein

Katars Hauptstadt Doha von oben

stimmt tatsächlich: Es regnet in diesem wasserarmen Land so gut wie nie. Allerdings erreichen die Temperaturen im Sommer auch bis zu 50 Grad im Schatten! Kann man das aushalten?

Noch etwas Spannendes lese ich da: Das Land (eine absolute Monarchie) wird von einem jungen Emir regiert, der 1995 seinen eigenen Vater abgesetzt hat. Nach einem Besuch des Vaters in Genf ließ der Sohn ihn einfach nicht mehr zurückkehren. Um Widerstand zu vermeiden, wurden auch die Konten seines Vaters gesperrt.

Als Christin interessiere ich mich natürlich auch für die Religion. Ich erfahre, dass der Islam Staatsreligion ist; 100 % der Katarer sind Moslems. Das kann ich gar nicht fassen, gibt es denn dort überhaupt keine Christen?!

Ich erzähle Matthias, was ich herausgefunden habe. Die Informationen verstärken unsere Unsicherheit. Trotzdem entscheiden wir, uns dieses Land mal anzusehen. Wenn nichts daraus wird, haben wir wenigstens einen kostenlosen Kurzurlaub gehabt, denken wir.

Kleiner arabischer Sprachführer
Asalamu aleikum *(as-sa-lamu a-lei-kum)* –
Formelle Begrüßung («Friede sei mit dir/euch!»)

2. In die Falle gelockt?

So sind wir noch nie gereist! Ohne Tickets fahren wir zum Flughafen. Wir haben keine Ahnung, wo wir die nächste Nacht verbringen. Außer unseren Pässen haben wir keine Dokumente bei uns. Wir haben nichts in der Hand.

Endlich werden wir die sonnige Heimat von Herrn Malik kennenlernen: Sein Freund Herr Mustafa möchte, dass Matthias seinen Betrieb in Doha anschaut, wobei ich und unsere kleine Tochter Sarina ihn begleiten dürfen. Meine Mutter wird bei den anderen Kindern bleiben, während wir einen ersten Eindruck vom Land bekommen und prüfen, ob diese Arbeitsstelle für meinen Mann oder einen seiner Mitarbeiter in Frage kommt. Wir haben keine Ahnung, was uns erwartet. Nur eins habe ich in Erfahrung bringen können: Anders als in manch anderem muslimischen Land, darf ich in Katar als Frau unverschleiert sein. Dafür bin ich unendlich dankbar! Ich kann mir absolut nicht vorstellen, in der Öffentlichkeit immer einen störenden Umhang zu tragen.

Wir selbst hätten nicht das Geld, um diese Reise zu bezahlen, aber Herr Mustafa versichert Matthias, dass er sich um alles kümmern wird: Flug, Hotel, Essen, einen

Fahrer. Matthias wird nur gesagt, dass wir mitsamt unseres Gepäcks zum Flughafen fahren sollen. Am Schalter der Fluggesellschaft gäbe es Tickets für uns. Und bei unserer Ankunft in Katar würde uns ein Fahrer am Flughafen abholen, der sich auch um alles Weitere kümmern werde.

Auf dem Weg zum Flughafen schließen wir nicht aus, vielleicht schon ein paar Stunden später mit unseren gepackten Koffern wieder zu Hause zu sein, denn das klingt alles einfach nur unglaubwürdig und verrückt – wie etwas, das vielleicht anderen passiert, aber sicher nicht einer Familie wie uns!

Doch da wir abenteuerlustig sind, lassen wir uns drauf ein.

Am Schalter der Airline nennen wir unseren Nachnamen, und die freundliche Mitarbeiterin überreicht uns tatsächlich ein vorbereitetes Kuvert. Wir staunen: Im Umschlag sind drei Tickets. Wir checken ein und bringen schnell die Sicherheits- und Passkontrolle hinter uns. Im Flugzeug sitzend, schauen Matthias und ich uns verunsichert an. Wider Erwarten hat alles geklappt, und die Reise findet tatsächlich statt!

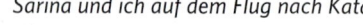

Sarina und ich auf dem Flug nach Katar

Jetzt gibt es kein Zurück mehr. Uns geht beiden der gleiche Gedanke durch den Kopf: Das Abholen der Tickets, das Einchecken, die Kontrollen – das war alles seltsam einfach. Und anders als alles, was wir kennen. Das kann doch nicht mit rechten Dingen zugehen!

Winzige, unscheinbare Gedanken, die während der Vorbereitungen leise in uns geschlummert haben, schreien jetzt um Aufmerksamkeit:

Vielleicht will uns Herr Mustafa entführen? Welche Sicherheiten haben wir? Wir werden in sechs oder sieben Stunden in einem Land landen, das uns komplett fremd ist, in dem wir kaum jemanden kennen, und in dem wir uns nicht selbst helfen können. Auch wenn Matthias Herrn Malik schon einige Jahre kennt, beschränkte sich die Bekanntschaft doch auf vereinzelte geschäftliche Kontakte, und unseren Gastgeber und eventuell neuen Arbeitgeber, Herrn Mustafa, hat Matthias erst ein Mal gesehen! Wir hören seit Jahren viel von Terroristen und von den Gefahren in muslimischen Ländern. Worauf haben wir uns da eingelassen? Werden wir heil von dieser Reise zurückkommen? Unsere Kinder werden ohne Eltern aufwachsen müssen! Und was wird aus unserem kleinen Mädchen, das mit uns fliegt? Sie genießt diese Reise offenbar. Ja, sie ist sichtlich begeistert davon, dass sie Mama und Papa für sich ganz allein hat. Aber wie konnten wir sie nur so in Gefahr bringen?

Doch jetzt ist es zu spät. Das Flugzeug startet. Wir können nur hoffen und beten, dass alles gutgeht.

Völlig übermüdet landen wir frühmorgens auf dem kleinen Flughafen von Doha, der Hauptstadt Katars. Heiße, feuchte Luft legt sich beim Aussteigen wie ein nasses Handtuch um uns. Ein Bus erwartet die Passagiere am Flugzeug, um sie

Doha International Airport

zum Terminal zu bringen. Die Unsicherheit wächst: Was kommt auf uns zu in diesem fremden Land?

Zaghaft betreten wir das Flughafengebäude. Es wirkt abgenutzt und in die Jahre gekommen und viel zu klein für die vielen Passagiere in dieser frühen Morgenstunde. Dankbar nehmen wir unser Gepäck vom Band und zeigen am Zoll unsere Pässe vor.

Zwei weitere Schritte erledigt.

Wir wundern uns, dass unser Gepäck akribisch gescannt wird, aber alles geht gut. Gespannt betreten wir dann die Ankunftshalle. Wie wird es jetzt weitergehen? Wer wird uns in Empfang nehmen?

Ein freundlich lächelnder indisch aussehender Fahrer wartet mit einem Schild auf uns. Er nimmt unseren Gepäcktrolley und geht uns voraus zu einem kleinen weißen Auto.

Während der kurzen Fahrt blicken wir gespannt aus den Fenstern, denn vielleicht wird dieses Land tatsächlich unsere neue Heimat. Wir wollen so viel wie möglich darüber wissen!

Farblos und verstaubt sieht es hier aus!, das ist mein erster Eindruck. Im ersten Morgenlicht sind einige große Prunkbauten zu sehen, dazwischen viele leere Flächen. Die vereinzelt in den Himmel ragenden Palmen wirken ebenso staubig wie das kümmerlich verblasste Gras, das an einigen Stellen angepflanzt wurde. Die Straße ist so früh am Morgen leer. An ihrem Rand sehe ich kleine Berge von Müll.

In der Innenstadt sind die Straßen belebter. Unser Hotel liegt an einer großen Kreuzung im Zentrum. Unser Gepäck kommt auf einen vergoldeten Gepäckwagen. Wir folgen dem Gepäckträger in eine dunkle Lobby, die fremdartig auf uns wirkt: Der große Raum ist protzig und prunkvoll eingerichtet, mit einem mächtigen Empfangstresen und schweren Ledersesseln, die zusammen mit kleinen Tischen zu ausladenden Sitzgruppen zusammengestellt sind. Dazwischen stehen auf dem kalten Marmorboden Töpfe mit Grünpflanzen. In der Luft liegt ein dezenter orientalischer Duft. Es gibt keine Fenster, und die Beleuchtung ist trüb. Auf mich als Frau wirkt diese dunkle Lobby kühl, protzig und ungemütlich, als wäre sie nur für Männer geschaffen worden: eine Männerhöhle.

Die dunkle Lobby unseres Hotels

Das Zimmer entspricht ebenfalls nicht meinem Geschmack mit seinen erdrückenden dunklen Möbeln. Ich schaue aus dem Fenster und sehe eine geschäftige Straße. Ich versuche das Fenster zu öffnen, denn frische Luft ist mir immer wichtig, aber es ist fest verriegelt.

Im Schrank liegt ein zusammengerollter Gebetsteppich mit orientalischen Mustern, und ein Pfeil an der Wand zeigt an, wo Mekka liegt, damit der Gebetsteppich richtig ausgerichtet werden kann.

Das Zimmer passt nicht zu uns, doch wir sind völlig erschlagen und wollen uns ein paar Stunden ausruhen, bevor wir zur ersten Besprechung abgeholt werden. Es dämmert bereits.

Zu den Klängen eines lauten Gebetsrufs, der vom Lautsprecher einer nahegelegenen Moschee erklingt, schlafen wir schließlich ein.

Warten, warten, warten. Voller Spannung, Vorfreude, Angst, Ungewissheit. So sieht dieser erste Tag aus.

Aufgeregt sitzen wir zur verabredeten Zeit in der Lobby, die am helllichten Tag immerhin etwas freundlicher wirkt. Nach ein paar Stunden Schlaf hatten wir kaum Zeit zum Frühstücken, denn wir wollten unbedingt rechtzeitig fertig sein.

Wir rechnen mit einer Abholung um 9 Uhr.

Doch dann sitzen und sitzen wir, und nichts geschieht.

Beim Warten haben wir Zeit, die anderen Menschen genauer zu betrachten, bei unserer Ankunft in den ersten Morgenstunden waren wir dazu zu müde. In der Lobby sind vor allem Männer zu sehen. Neben Geschäftsmännern im Anzug und Bediensteten in ihrer Arbeitskleidung erblicken

Warten in der Hotellobby

wir mehrere Männer, die ein langes, weißes Kleid tragen. Die obere Hälfte sieht aus wie ein langärmeliges Hemd, doch das Gewand, «Thawb» genannt, reicht bis zu den Fußknöcheln. Im Brustbereich wird das Kleidungsstück von einer Tasche geziert, in dem merkwürdigerweise bei so ziemlich jedem ein Kugelschreiber steckt.

Wie wir später erfahren, tragen die Männer unter diesem Gewand eine dünne weiße Hose. Eine interessante Kombination dazu sind die hochglänzenden schwarzen Business-Schuhe, die im Geschäftsalltag bevorzugt werden. Privat sind aber eher Ledersandalen üblich, wie wir später noch sehen werden. Wir wundern uns immer wieder darüber, wie sauber diese langen Hemden sind. In all unseren Jahren im Mittleren Osten sehen wir selten jemanden, der mit einem verschmutzten Thawb herumläuft.

Auf dem Kopf dieser Männer thront ein leichtes weißes Tuch, das mit einem dicken schwarzen Ring festgehalten wird. Einige tragen ein rot-weißes kariertes Tuch, doch die weißen überwiegen eindeutig.

Die vereinzelt sichtbaren einheimischen Frauen sind eingehüllt in eine bodenlange schwarze Robe, «Abaya» genannt. Um ihren Kopf haben sie ein Tuch geschlungen, das jedes einzelne Haar verbirgt. Das sei wichtig, damit der Anblick ihrer Haare nicht die Männer verführe, erfahren wir später. Die Gesichter sind sichtbar und in der Regel stark geschminkt.

Wir warten. Die Zeit scheint stillzustehen, so angespannt wie wir sind. Nach etwa einer Stunde kommt der indische Fahrer, der uns vom Flughafen abgeholt hatte, und sagt, es werde etwas später werden und dass wir ruhig in unserem Zimmer bleiben könnten. Er wird uns dort anrufen lassen, wenn es so weit ist, versichert er uns.

Die Zeit vergeht und nichts geschieht, überhaupt nichts. Inzwischen ist es schon früher Nachmittag. Wir können das Herumsitzen kaum noch aushalten, wollen wir doch endlich sehen, was uns in diesem Land erwartet! Matthias geht schließlich wieder ins Bett, und ich laufe raus vors Hotel und schlendere an der geschäftigen Straße entlang. Es gibt hier außer mir keine Fußgänger, dafür aber umso mehr große Geländewagen. In der Nähe des Hotels sehe ich Hochhäuser, ein paar Cafés und Restaurants. Die Luft riecht nach Staub. Es ist zu heiß, um lange draußen zu bleiben, und ich habe keine einheimische Währung. Außerdem könnte sich ja der Fahrer jeden Moment melden, also gehe ich nach einer kurzen Erkundungstour zurück ins Hotel.

Inzwischen ist es vier Uhr nachmittags, und es hat sich noch nichts getan. Warum würde jemand so viel Geld ausgeben für Flugtickets und ein Hotel, und uns dann einfach sitzenlassen? Ist das eventuell ein Puzzlestück in der Entführung, die uns noch erwartet? Was läuft hier nur?

Wir haben weder vom Fahrer noch von Herrn Mustafa eine Telefonnummer. Zum Glück hat Matthias aber die

Kontaktdaten von Herrn Malik, denn wir wissen nicht, wen wir sonst kontaktieren könnten. Herr Malik verspricht sofort, sich darum zu kümmern, dass wir bald abgeholt werden.

Schließlich kommt der Fahrer und bringt uns drei endlich zu der Autofirma, die Matthias' neuer Arbeitsplatz werden soll.

Kleiner arabischer Sprachführer

Wa aleikum assalam *(wa a-lei-kum as-sa-lam)* – Und Friede mit dir! (Antwort auf asalamu aleikum)

3. Wüstenwerkstatt und Toilettentrauma

Unser Weg führt uns heraus aus der Stadt ins Industriegebiet. Für uns als Deutsche ist der Fahrstil sehr ungewohnt: Wir merken schnell, dass Verkehrsordnungen in den Augen der Verkehrsteilnehmer lediglich Vorschläge sind und nicht verbindliche Regeln. Jeder macht, was er will, und versucht nur, selbst möglichst schnell voranzukommen – ohne Rücksicht auf die anderen Autofahrer. Am meisten wundern wir uns, als ein Auto an der roten Ampel wartet und die Autofahrer dahinter deswegen empört und ungeduldig hupen!

Je weiter wir das Zentrum hinter uns lassen, desto mehr lässt der dichte Verkehr nach. Bald sind nur noch wenige weißgraue Bauten entlang der Straße zu sehen, alle staubig und heruntergekommen. Außerhalb der Stadt sehen wir mehr und mehr von der wüstenartigen Landschaft, die Doha umgibt, eine große Leere und Weite. Um uns herum überwiegen gedeckte sandfarbene Töne. Wir fahren an verlassenen Baustellen vorbei, sehen am Straßenrand viel Müll und Schrott.

Dann sind wir plötzlich da, und ich kann es kaum fassen: Der flache Bau, vor dem wir anhalten, hat überhaupt keine Ähnlichkeit mit der modernen Firma, in der Matthias in Deutschland arbeitet. Mit diesem Betrieb endet die Stadt, danach kommt nur noch Wüste. Verwundert erblicken wir eine verlassene Tankstelle und mehrere wie zufällig hingeworfene graue Bauten. Dahinter erstreckt sich ein scheinbar endloses Gelände, das mit beschädigten Autos überfüllt ist. Über allen Fahrzeugen liegt eine dünne, sandig-schimmernde Schicht. Auf der betonierten Fläche sind überall große dunkle Ölflecken zu sehen. Während die Stadt auf mich einen modernen Eindruck gemacht hat, wirkt dieser Betrieb verwahrlost und altmodisch und erinnert mich an eine Werkstatt, an der man vielleicht auf einer Urlaubsreise in einer ländlichen Gegend Südeuropas vorbeifahren würde.

Wir werden in ein kleines Empfangsbüro geführt. Dort warten wir auf Herrn Mustafa, den Firmeninhaber, der Matthias eingeladen hat. Auf dem Schreibtisch des Empfangs türmt sich ein kaum übersehbares Durcheinander an Papierstapeln. In einem geöffneten Aktenschrank sehen wir unordentlich aufgehäufte Türme von Pässen aus verschiedenen Ländern.

Nach einer scheinbar endlosen Wartezeit öffnet sich die Tür, ein kleiner Mann mit breitem Lächeln betritt den Raum. Endlich ist Herr Mustafa da. Matthias erkennt ihn zuerst nicht, denn er trägt nicht wie in München einen Anzug. Mit seinem weißen Thawb wirkt er zugleich schmächtiger, als er schon ist, doch auf eine merkwürdige Art auch würdevoll.

«Welcome, welcome!», heißt er Matthias freudig auf Englisch willkommen und umarmt ihn. Auch Sarina und ich werden begrüßt, doch deutlich zurückhaltender.

Wir folgen ihm in sein Büro, einen großen Raum, der mit dunklen Möbeln und stattlichen Vorhängen ausgestattet ist. Am Eingang stehen die obligatorischen schweren schwarzen Polstermöbel, zu einer Sitzecke gruppiert. Am anderen Ende des Zimmers, vor den beiden Fenstern, befindet sich ein wuchtiger dunkler Schreibtisch, auf dem akribisch angeordnete Dokumente liegen. Davor steht ein niedriger Tisch, von zwei bequemen Ledersesseln eingerahmt.

Herrn Mustafas Büro

Ein schüchterner junger Mann kommt mit einem Tablett herein und stellt jedem von uns einen arabischen Kaffee hin. Wie wir später erfahren, gibt es in jeder Firma diese «Teaboys». Die meisten kommen aus Nepal, weil die Männer aus diesem armen Land so verzweifelt nach einem Job suchen, dass sie sich selbst mit dem niedrigen Lohn eines Teaboys zufriedengeben. Ihre ganze Arbeit besteht darin, die Angestellten eines Betriebs immer mit Tee und anderen Getränken zu versorgen und ihre kleine Teeküche in

Ordnung zu halten. Sie arbeiten für einen Hungerlohn, höchstens hundert oder zweihundert Euro im Monat. Den Großteil ihres Einkommens schicken sie in die Heimat, denn ihre Familien sind darauf angewiesen.

Wir sind also endlich angekommen – im Büro des großen Chefs. Matthias erwartet, dass es nun zur Sache geht. Von seiner Firma in Deutschland ist er es gewohnt, dass Zeit Geld ist. Besprechungen werden zügig und effizient durchgeführt. Wenn Herr Mustafa es sich so viel hat kosten lassen, uns hierherfliegen zu lassen, hat er diese Tage bestimmt durchgeplant. Wir sind gespannt auf die vielen Termine, die mit Sicherheit in den nächsten Tagen auf uns zukommen.

Aber wir haben uns getäuscht.

Es gibt weder einen Zeitplan noch eine Liste mit Terminen. Unser freundlicher Gastgeber fragt nach, ob uns das Hotel recht ist und wie uns das Land gefällt. Sehr viel mehr scheint nicht auf seiner Agenda zu stehen. Nach einer Weile ist zu spüren, dass das Gespräch von seiner Seite aus beendet ist.

Das soll alles gewesen sein?

Matthias fragt, ob er sich die Werkstatt anschauen kann. Er möchte ja verstehen, was auf ihn zukommen würde, sollte er selbst diesen Posten bekommen. Denn im Hinterkopf ist immer dieser Gedanke dabei: *Will Gott uns hierhin führen?*

Ja, selbstverständlich dürfen Sie die Werkstatt sehen, heißt es, und Mustafa steht gleich auf. Wir erheben uns alle, bereit, loszugehen, doch Mustafa macht eine abwehrende Handbewegung in meine Richtung: «Bleiben Sie hier sitzen, wir sind bald zurück.»

Oh! Ich bin zur Besichtigung der Werkstatt nicht eingeladen.

Wie sehr ich hier fehl am Platz bin, merke ich auch, als Matthias zurück ist und ich schüchtern nach der Toilette frage. Verwunderte Blicke treffen mich. Oder sind es verunsicherte Blicke? Zögernd zeigt mir ein junger Mann den Weg zu den Toiletten. Ach so. Es gibt keine Damentoiletten. Und vermutlich wurden diese Toiletten auch noch nie von einer weiblichen Person benutzt. In dem stinkenden Raum gibt es zwei Kabinen. In jeder ist ein Loch im Boden, umgeben von einem Rahmen, der vielleicht einmal weiß war. Der Boden ist nass. Und ich will gar nicht darüber nachdenken, warum es überall gelbe und auch braun-schwarze Flecken gibt. An der Wand hängt eine dünne, rostige Metallkette, die klebrig aussieht. Die Toilettenspülung. Die Tür schließt kaum, und ich weiß nicht, ob ich den ekligen Riegel überhaupt anfassen will.

Ich merke, in dieser Werkstatt sind Frauen nicht unbedingt willkommen. Moment ... Wenn ich an die Begrüßung denke und an die männerdominierte Hotel-Lobby, frage ich mich, ob das nur in dieser Werkstatt so ist – oder vielleicht im ganzen Land? Auf was haben wir uns da nur eingelassen?

Auf dem Weg zurück ins Hotel erzählt mir Matthias aufgeregt von seinen Eindrücken. Er sprudelt beim Erzählen geradezu über. Im Vergleich zu dem Stress seines gestriegelten Betriebs in München mit seinen hohen Standards wirkt diese heruntergekommene Wüstenwerkstatt wie eine spannende Herausforderung auf ihn. Ich kann kaum glauben, was er erzählt:

Die ganze Werkstatt mit ihrer Ausstattung ist primitiv und heruntergekommen. Es gibt keine Sicherheitsschuhe, die Mechaniker arbeiten teilweise in Flip-Flops! Kein Teilelager, nur eine lose Ansammlung von Kisten, aus denen die benötigten Teile mühsam herausgesucht werden.

Von Mülltrennung haben sie hier auch noch nichts gehört oder von der richtigen Entsorgung von Wertstoffen. Was nicht gebraucht wird, landet draußen vor der Werkstatt auf einem großen Haufen.

Dann erzählt er mir von dem riesigen Gelände, das sich hinter der Werkstatt über eine weite Fläche erstreckt. In einer Ecke parkt eine ganze Flotte neuer Taxis, von einer dicken, grauen Sandschicht bedeckt. Vor Monaten frisch geliefert, waren sie noch nie im Einsatz. Etwas weiter hinten wurde eine lange Reihe neuer Busse abgestellt. In einem großen Gebiet unmittelbar vor der Werkstatt scheint ein Autofriedhof zu sein. Oder ist es ein bizarres Teilelager? Unzählige Autos unterschiedlicher Marken stehen in unordentlichen Reihen nebeneinander, wie eine große Schar Kriegsverletzter, die auf Aufnahme ins Krankenhaus wartet. Bei einem Auto fehlt das ganze Hinterteil, das nächste hat einen Platten. Dazwischen ruhen viele Fahrzeuge mit geöffneter Motorhaube, als ob sie nur darauf warten würden, ihre Verletzungen einem verständnisvollen Pfleger zu zeigen. Über allem liegt eine dicke Schicht Staub. Beim Betrachten stellt sich meinem Mann die Frage: Wem gehören nur diese vielen heimatlosen Autos?

Das ist für Matthias auf der einen Seite natürlich alles ein Schock. Mit so einem Betrieb hat er nicht gerechnet. Der Standard dieser Werkstatt ist meilenweit entfernt von allem, was er bei seiner Firma in Deutschland kennt. Aber genau das reizt ihn. Während dieser schnellen Besichtigung ist sein Pioniergeist erwacht. Herr Mustafa möchte den ganzen Betrieb umstrukturieren und modernisieren. Matthias sieht die Möglichkeiten, und sein Kopf ist schon voller Ideen. Am liebsten würde er sofort anfangen. – Da kann ich nur hoffen, dass die Toiletten auch modernisiert werden!

Ja, Matthias ist Feuer und Flamme. Der Gedanke, dass er einen Mitarbeiter hierher senden könnte, ist längst vergessen. Dieser Job ist genau das, wonach er sich sehnt. Aufbauarbeit, Ordnung und Struktur bringen, und das alles in einer stressfreien Umgebung. Er würde am liebsten gleich Nägel mit Köpfen machen. Ich dagegen habe gemischte Gefühle.

Erste Eindrücke von Herrn Mustafas Firma

Mir kommt es bei diesem ersten Besuch so vor, als würde ich hier durch mein Frausein gar nicht als ganze Person wahrgenommen. Wie wird sich das anfühlen, wenn wir tatsächlich hierherziehen und das mein neuer Alltag wird? Und ob wir wirklich unsere ganze Familie entwurzeln und hierher verpflanzen sollen?

Schon zu diesem Zeitpunkt geht mir durch den Kopf, dass unsere Familie dadurch international werden könnte. Unsere Kinder würden nicht länger mit Kindern aus dem Dorf in die Schule gehen, sondern auf einer internationalen Schule Freunde aus der ganzen Welt haben. Vielleicht würden sie dann auch die Kinder anderer Expats* heiraten? Das würde ja bedeuten, dass sie später in einem anderen Land leben als wir! Kann ich damit leben, dass unsere Familie multikulturell wird und unsere Enkelkinder weit entfernt von uns aufwachsen? – All das geht mir an diesem ersten Tag durch den Kopf. (Und so ist es tatsächlich auch gekommen! Wir haben inzwischen drei Schwiegertöchter: eine aus Kanada, eine aus Sambia und eine aus Deutschland.)

Kleiner arabischer Sprachführer
Marhaba! *(mar-ha-ba)* – Hallo! Willkommen!

---

* Expats sind Fachkräfte, die durch ihren Arbeitgeber für begrenzte Zeit ins Ausland entsandt werden.

4. Verfolgt im Straßenwirrwarr der Souks

Den nächsten Tag verbringen wir am Strand. Wir wundern uns sehr, dass Herr Mustafa das vorgeschlagen hat, sind wir doch davon ausgegangen, dass diese Tage effektiv genutzt werden sollen. Aber so eine Auszeit ist natürlich auch toll.

Obwohl dieses kleine, sonnige Land von Küste umrahmt ist, gibt es in Doha kaum Badestrände. Die wenigen Plätze mit Zugang zum Meer sind dreckig und ungemütlich. Unser indischer Fahrer bringt uns zu einem Hotel, das am Strand liegt, und zahlt im Auftrag von Herrn Mustafa das hohe Eintrittsgeld, damit wir zum gepflegten Hotelstrand dürfen. Es ist sehr heiß, ungefähr 40 Grad.

Während Sarina selbstbewusst mit Eimer und Schippe im goldenen Sand arbeitet, genießen Matthias und ich die bequemen Liegestühle der verlassenen Hotelanlage. Wir lassen den gestrigen Tag Revue passieren und träumen von den Möglichkeiten, die ein Neuanfang uns bieten könnte.

Unsere Jüngste, Sarina, am Strand

Am Abend sind wir dann mit Herrn Malik, Matthias freund-
lichem Kunden, der in Deutschland studiert, verabredet.
Endlich lerne ich ihn auch mal kennen! Aber scheinbar ist
Herr Malik in seiner Heimat ein ganz Anderer, das ist zumindest Matthias' verwunderte Feststellung nach diesem
Abend. Er ist hier distanzierter, seine Freundlichkeit birgt
einen Hauch von Förmlichkeit.

Er holt uns an unserem Hotel ab und bringt uns zu seinem prachtvollen Elternhaus. Es ist ein riesiges Anwesen.
Schon der Eingangsbereich ist größer als so manche Wohnung, und alles ist prunkvoll eingerichtet und dekoriert.

Wir werden in einen großen Raum geführt, der wohl das
Entree ist. Beeindruckend und gewaltig, ist dieses Zimmer
wie gemacht für königliche Hoheiten. Überall glitzert es
golden: goldene Leuchter, goldene Tischchen, goldene
Wände und Sessel. Das viele Funkeln und Glitzern tut den
Augen weh. Dazwischen: üppige frische Blumensträuße
und imposante Gemälde. Ein dezent harziger Weihrauch-
geruch liegt in der Luft.

In einem großen Viereck stehen thronähnliche Sessel entlang den Wänden. Dabei: kleine kostbar gefertigte Tischchen.

Eine Angestellte kommt herein und serviert jedem auf seinem Tisch Tee. Dazu stellt sie jeweils einen kleinen Teller mit fettigem, süßem Gebäck. Die Unterhaltung zwischen den Männern ist mühsam und schleppend, und das liegt nicht an der Sprache, denn sie sprechen, wie in München, Englisch. Selbst Matthias, der normalerweise schnell mit jedem ins Gespräch kommt, fehlen heute die Worte. Der ganze Prunk hat ihm wohl die Sprache verschlagen. Ich hatte mich darauf gefreut, Herrn Maliks Frau kennenzulernen, aber sie ist leider nicht zu sehen. Später werde ich erfahren, dass Frauen in Katar wie kostbare Perlen im Verborgenen zu bleiben haben.

Immerhin: Herr Maliks Mutter, eine hübsche rundliche Frau in einem bunten, langen Kleid schaut kurz herein, und schwerfällig wechseln wir ein paar Worte. Sie ist natürlich vor allem von der kleinen Sarina begeistert, und sie lässt ihre Angestellte mehrere riesige Schachteln mit Barbie-Puppen bringen, die Sarina mit nach Hause nehmen soll. Da Sarina auch im Hotel jeden Morgen beim Frühstück eine neue Barbie-Puppe bekommt, hätten wir wohl einen Extrakoffer für die vielen Puppen mitbringen sollen! Fast überall im Land spüren wir diese große Kinderliebe, die Wertschätzung und Begeisterung für die Kleinen. Das gefällt mir richtig gut.

Der kurze Besuch bei Herrn Maliks Familie fühlt sich dagegen leider immer unbehaglicher an. Obwohl wir liebevoll und gastfreundlich empfangen werden, ist das Zusammensein förmlich und wirkt erzwungen. Der Abend fühlt sich so ungemütlich an wie ein steifes neues Kleidungsstück. Der Raum ist nicht zu vergleichen mit einem deutschen Wohnzimmer, in dem man sich ausstrecken und wohlfühlen kann.

Etwas später stößt Herrn Maliks Bruder zu uns, der einen netten, gebildeten Eindruck macht. Er ist Zahnarzt und hat in Heidelberg studiert. Er und sein Bruder tauschen sich kurz auf Arabisch aus und beschließen dabei wohl, uns etwas von ihrer Stadt zu zeigen.

Und wo landen wir?

In einem großen Einkaufszentrum.

Das ist schon merkwürdig, dass unsere Gastgeber uns ausgerechnet hierhin führen. Gibt es sonst nichts Sehenswertes in dieser Stadt? Die drei Männer und ich hasten durch die Gänge des riesigen Komplexes. Die edlen Geschäfte, an denen wir vorbeieilen, tragen bekannte Namen wie Gucci, Balenciaga, Rolex und Prada.

Im mehrstöckigen Einkaufszentrum in Doha

Nach dem schnellen Marsch durch die Gänge des Einkaufszentrums sind wir anscheinend fertig. Herr Malik und sein Bruder bringen uns zurück zu unserem Hotel, und die Männer verabschieden sich herzlich voneinander, dabei überreicht Herr Malik Matthias eine teure Uhr als Geschenk. Mit Barbiepuppen und dieser neuen kostbaren Uhr beladen, gehen wir etwas verwirrt in unser Hotelzimmer. – Eine weitere Begegnung, die ganz anders lief, als erwartet.

Wir haben noch eine interessante Verabredung in diesen Tagen. Ich möchte unbedingt die Christen kennenlernen, die hier leben. Es gibt dazu kaum Informationen im Internet, aber nach einigem Suchen finde ich eine Kontaktnummer für eine christliche Kirche. In dieser Gemeinde treffen sich allerdings nur Ausländer, denn offiziell sind ja 100 % der Einheimischen Moslems. Als ich die Kontaktnummer anrufe, antwortet eine freundliche amerikanische Stimme, und wir verabreden uns.

Wir treffen das Ehepaar in einem weiteren großen Einkaufszentrum in Doha. Was wir beim ersten Flanieren mit den Herren nicht gesehen hatten, ist der Bereich in diesen Shoppingcentern, in dem gegessen wird, «food court» genannt, was Gastronomiebereich bedeutet. In der Mitte des Areals stehen viele bunte Tische und Stühle. Verschiedene Stände, an denen Essen bestellt werden kann, reihen sich an den Wänden aneinander. Die Auswahl ist riesig: Von amerikanischen Hamburgern und Hot Dogs über indische Currygerichte bis hin zu arabischer Kost, gibt es für jeden Geschmack etwas. Ganz zu schweigen von den vielen süßen und fettigen Nachspeisen!

Das freundliche Paar lebt schon lange in Doha. In ihrer Freizeit setzen sie sich seit Jahren dafür ein, dass die ausländischen Christen im Land ein geistliches Zuhause haben. Wir freuen uns sehr, diese Christen kennenzulernen.

Das ist das Besondere am Glauben: Unterschiedlichste Menschen mit verschiedenen Nationalitäten fühlen sich schnell so an wie Familienmitglieder.

Wir sprudeln über vor Fragen. Endlich haben wir Menschen vor uns, die sich in uns hineinversetzen können und die uns erzählen werden, wie es ist, in Katar zu leben. Wir freuen uns, in ihnen eine vertrauenswürdige Quelle für Informationen rund um dieses Land gefunden zu haben.

Natürlich erzählen wir auch von unseren Gesprächen mit Herrn Mustafa und fragen gespannt, wie sie die Situation einschätzen. Sollte er uns ein konkretes Angebot machen, fragen wir uns: Werden wir uns auf seine Zusagen verlassen können?

Von ihren Erfahrungen ausgehend, legt das Paar uns nahe, vorsichtig zu sein. Das Arbeitsangebot sehen sie insgesamt kritisch, denn sie kennen mehrere Fälle, in denen Versprechen nicht eingehalten wurden und Menschen schließlich verzweifelt, ohne Bezahlung wieder gehen mussten.

Diese Begegnung bremst unsere Begeisterung, aber sie reicht nicht aus, um die Flamme ganz zu ersticken, die in diesen Tagen in uns entfacht wurde.

Unser «Kurzurlaub» nähert sich dem Ende. Die Tage sind nicht so effektiv genutzt worden, wie wir uns das vorgestellt hatten. Wir können es nicht nachvollziehen, dass wir fast die ganze Zeit uns selbst überlassen wurden. Warum so viel Geld für Flüge und Hotel ausgeben – und sich dann nur ein Mal mit dem potenziellen Mitarbeiter treffen?

Es ist unser letzter Abend, und unser Gastgeber möchte uns die Möglichkeit geben, eine weitere Seite seines Landes zu erleben. Mit Herrn Malik haben wir ja die glitzernde

Einkaufswelt der Reichen gesehen, heute erleben wir die traditionellen «Souks»: Das sind Straßenzüge mit kleinen, vollgestopften Geschäften. Im Gegensatz zu den imposanten Einkaufszentren kann man hier günstig einkaufen. Und es gibt so ziemlich alles.

Wie bei unserem Strandbesuch ist Herr Mustafa selbst nicht dabei. Er lässt uns vom Hotel abholen und zu einem geschäftigen Stadtviertel bringen, wo ein quirliges Durcheinander aus Menschen herrscht. Ich sehe vor allem Männer aus Südostasien. Überall stehen zudem geparkte Autos. Der Verkehr zieht sich langsam durch den verbleibenden schmalen Straßenstreifen.

Nachdem er einen Parkplatz gefunden hat, zeigt uns unser freundlicher Fahrer, wo die Souks beginnen. Er will uns begleiten, aber wir lehnen dankend ab. Wir wollen diese faszinierende Welt lieber allein entdecken: Schmale vollgepackte Läden, größtenteils abgenutzt und heruntergekommen, stehen dicht nebeneinander.

Alles wirkt staubig und alt, nicht nur die Verkaufstische, sondern auch die Waren. In einer Ecke des Souks reiht sich ein Stoffgeschäft an das andere, dazwischen sehe ich winzige Schneidereien. In einem anderen Bereich gibt es Handys und andere elektronische Geräte. Wir entdecken auch kitschige Mitbringsel, Untersetzer mit einem Doha-Aufdruck oder billige Plastikkamele «Made in China».

An einen orientalischen Basar erinnert die Ecke mit Gewürzen: Reihen von großen offenen Jutesäcken stehen wie Soldaten nebeneinander: Curry, Kardamom, Paprika und so viel mehr! Grün in den unterschiedlichsten Tönen, Gelb, Orange, und dazu braune Muskatnüsse. Opulente orientalische Gerüche vermischen sich zu einem undefinierbaren Potpourri, der Duft erinnert ein bisschen an weihnachtliches Plätzchenbacken.

Eindrücke von unserem Spaziergang durch den Souk

Dann gibt es noch einen Bereich, der alles andere als heruntergekommen wirkt: Wir sehen unzählige Goldgeschäfte mit glänzenden Auslagen. Schwere Ketten, Ringe en masse, alles funkelt und glitzert. Frauen lassen sich beraten, die Männer stehen daneben und bezahlen. Wir erfahren später, was es damit auf sich hat: Mit Goldschmuck drückt ein katarischer Mann seine Wertschätzung für seine Frau aus. Je mehr Schmuck sie besitzt, desto wertvoller ist sie in seinen Augen. Gleichzeitig ist dieser Schmuck auch ihre Sicherheit, sollte sie einmal allein da stehen. Obwohl die Ketten und Armbänder und Ringe kunstvoll angefertigt sind, geht es beim Preis allein um das Gewicht. Beim Bezahlen wird das Schmuckstück gewogen, und der Kunde bezahlt den tagesüblichen Grammpreis für das Gold.

Wir wandern durch die Gassen und saugen alle Eindrücke in uns auf. Dabei gibt es etwas, das uns sehr verwundert: Es sind ja, wie gesagt, vor allem Männer zu sehen. Sie sind oft paarweise unterwegs, und – sehen wir richtig? Damit hätten wir in diesem konservativen Land nicht gerechnet: Sie laufen händchenhaltend durch die Gassen! Erst später erfahren wir, dass diese Berührungen keine sexuelle Konnotation haben, es ist einfach Ausdruck einer tiefen Freundschaft.

Noch etwas ist speziell: Beim Laufen schauen wir gelegentlich nach hinten, und dabei sehen wir erstaunt, wie uns der Fahrer immer in einer gewissen Entfernung folgt. Ob er Angst hat, wir könnten uns verlaufen?

In einem der kleinen Andenkenläden finden wir ein paar Sachen, die uns gefallen. Die ausgesuchten Mitbringsel liegen auf dem Verkaufstresen, und wir wollen gerade bezahlen, da taucht unerwartet der Fahrer neben uns auf. Er besteht darauf, zu bezahlen, und sagt: «Ein Geschenk von Herrn Mustafa.» Gleich darauf verschwindet er schnell mit unseren Taschen. Wir schlendern eine Weile weiter, und jetzt ist er plötzlich wieder hinter uns! Immer wieder erhaschen wir einen Blick auf ihn, wenn wir uns umdrehen.

Irgendwann haben wir genug gesehen, und wir suchen das Auto. Wir irren ein bisschen herum, ehe wir den Weg finden. Doch wie kann das sein? Vor Kurzem war der Fahrer noch hinter uns, und nun, da wir uns dem Auto nähern, steht er bereits daneben, als hätte er seinen Posten nie verlassen. Auch dieser Ausflug ist interessant und äußerst merkwürdig!

Nun möchten wir liebend gern Nägel mit Köpfen machen! Wir haben unsere Angst überwunden und dieses sonnige Land kennengelernt. Matthias weiß inzwischen, was von ihm erwartet wird. Er fühlt sich wie in einem Entwicklungsland. Zwischen der Werkstatt hier und seinem Arbeitsplatz in Deutschland liegen Welten, aber er sieht das Potenzial und hat schon Ideen, wie er diesen Betrieb in Schuss bringen will. Er kann es kaum abwarten, anzufangen. Noch sind wir ja hier vor Ort bei Herrn Mustafa, dem Firmeninhaber, da würde es unserer Meinung nach Sinn machen, über den Vertrag und die Arbeitsbedingungen zu reden. Denn so gerne wir nach diesem ersten Kennenlernen des Landes nach Katar ziehen würden – ohne ein konkretes Angebot haben wir keine Ahnung, ob das für unsere Familie eine Option darstellt.

Aber davon kein Wort. Matthias wird kein Vertrag vorgelegt. Als er nach den Konditionen fragt und wissen will, was er für seine Arbeit bekommen würde, sagt Herr Mustafa: «You make an offer.» Matthias soll sein Gehalt selbst vorschlagen. Wie soll das gehen? Wir haben doch gar keine Ahnung von den Kosten im Land und den üblichen Gehältern hier. Wir ahnen schon, es kommen schwierige Verhandlungen auf uns zu.

Und tatsächlich, es werden noch einige Wochen der Ungewissheit vergehen. Als die Verhandlungen dann endlich beginnen, gleichen sie einem Tanz, bei dem sich die Partner vorsichtig annähern, nur um sich anschließend wieder voneinander zu entfernen. Hin und her, vor und zurück.

Kleiner arabischer Sprachführer
Kam? *(kamm)* – Wie viel? (Z. B.: Wie viel kostet es?)

5. Yalla!

Zu Hause berufen wir eine Familienkonferenz ein, erzählen, was wir gesehen haben, zeigen Fotos und fragen jedes Kind, ob es sich vorstellen kann, nach Katar zu ziehen?

Die meisten Familienmitglieder wollen gehen, es herrscht Aufbruchstimmung.

Jahre später stellte sich in Gesprächen heraus, dass es teilweise sehr banale Gründe waren, die aus Sicht der Kinder für einen Umzug sprachen: die Flucht vor nervigen Mitschülern oder einer gefürchteten Lehrerin im nächsten Schuljahr, ein Konflikt im Freundeskreis. Aber natürlich war da auch: Abenteuerlust.

In unserem Enthusiasmus überhören Matthias und ich die leisen Stimmen zweier Kinder, die die Begeisterung nicht teilen: Joel liebt unseren Hund, unser großes Grundstück, die Natur. Auch wenn er zu jung ist, um zu wissen, was genau auf ihn zukommt, will er seine geliebte Welt nicht verlassen. Und Janek steht neuen Situationen grundsätzlich erst einmal abwartend und zögernd gegenüber. Außerdem liebt er den Jugendkreis und seine kleine Musikband, die er mit Freunden begonnen hat. Wir übersehen die Tatsache, dass unsere Kinder sich gar nicht vorstellen können, wie groß die Veränderung für ihr Leben sein wird.

Janek, damals 12 Jahre alt, erzählt

Ich weiß noch, als ich 2005 gefragt wurde, ob ich ins Ausland möchte. Wir saßen als Familie um den Esszimmertisch. Der Reihe nach wollten unsere Eltern von uns wissen, was wir von einem Umzug nach Katar hielten. Ich konnte mir gar nichts darunter vorstellen. Ich war erst zwölf Jahre alt, und Erdkunde war nie meine Stärke gewesen. Wo ist denn dieses Katar überhaupt? Da gibt es bestimmt nur Sand und Kamele!, dachte ich mir.

Als nun meine Eltern fragten: «Und was meint ihr, sollen wir nach Katar ziehen?», kam meine Antwort wie aus der Pistole geschossen: «Nein, auf keinen Fall! Ich will in Deutschland bleiben. Hier sind doch all meine Freunde.» Worauf sie nur meinten: «Tut uns leid, wir haben uns schon entschieden. Wir werden nach Katar gehen.» – «Da hättet ihr mich ja gar nicht erst fragen brauchen», entgegnete ich empört.

Die nächsten Wochen sind aufregend: Matthias schreibt Herrn Mustafa eine Nachricht, um sein grundsätzliches Interesse am Job zu bekunden. Es gilt, nicht zu begeistert zu erscheinen, damit genug Lohn ausgehandelt werden kann. Denn die Lebenshaltungskosten für unsere große Familie werden hoch sein.

Der Mailwechsel ist sporadisch, und wir warten oft wochenlang auf Antwort. In diesen Phasen des langen Wartens scheint unser Traum wie eine Seifenblase zu zerplatzen. Dabei spüre ich, wie sehr ich inzwischen diesen Weg gehen will. Alles zurücklassen und ganz neu anfangen, das ist es, wonach in mich sehne. Matthias geht es ähnlich. Mit dieser neuen Arbeitsstelle wollen wir beide unserem zu vollen Leben entfliehen.

Diese Wochen der Ungewissheit sind ein erster Vorgeschmack auf die arabische Art, Verhandlungen zu führen, die wir später noch besser kennenlernen: Was heute dringend und unbedingt sofort umgesetzt werden soll, kann morgen schon unbeachtet auf der langen Bank liegen, bis es dem Gegenüber zufällig wieder in den Sinn kommt und dann mit Eile erledigt werden soll.

Inzwischen ist es Ende Juni. Wir rechnen schon gar nicht mehr damit, da kommt plötzlich die ersehnte Nachricht mit einem verlockenden Angebot: Um das Leben für unsere Familie vorzubereiten, sollen wir noch einmal nach Katar kommen. Dann könne man auch über die Details des Vertrags sprechen. Die Reise soll schon in wenigen Tagen stattfinden.

Wir sollen kommen, um uns Häuser und Schulen anzusehen, heißt es! Doch später erfahren wir, dass es einen anderen Grund gibt, warum es auf einmal so eilt: Herr Mustafa hat die Möglichkeit, Vertragshändler einer deutschen Automarke zu werden, und während unseres geplanten Aufenthalts ist ein Besuch der Verantwortlichen geplant. Da möchte er mit einem deutschen Manager glänzen. Dass dieser eigentlich noch gar nicht für die Firma arbeitet, muss ja nicht zur Sprache kommen.

Obwohl unser stets höflicher Gastgeber es nie ausdrücklich gesagt hat, habe ich inzwischen verstanden, dass ich als Frau bei diesen ganzen Meetings nichts zu suchen habe. Wie gut ist es da, dass wir bei diesem zweiten Besuch in einem schönen Hotel am Meer untergebracht sind. So können Sarina und ich den Strand genießen, während Matthias versucht, die Gäste von Herrn Mustafa zu beeindrucken.

Matthias macht auf die Gäste zwar einen guten Eindruck, doch trotzdem scheitert der Versuch, denn es liegen Welten zwischen der heruntergekommenen Werkstatt und dem vom Autovertreter erwarteten Standard. Aber vielleicht erkennt Herr Mustafa an dieser Absage, wie sehr er Unterstützung braucht, um seinen Betrieb einem europäischen Standard anzugleichen? Auf jeden Fall scheint er nun unbedingt Matthias als Mitarbeiter gewinnen zu wollen.

Bei den Besichtigungen von Schulen und Häusern darf ich dagegen dabei sein. Die normalen, kostenlosen Schulen sind den Bürgern des Landes vorbehalten, unsere Kinder werden also eine Privatschule besuchen müssen. Wir sind begeistert von den Möglichkeiten, die unsere Kinder hier bekommen werden, das könnten wir ihnen in Deutschland nicht bieten: modern ausgestattete Klassenräume, viele sportliche und musikalische Angebote, eine große Bücherei, sogar eine schuleigene Krankenschwester. Natürlich wird es ihnen anfangs schwerfallen, dem englischsprachigen Unterricht zu folgen, aber sie werden diese Herausforderung sicher meistern, davon bin ich überzeugt.

Die Mietshäuser, in die wir geführt werden, sind alle unerwartet groß. Wir wundern uns über die vielen Wohnzimmer und Badezimmer. Es ist nicht ungewöhnlich, dass ein Familienhaus drei Wohnzimmer und sechs Bäder hat! Merkwürdig für deutsche Augen sind die vielen leeren Bauplätze in den Wohngegenden; nur wenige Grundstücke sind bebaut. Später erfahren wir, dass jeder einheimische männliche Bürger des Landes in einem bestimmten Alter ein Grundstück vom Staat geschenkt bekommt. Diese Bauplätze werden oft erst später bebaut. Die Leere und die vielen Baustellen sind typisch für dieses kleine Land. Doha ist eine Stadt, die noch am Entstehen ist. Die Skyline verändert sich rasend schnell.

Blick vom Dach eines der Wohnhäuser, die wir in Doha besichtigen

Wir verlieben uns schnell in eins der Häuser und hoffen, dass Matthias' Arbeitgeber zustimmt.

Alles in allem reisen wir mit dem Gefühl zurück, dass unsere Familie hier gut aufgehoben sein wird und dass dieses neue Leben uns Möglichkeiten bietet, die wir in unserer Heimat nie bekommen hätten.

Nach diesem zweiten Besuch wissen wir zumindest besser, welche Kosten auf uns zukommen werden, und wir kennen die Schul- und Wohnsituation. Die Jahresmiete für ein Haus, das groß genug für uns alle ist, beträgt rund 40.000 Euro. Für das Schulgeld müssen wir vermutlich noch mal so viel rechnen. Was an sonstigen Kosten auf uns zukommt, können wir schlecht einschätzen, aber in Deutschland müssen wir außerdem unsere Darlehen abbezahlen. Dazu kommt die deutsche Renten- und Krankenversicherung, in die wir weiterhin einzahlen.

Obwohl Herr Mustafa uns nun schon zwei Kurzurlaube finanziert hat, hören wir auch nach diesem zweiten Besuch wochenlang: nichts.

Wir kommen zu dem Schluss, dass man sich wohl doch gegen uns entschieden hat, uns das aus Höflichkeit aber nicht mitteilen will. Sicher wegen der hohen Kosten, vermuten wir, oder, weil Herr Mustafa nicht wie erhofft Vertragshändler der neuen Marke sein wird.

Als wir gar nicht mehr damit rechnen, erhält Matthias, mitten hinein in unser Gefühl von Enttäuschung, überraschend eine Nachricht: eine feste Zusage!

Matthias trifft seinen zukünftigen Chef in München, um den Vertrag zu unterschreiben. Danach kündigt er, was ihm nach den vielen Jahren nicht leichtfällt, vor allem, als sein Vorgesetzter ihn fassungslos ansieht und eindringlich vor dieser neuen Stelle warnt: «Was willst du nur bei diesen Kameltreibern? Wie kannst du dafür unseren Betrieb verlassen und die gute und sichere Stelle, für die du jahrelang gearbeitet hast, aufgeben?»

Die Verhandlungen, das Warten, das alles hat so lange gedauert, doch nun soll es schnell gehen: Wir haben nur wenige Wochen, um alles zu packen und uns bereitzumachen.

Schon Tage nach der endgültigen Entscheidung steht der Umzugscontainer vor der Tür. Dabei wissen wir nicht genau, was wir brauchen, und wie lange wir bleiben werden. Wir laden unsere liebsten Möbelstücke ein. Wir brauchen nicht viel, denn den Großteil der Einrichtung werden wir vor Ort kaufen. Doch mit dem Container haben wir die Möglichkeit, unsere Lieblingssachen mitzunehmen, wofür wir sehr dankbar sind.

Als Nächstes sind die Kisten mit kleinerem Hab und Gut dran. Die ersten werden langsam und überlegt gefüllt. Als wir das Wichtigste in den Container geladen haben, ist aber noch viel Platz übrig. Viel Platz und nur ein paar Stunden, bis abgeholt wird. Nun packen wir noch schnell und unüberlegt einiges dazu. Zum Schluss laufen wir wie wilde Hühner hin und her und stopfen immer weiter Sachen in den Container, ohne zu wissen, ob wir sie in unserer neuen Heimat überhaupt gebrauchen können.

Für mich selbst trage ich Kisten gefüllt mit Büchern, Wolle, Bastelsachen und Handarbeitszeitschriften herbei. Matthias will natürlich sein Werkzeug mitnehmen und außerdem seine Windsurfausrüstung. Die Kinder füllen schnell Boxen mit ihren Spielsachen und Büchern. Und schon ist der Container mit unseren liebsten Sachen auf dem Weg nach Hamburg. Vom dortigen

«Unser Container», den wir in aller Eile befüllen

Hafen geht es direkt nach Doha – eine Reise, die allerdings acht Wochen dauern wird.

Nach dem stressigen Packen atmen wir auf und langsam dämmert es uns:

Es geht tatsächlich los!

Wir empfinden diesen Aufbruch als eine einmalige, aufregende Gelegenheit. Das ganze Leben darf neu gefüllt werden.

Überraschenderweise finden sich für alle Aufgaben, die wir in Deutschland zurücklassen, Lösungen. Wir sind nicht so unentbehrlich, wie wir gedacht haben. Alles darf abgegeben werden. Es geht los, das Abenteuer beginnt!

Kleiner arabischer Sprachführer
Yalla! *(jal-la)* – Los, auf geht's! (Das hört man
in arabischen Ländern oft: Eltern treiben ihre
Kinder zur Eile an, jemand drängt zum Aufbruch,
eine Entscheidung wurde getroffen,
und es soll endlich losgehen.)

6. Erste Wolken
am sonnigen Himmel

Doha, Katar
September 2005 – Juni 2006

Wenige Wochen später ist es so weit: Mit unseren sechs Kindern machen wir uns auf den Weg in unsere neue Heimat. Der Flug ist für die Kids natürlich etwas ganz Besonderes. Es sind noch Ferien, und es fühlt sich an, als würden wir in den Urlaub fliegen. Als die Ansage kommt, dass Handys ausgeschaltet werden müssen, will der neunjährige Jonas ganz sicher gehen, dass das Flugzeug nicht wegen ihm abstürzt: Er schaltet nicht nur sein Handy aus, er baut sicherheitshalber gleich den Akku aus. (Ja, das konnte man damals noch!)

Der Flug und die Einreise ins Land verlaufen problemlos, inzwischen sind uns ja die Einreiseformalitäten bekannt. Nun sind es unsere Kinder, die auf der Fahrt vom Flughafen in die Stadt neugierig versuchen, einen Blick auf die neue Heimat zu erhaschen. Unser Ziel ist wieder ein Hotel. Wir werden zwar unser Wunschhaus bekommen, aber da der Arbeitgeber die Miete noch nicht bezahlt hat, können wir nicht gleich einziehen.

Wir «müssen» zunächst in einer Unterkunft bleiben, einem Hotel am Strand. Unsere Teenager genießen es, im Bett zu liegen und Fernsehen zu schauen, und ich gehe mit den jüngeren Kindern an den Strand. Morgens und abends gibt es ein riesiges Buffet im Hotelrestaurant. Auch wenn wir gerne in unseren eigenen vier Wänden wären, wir genießen diese Zeit. Für die Kinder und mich sind diese ersten Wochen in Katar tatsächlich wie ein Urlaub – Ferien, die wir uns mit unseren vielen Kindern nie hätten leisten können.

Die Hotelanlage, in der wir unser Katarleben offiziell starten

Vermutlich hat auch Matthias' Chef nicht bedacht, wie viel dieser Hotelaufenthalt kosten würde. Wir sind immerhin acht Personen! Als wir eines Tages zurück ins Hotel kommen und in unsere Zimmer wollen, sind sie beide zugesperrt. Völlig geschockt wenden wir uns an die Rezeption. Unsere Ausweise sind im Zimmer! Und alles andere natürlich auch. Aber die Zimmer bleiben verschlossen. Wir werden freundlich darauf hingewiesen, dass unsere offene Rechnung sehr hoch ist und zuerst bezahlt werden muss, bevor wir unsere Zimmer wieder betreten können. Wir geraten in Panik! Wird der Chef diese hohe Summe begleichen? Wo werden wir sonst alle die Nacht verbringen? Was ist, wenn er nicht bezahlt?

Matthias ruft verschiedene Mitarbeiter in der Firma an. Es dauert, aber er erhält schließlich die Zusage, dass die Rechnung heute noch bezahlt wird, und bald darauf kommt tatsächlich jemand vorbei und kümmert sich darum, sodass wir abends wieder in unsere Zimmer können. Herrn Mustafa wird jetzt wohl auch klar, dass es wenig

Thias, Janek und Thanny genießen das Hotelleben.

83

Sinn macht, die Zahlung für unser Haus weiter hinauszuzögern und uns in diesem Hotel zu lassen. Die Miete wird nun schnell bezahlt, und schon wenige Tage später können wir in unser neues Zuhause umziehen.

Das Haus ist, an deutschen Maßstäben gemessen, riesig. Wenn man zum Haupteingang eintritt, gelangt man in einen großen Wohnbereich. Eine zweite, kleinere Haustür, die sich links vom großen Eingang befindet, führt zu einem zweiten Wohnzimmer. In dieser Kultur sind bei einem Besuch Männer und Frauen in der Regel jeweils unter sich. Das wird ganz geschickt geregelt; man trennt sich schon an den beiden Eingangstüren: Während die Frauen und Kinder in den Hauptteil des Hauses gehen, führt eine zweite Tür die Herren gleich in einen abgetrennten Raum, «Majlis» genannt. Männer und Frauen bekommen sich während des ganzen Besuchs nicht zu Gesicht. Das ist für die Damen praktisch, denn so müssen sie nicht verschleiert bleiben.

Unser neues Zuhause

Unser neues Zuhause hat sechs Schlafzimmer, ebenso viele Bäder, eine Küche und ein Esszimmer. Draußen sind in einem kleinen Nebengebäude außerdem zwei winzige Räume für Angestellte und ein Pool. Die ersten Tage leben wir noch in leeren Räumen, denn es wird dauern, bis der Container kommt, und alles andere muss erst noch angeschafft werden.

Die Firma gibt uns eine gewisse Summe Geld für Möbel, die im Vertrag festgelegt ist, außerdem wird uns ein Fahrer zur Verfügung gestellt. Matthias ist beschäftigt, also klettern die sechs Kinder und ich zu dem Fahrer ins Auto. Ich sitze natürlich hinten, denn es gehört sich nicht, dass eine Frau neben einem fremden Mann sitzt, der nicht zu ihrer Familie gehört. Zu acht im Auto ist es sehr eng und kuschelig, aber man nimmt es hier nicht so genau mit Verkehrsregeln und dem Anschnallen.

Wir besuchen unzählige Möbelgeschäfte und müssen uns darauf einstellen, dass wir nichts finden werden, das unserem Stil entspricht. So viele Möbelgeschäfte wir auch aufsuchen: Echtholz sehe ich überhaupt nicht. Erst Jahre später eröffnet ein Ikea in Doha, was die westlichen Ausländer im Land riesig freut. Doch zu diesem Zeitpunkt sind alle Möbel, die wir anschauen, wuchtig und feudal, mit Verschnörkelungen und Verzierungen, als würden sie in einen Palast gehören. Die Fassade täuscht allerdings, das Material ist billig, und die kunstvolle Schicht blättert schnell ab. Sieht man genauer hin, bestehen die Stücke aus billigem, beklebtem Pressspan.

Später denke ich: So erlebe ich auch manche Menschen in unserer neuen Heimat, denn der äußere Schein ist hier sehr wichtig.

Es ist nicht leicht, aber wir finden nach und nach die wichtigsten Möbel, und einige Wochen nach unserem

Einzug kommt schließlich auch unser Container. Als die Männer der Transportfirma ihn ausladen, formen sich wegen der Hitze geradezu Schweißpfützen unter ihnen.

Das Haus füllt sich und fühlt sich langsam wie ein Zuhause an.

Das Elternschlafzimmer mit katarischem Mobiliar

Während die Kinder und ich uns zwischen Möbelkäufen und Strandtagen an dieses große, leere Haus gewöhnen, beginnt für Matthias eine neue herausfordernde Zeit. Sein Schulenglisch beschränkt sich auf wenige Jahre, die er mehr oder weniger motiviert hinter sich gebracht hat. Durch seinen Umgang mit ausländischen Kunden in Deutschland konnte er einiges dazulernen, aber auf das, was in seinem neuen Job auf ihn zukommt, konnten ihn diese Erfahrungen nicht vorbereiten:

Immer wieder sucht einer seiner neuen Mitarbeiter ihn in seinem Büro auf und spricht lang und ausführlich auf ihn ein. Matthias nickt, stimmt zu, versteht aber kein Wort. Die Männer, die zum größten Teil aus südostasiatischen Ländern kommen, sprechen Englisch ganz anders, als er gewohnt ist. Außerdem kennt Matthias viele der speziellen Fachbegriffe, die in einer Autowerkstatt benötigt werden, nur auf Deutsch.

Die Filipinos versteht er am besten, darum nimmt er am Anfang oft einen philippinischen Mitarbeiter bei einem Gespräch hinzu, damit dieser ihm anschließend dolmetschen kann, was gesagt wurde. Matthias spricht außerdem in jeder Situation gern mit Händen und Füßen, das ist ihm bei den anfänglichen Sprachhürden auch eine große Hilfe.

An seinem ersten Arbeitstag sitzt Matthias allein in seinem Büro. Ihm gehen Unmengen von Plänen durch den Kopf, er weiß gar nicht, wo er mit dem Aufräumen und Umbauen anfangen soll.

Matthias' Büro in der neuen Firma

Zuerst will er auf jeden Fall das ganze Unternehmen auf Vordermann bringen, indem er Ordnung und Strukturen schafft. Die Arbeits- und Abstellplätze sollen organisiert und neu gestaltet werden, denn hier fehlt seiner Meinung nach eindeutig deutsche Ordnung. Die ersten drei Monate verbringt er tatsächlich vor allem damit, aufzuräumen. Bei diesen Aktionen kommt Überraschendes zutage: So tauchen zum Beispiel 20 frische Fässer mit jeweils etwa 200 Liter Motoröl unter einem großen Müll- und Schrotthaufen auf.

Beim neuen Arbeitgeber gibt es viel aufzuräumen.

Während Matthias an diesem ersten Tag plant, wo er mit dem Aufräumen und Umbauen beginnen will, kommt ein Mitarbeiter in sein Büro. Der Mann redet mit fremdartigem Akzent und scheint sehr bewegt von seinem Anliegen zu sein, doch Matthias versteht kaum etwas. Am Ende des Gesprächs weiß er nur, dass der Mann Geld will. Er spricht von seinem Lohn und von der Bezahlung, und Matthias ist schnell klar, dass dieser Kerl eine Gehaltserhöhung will. Das findet Matthias reichlich unverschämt, gleich am ersten Tag den Chef um mehr Geld zu bitten! Er will sich erst mal von den Fähigkeiten seiner Mitarbeiter überzeugen, bevor er über Gehaltserhöhungen nachdenkt.

Kaum ist der niedergedrückte Mann verschwunden, steht schon der nächste im Büro. Auch hier versteht Matthias nicht alles, aber er merkt schnell, dass es auch dieses Mal um Geld geht. Haben sie sich etwa abgesprochen? Wer würde erwarten, dass ein neuer Chef gleich am ersten Tag mehr Geld anbietet? Er muss doch erst einschätzen, wie gut die Einzelnen arbeiten!

Als schon bald danach der dritte Mitarbeiter mit demselben Anliegen vorspricht, hört Matthias genauer hin: Erschrocken stellt er fest, dass diese Männer nicht etwa um eine Lohnerhöhung bitten. Sie wollen nichts weiter als den Lohn, der ihnen zusteht. Jetzt versteht Matthias endlich, worum es ihnen geht. Seit fünf Monaten, so sagen sie, wurden sie nicht bezahlt! Matthias kann so etwas nicht begreifen. Es ist doch selbstverständlich, dass das Gehalt am Monatsende bezahlt wird. Seit fünf Monaten keinen Lohn? Für seine Begriffe ein Ding der Unmöglichkeit.

Als Herr Mustafa am Nachmittag in die Firma kommt, fragt Matthias nach.

«Ach, das darfst du nicht ernst nehmen. Sie erzählen dir Geschichten. Sie nutzen es aus, dass du neu bist und dich nicht auskennst. Höre nicht auf sie. Sie sollen ihre Arbeit machen!»

Mit der Zeit stellt sich heraus, dass diese Männer keineswegs übertrieben haben. Sie sind nicht nur in kümmerlichen Unterkünften untergebracht, sie haben auch alle seit vielen Monaten keinen Lohn bekommen. Nun ist es so, dass diese Männer sowieso so gut wie nichts verdienen, nur einige Hundert Euro im Monat.

Das System erinnert, wie wir nach und nach erfahren, an moderne Sklaverei: Verzweifelte Männer aus armen Dörfern in Nepal, Indien und anderen Ländern zahlen einem Vermittler ein Heidengeld dafür, dass sie im Mittleren Osten arbeiten dürfen. Um diese hohe Summe aufzutreiben, legt die ganze Verwandtschaft oder Dorfgemeinschaft zusammen. Wenn der neue Mitarbeiter dann hoffnungsvoll seine neue Stelle antritt, muss er vor Ort nicht nur eine hohe Vermittlungsgebühr abbezahlen, es wird auch von ihm erwartet, dass er natürlich seine Familie und weitere Angehörige in der Heimat unterstützt. Denn sie alle sind auf seine Einkünfte angewiesen.

Dazu kommt, dass in den Augen der meisten arabischen Arbeitgeber solche Ausländer nicht besonders wertvoll sind. Sie werden ganz anders behandelt als westliche Angestellte. Ihre Unterkünfte sind menschenunwürdig, doch das stört die Arbeitgeber nicht. Sie wissen, dass die Einwanderer in ihren armen Heimatländern mit wenig zurechtkommen müssen, darum finden die Arbeitgeber es gerechtfertigt, sie in billigen Behausungen zusammenzupferchen: «Sie kennen es ja nicht anders!»

Es werden Wochen vergehen, bis Matthias seinen Arbeitgeber davon überzeugen kann, die Gehälter pünktlicher zu bezahlen. Aber einen Monatslohn behält sein Chef trotzdem von jedem Mitarbeiter zurück, denn er misstraut den

Arbeitern. Sollten sie mal etwas stehlen oder beschädigen, dann möchte er wenigstens diese kleine Sicherheit haben.

Matthias liegt Gerechtigkeit am Herzen, und er wird sich in den nächsten Jahren stark dafür einsetzen, dass die Mitarbeiter besser behandelt werden. Sein Ziel ist es, seinen Arbeitgeber davon zu überzeugen, dass zufriedene Mitarbeiter besser arbeiten. Wenn bei Außentemperaturen von vierzig bis fünfzig Grad die Klimaanlagen in der Unterkunft ausfallen, ist klar, dass die Männer unausgeschlafen zur Arbeit erscheinen. Wenn es in der Unterkunft kein Wasser gibt oder die Toilettenspülung nicht funktioniert, wirkt sich auch das natürlich auf die Arbeitsmoral aus. Zusätzlich leiden diese Männer darunter, dass sie ihren Familien in der Heimat nicht das versprochene Geld schicken können, da sie nicht bezahlt werden. Wie sollen sie da motiviert ihre Arbeit tun?

In späteren Jahren lernen wir die Lebensumstände dieser armen Männer viel besser kennen. Was in Katar mit billigen Arbeitskräften geschieht, ist wirklich ein Schandfleck für dieses reiche Land.

Matthias erzählt

Die Überraschung

Im Sommer 2005 fing ich also meine neue Stelle als Aftersales-Manager in Katar an. Es war ein ziemlicher Kulturschock, und am Anfang habe ich nur Bahnhof verstanden. Allein in unserer Firma haben zu diesem Zeitpunkt dreizehn verschiedene Nationalitäten gearbeitet. Viele waren aus Asien, zum Beispiel aus Sri Lanka, Indien, den Philippinen, Bangladesch und Nepal, aber wir hatten auch Mitarbeiter aus Afrika, die meistens aus Ägypten, Sudan oder Nigeria kamen. In einigen Managerpositionen arbeiteten auch Leute aus Jordanien und dem Libanon.

Es war ein bunter Mix aus Leuten, und vor allem aus verschiedenen Sprachen, obwohl alle irgendwie Englisch gesprochen haben. Auch ich als Deutscher, mit gebrochenem Englisch, habe meinen Beitrag geleistet.

Die Katarer haben klare Kategorien in ihren Köpfen, wenn es um die verschiedenen Nationalitäten geht. Deutsche? Die sind «same, same» wie die Katarer, zumindest in manchen Angelegenheiten. Filipinos sind gute Mechaniker und arbeiten für circa 400 Euro im Monat. Inder arbeiten meistens in der Finanzabteilung oder im Verkauf und können schon mal 500 bis 600 Euro verdienen. Bengalesen und Nepalesen sind die am schlechtesten bezahlten Mitarbeiter mit 150–250 Euro Monatsverdienst. Sie arbeiten meistens auf dem Bau oder haben Jobs, die niemand anders so richtig machen will, wie zum Beispiel Tankwart oder Reinigungskraft.

Auch wir betrieben eine eigene Tankstelle, und da sie direkt an der Autobahn zu Saudi-Arabien lag, kamen natürlich auch viele Lastwagen zum Tanken vorbei. Einige Lastwagenfahrer hatten Zusatztanks installiert und haben sich damit etwas extra Geld verdient: Da im Mittleren Osten die Kraftstoffpreise sehr unterschiedlich sind, hat sich das bei einer Menge von einigen Hundert Litern schon rentiert.

Auch unser bengalischer Mitarbeiter an der Tankstelle hat Ausschau nach Extrageld gehalten, da er oft monatelang kein Gehalt von der Firma bekam und – überhaupt –, weil die Arbeits- und Lebensbedingungen für ihn nicht besonders rosig waren. Mehrfach hatte er nach einer kleinen Lohnerhöhung gefragt, leider aber ohne Erfolg, da die Scheichs sich dachten: Bengalis verdienen für das bisschen Arbeit viel zu viel, und sie sind von Haus aus nicht besonders schlau.

Unser netter Bengali hat diese Überzeugung der Scheichs nach einiger Zeit widerlegt: Eines Tages reichte er seinen Antrag auf Urlaub ein und bekam ihn auch erstaunlicherweise binnen weniger Tage genehmigt. Die Personalabteilung teilte ihm mit, dass er in vier Wochen den Urlaub in seiner Heimat antreten kann. Alles lief nach Plan, und nach vier Wochen verabschiedete sich unser Bengali. Er war sichtlich froh und guten Mutes, in den Urlaub zu gehen.

Zwei Tage später, als seine Vertretung gerade den nächsten Lkw mit Diesel volltanken wollte, kam kein Tropfen Diesel mehr aus dem Zapfhahn. Er probierte den nächsten und übernächsten, aber leider ohne Erfolg. Es kam einfach kein Diesel mehr aus den Zapfhähnen.

Verwundert ging er zum Manager, der für die Tankstelle zuständig war, und beschwerte sich, dass die Diesel-Zapfsäulen nicht mehr funktionieren würden.

Der Manager versicherte ihm, dass es sich nur um eine defekte Pumpe handeln könne, da die Dieseltanks ja erst vor Kurzem aufgefüllt worden seien...

Nach einigen Stunden kam schließlich die Wartungsfirma für Tankstellen-Zapfanlagen, um die Dieselpumpen zu überprüfen. Als der Monteur keine Fehlfunktion an den Pumpen feststellen konnte, hat er einfach mal den Messstab vom Dieseltank rausgezogen, um zu sehen, ob noch genug Diesel im Tank vorhanden war. Leider Fehlanzeige, der Stab war total trocken und kein Tropfen Diesel mehr im Tank.

Der Tankstellen-Manager konnte es nicht glauben, da er erst vor zwei Wochen eine volle Tankfüllung bekommen hatte. Aber es war tatsächlich kein Diesel im Tank. Der Monteur meinte nur, dass die Zählwerke der Zapfsäulen nicht mehr richtig funktionieren würden.

Dies war das Werk unseres netten Bengalis: Irgendwann hatte er wohl entdeckt, dass das Zählwerk der Zapfsäule seitlich herausgezogen werden konnte. Mit ausgebautem Zählwerk lief die Dieselpumpe aber trotzdem perfekt, und man konnte nun Diesel tanken, ohne dass es gezählt wurde.

Somit nutzte unser schlauer Mitarbeiter aus Bangladesch die knappen vier Wochen vor seinem Urlaub, um sein Urlaubsgeld etwas aufzufrischen: Er machte halbe-halbe mit den Lkw-Fahrern und hatte es so auf ein Urlaubsgeld von über 40.000 Katar Riyal gebracht, wofür er ungefähr fünf Jahre hätte arbeiten müssen.

Als die Sache aufflog, genoss unser Mitarbeiter aus Bangladesch schon seit zwei Tagen seinen langersehnten Urlaub.

Unser Scheich war ziemlich mies drauf und hat noch alles versucht, um ihn irgendwie zu finden, damit er ihn zur Rechenschaft ziehen kann, aber leider ohne Erfolg. Die Konsequenz für alle zurückgebliebenen Mitarbeiter, einschließlich meiner Wenigkeit, war, dass für einen Monat niemand das Land verlassen durfte, ob in den Urlaub oder auf Geschäftsreise.

Kleiner arabischer Sprachführer
Inschallah! *(in-scha-al-lah)* – So Gott will!

7. Der Himmel zieht sich zu

Für die Kinder beginnt ein aufregendes neues Schuljahr. In unserer Wunschschule haben sie zwar am Ende doch keine Plätze bekommen, aber dafür befindet sich ihre neue nicht weit entfernt von unserem Zuhause. Es ist eine britische Schule.

Die erste Zeit ist schwierig für die Kinder. Sie erhalten zwar zusätzlichen Englischunterricht, aber am Anfang verstehen sie verständlicherweise trotzdem nur Bahnhof. Vor allem fällt es ihnen schwer, sich an die rigorosen Regeln der Privatschule zu gewöhnen. Nicht nur müssen sie Schuluniformen tragen, es gibt auch eine Menge zusätzlicher Regeln, was Schmuck, Frisuren und ähnliches betrifft.

Dem sechsjährigen Joel fällt die Umstellung besonders schwer. Er war ja in Deutschland nicht im Kindergarten, aber die Einschulung dort wäre sicher trotzdem kein Problem für ihn gewesen. Doch dass seine ersten Klassenraumerfahrungen jetzt in einer Umgebung stattfinden, in der er kein Wort versteht, das ist einfach nur schwer. An vielen Tagen können wir ihn nur mit Mühe dazu bewegen, in die Schule zu gehen.

Unsere Söhne in Schuluniform

Jonas, damals 9 Jahre alt, erzählt

Schule auf Englisch

An meinen ersten Schultag in Doha kann ich mich nur noch vage erinnern. Die größte Sorge war aber natürlich: Wie würde es mir mit der neuen Sprache gehen? Ich hatte in Deutschland drei Jahre lang die Schule besucht und bis dahin nur ein paar Worte Englisch gelernt. Einen Satz konnte ich schon: «My name is Jonas.» Das sollte fürs Erste reichen. Während der Autofahrt zur Schule habe ich dann mit meinem Vater noch mal ein bisschen geprobt. Er gab mir den Tipp, sich einfach irgendwelche Eselsbrücken zu überlegen, so mache er das.

Dann war es so weit, mein Klassenzimmer war gefunden, und es war an der Zeit für meinen Vater, weiter zur Arbeit zu fahren. Ich setzte mich an einen der freien Plätze und versuchte, etwas vom Unterricht mitzubekommen.

An meine erste Englischlehrerin kann ich mich noch gut erinnern. Ihr Name war Mrs. Hastings, und sie nutzte jede Gelegenheit, um mir, während der Rest der Klasse mit einer Aufgabe beschäftigt war, im Einzelunterricht Englisch beizubringen. Sie hatte ein Heft mit Bildern von verschiedensten Objekten, anhand derer sie es sich zum Ziel machte, mein Vokabular zu erweitern.

Mrs. Hastings war sehr geduldig mit mir. Wenn ich anfangs im Unterricht manchmal nicht mitkam oder mir alles zu viel wurde, ging ich in den hinteren Teil des Klassenzimmers, wo es eine gemütliche Ecke mit Comics gab, und pauste dort irgendwelche Bilder ab. Meine Lehrerin tat so, als würde sie es gar nicht bemerken.

Im Laufe des Jahres bemerkten meine Eltern, dass wir eigentlich alle falsch eingeschult worden waren: Da die dritte Klasse in Deutschland mit «Year 4» im britischen System gleichzusetzen ist, wiederholte ich im Endeffekt ein Schuljahr. Deshalb setzten sich meine Eltern dafür ein, dass ich im nächsten Jahr direkt in «Year 6» kommen konnte. Durch die unermüdliche Hilfe meiner Lehrerin gelang es mir dann auch, mein Englisch weit genug zu verbessern, um das zu ermöglichen. Natürlich war mein Englisch zu dem Zeitpunkt noch sehr weit von «fließend» entfernt, aber von da an merkte ich, wie es sich Jahr für Jahr verbesserte.

Neben Schule und Arbeit müssen wir in dieser ersten Zeit noch ganz andere Hürden bewältigen: Eine große Herausforderung ist das Erlangen einer Aufenthaltserlaubnis im Land. Wir kennen die komplizierten Gesetze des Landes nicht; zum Glück ist ein Mitarbeiter in der Firma dafür zuständig. Uns wird nur gesagt, an welchem Tag wir auf welchem Amt zu erscheinen haben, damit die nötigen Schritte nacheinander abgearbeitet werden können. Unerwarteterweise wird uns sogar Blut abgenommen – endlich haben wir schwarz auf weiß, welche Blutgruppe alle haben.

Später wollen die Behörden auch noch unsere Fingerabdrücke. Als es so weit ist, holt uns der Fahrer der Firma ab. Wir werden zu einem großen Gebäude gebracht, das an eine Turnhalle erinnert. Vor dem Gebäude stehen massenweise Menschen und warten. Als wir das sehen, stellen wir uns schon vor, wie lange wir hier wohl warten werden, ehe wir an der Reihe sind. Aber unser Begleiter führt uns zielstrebig an den Reihen von Menschen vorbei. Warum diese Vorzugsbehandlung? Wieder einmal merken wir, dass in diesem Land unterschiedliche Maßstäbe angelegt werden: Menschen aus dem Westen werden anders behandelt als Menschen aus armen Ländern.

Innen sind zahlreiche Tische zu sehen, die in Reihen nebeneinanderstehen. Das sind die einzelnen Fingerabdruck-Stationen. Man vergisst es schnell, aber im Jahr 2005 war noch nicht alles digitalisiert. Hier können wir echte Handarbeit erleben.

Wir treten zaghaft an eine dieser Stationen. Mit einer dicken Farbwalze schichtet der Mitarbeiter großzügig Schicht um Schicht der blauen Farbe auf unsere Finger. Nun müssen wir die Finger einzeln auf einer vorbereiteten Karte abrollen. Die fertige Karte wird in eine Kiste zu vielen anderen Karten geworfen. Und schon sind wir fertig.

Zermürbender ist das Warten auf einen Telefonanschluss. Damals waren Handys noch nicht so beherrschend in unserem Alltag wie heute. Wir wollen also unbedingt einen Telefonanschluss haben. Und natürlich Internet.

Zu der Zeit gibt es nur einen Telekommunikationsanbieter in Katar. Matthias sucht alle benötigten Papiere zusammen und macht sich auf den Weg in die nächste Filiale. Nach langem Warten ist er endlich an der Reihe. Der gelangweilt wirkende Mitarbeiter hinter dem Schreibtisch schaut sich die Unterlagen an, die Matthias vor ihm ausbreitet.

«Der Brief Ihres Sponsors fehlt.»

«Was? Was für ein Brief soll das sein?»

«Der Brief Ihres Sponsors. Ohne diesen Brief kann ich nichts für Sie tun.»

Mehr ist aus dem Mann nicht herauszubringen. Er weist Matthias zum Ausgang, schließlich warten genug andere Kunden.

Matthias fragt in der Firma nach und bekommt das «Kafala»-System erklärt: Als ausländische Fachkraft steht Matthias genauso wie alle anderen fremdstaatlichen Arbeitnehmer unter «Sponsorship»: Das ist eine Art Bürgschaft. Der Mann, der Matthias angestellt hat, trägt für ihn und seine Familie die Verantwortung. Im Alltag heißt das, dass wir ohne seine Zustimmung nichts tun können. Ob wir einen Telefonanschluss, eine Wohnung oder ein Auto wollen, unseren Führerschein umschreiben oder das Land verlassen wollen – für alles brauchen wir seine Genehmigung. Das ist ein Schock, dass nun jemand anderes über unser Kommen und Gehen bestimmt.

Was uns aber entsetzt: Dieser Freiheitsentzug geht so weit, dass ausländische Einwohner ihre Pässe nicht selbst behalten dürfen. Die unordentlichen Haufen von Pässen, die wir bei unserem ersten Besuch im Empfangsraum von Matthias' Arbeitgeber gesehen haben? Auf diesen Stapeln landen nun auch unsere Pässe. Das ärgert uns. Gehören sie nicht eigentlich dem deutschen Staat beziehungsweise uns?! Aber das zeigt, wie wichtig Kontrolle hier ist. Es fällt schwer, sich mit dieser ungewohnten Entmündigung abzufinden.

Der langwierige Antrag beim Telefonanbieter geht weiter. Schon am nächsten Tag steht Matthias wieder vor einem Schreibtisch in den Geschäftsräumen, die er nur zu gut kennenlernen wird. Er überreicht dem Sachbearbeiter erneut seine Unterlagen, obenauf liegt dieses Mal der Brief des Sponsors. Auch dieser Mitarbeiter sieht sich die Unterlagen uninteressiert an. Schließlich blickt er auf und fragt: «Wo ist der Ausweis des Sponsors?»

«Ich brauche seinen Ausweis? Das hat mir niemand gesagt! Es hieß nur, ich brauche einen Brief mit seiner Zustimmung.»

«Nein. Ich brauche auch den Ausweis oder eine Kopie des Ausweises. Erst dann kann ich etwas für Sie tun.»

Und schon sieht sich der Mann nach dem nächsten Bittsteller um.

Aber auch damit ist die Sache nicht abgeschlossen. Unzählige Male sucht Matthias diesen Ort auf, bis der Antrag auf einen Telefonanschluss endlich gestellt werden kann. Doch auch danach vergehen Wochen, bis wir tatsächlich telefonieren können.

Das ist nur ein Beispiel der vielen Abs mit gelegentlichen Aufs in dieser ersten Phase.

Eine andere Hürde ist mein Führerschein: Während Matthias schon eine Fahrerlaubnis hat, vergehen Wochen, bis ich mich auch hinter den Lenker setzen darf. Es gibt ja hier keinen Schulbus, das heißt, Matthias muss die Kinder jeden Tag zur Schule fahren und abholen. Es gibt auch keine öffentlichen Verkehrsmittel, also komme ich ohne Fahrerlaubnis nicht weit, vor allem, da es in diesem Wüstenland sehr heiß ist. Eine solche Freiheitseinschränkung – dass ich nicht einfach die Möglichkeit habe, spontan irgendwo hinzufahren – ist ungewohnt.

Für mich ist dieses erste Jahr hart. Nach einer anfänglichen Begeisterung für das Abenteuer des neuen Lebens spüre ich bald eine Leere in mir. Mein Leben in Deutschland vor dem Umzug war so voll, dass ich mich oft nach einem Ausweg gesehnt habe. Meine ehrenamtliche Arbeit in der Gemeinde und im Mutter-Kind-Kreis war zwar zeit- und kräfteraubend, aber neben meiner Hauptaufgabe in Familie und Haushalt diese Tätigkeiten zu haben, das gab mir auch das Gefühl, einen wichtigen Beitrag zu leisten und wertvoll zu sein. So wichtig die Arbeit als Familienmanagerin auch ist: Es gibt im Alltag kaum sichtbare Erfolge oder Anerkennung. Nur selten bekommt man bestätigende Worte. Die Arbeit wird nur gesehen, wenn sie aus irgendeinem Grund nicht gemacht wurde.

Doch nun bin ich in Katar, und ohne meine Aufgaben außerhalb der Familie falle ich in ein Loch. Das ruhige Leben, nach dem ich mich gesehnt hatte, macht mir zu schaffen.

Ich flüchte vor meinem grauen Alltag in meine geliebte Welt der Bücher: Ich verschlinge einen Roman nach dem anderen. Es sind zwar nette christliche Romane, und ich könnte mir einreden, dass dies doch eine erbauliche Lektüre ist, aber wenn ich ehrlich bin, will ich einfach nur für ein paar Stunden am Tag meine Welt verlassen und in eine andere eintauchen. Mit einem Haushalt und Kleinkind sind die Zeiten zwar begrenzt, in denen ich innerlich verschwinden kann, aber sie scheinen mir Trost zu bieten. Es dauert lange, bis ich erkenne, dass selbst gute Sachen, wie das Lesen von schönen Büchern, einen zu hohen Stellenwert im Leben bekommen können.

Dieses Ausweichen vor dem Alltag, der für mich voller Enttäuschungen ist, ist wie eine Decke, die über eine eiternde Wunde gelegt wird. Die Wunde verschwindet aus meinem Blickfeld, doch wird nichts durch dieses Zudecken, Wegrennen, Flüchten besser. Es wird eher noch schlechter.

Und auch in den Zeiten, in denen mein ruhiger Alltag unterbrochen wird, ist es nicht einfach für mich: Vor allem in diesem ersten Jahr bekommen wir viel Besuch aus Deutschland. Zuerst kommen Matthias' Bruder und Vater, etwas später meine Mutter, und auch danach reißt der Besucherstrom nicht ab. Wir genießen die Zeit mit unseren Gästen auf jeden Fall, aber es ist auch mühsam, in dieser ersten herausfordernden Zeit wochenlang Menschen im Haus zu haben, die bewirtet und unterhalten werden müssen. Das bringt unser Familienleben durcheinander, das ja mit der ganzen Umstellung sowieso stark beansprucht ist.

Unsere Rollen in der Ehe sind nicht typisch klischeehaft: Matthias hat die Gabe der Gastfreundschaft, und wenn es Gäste im Haus gibt, ist das sein einziges Augenmerk. Alles andere verliert für ihn an Bedeutung. Er opfert sich bis zur Erschöpfung für seine Gäste auf, da bleibt nicht viel für seine Familie übrig. Vermutlich wäre diese erste Zeit für uns als Familie einfacher gewesen, wenn wir mehr Ruhe gehabt hätten, damit wir uns besser hätten einleben können.

Kleiner arabischer Sprachführer
Bukra *(bu-kra)* – Morgen! (Wird oft zusammen
mit Inschallah gebraucht und bedeutet dann
so viel wie: Vielleicht – aber wahrscheinlich nicht …)

---

8. Unsere neue Familie

Für uns alle vermutlich die größte Freude ist die christliche Gemeinde in Doha, der wir uns anschließen. Es ist die Gruppe, von der wir bereits bei unserem ersten Besuch erfahren haben. Trotz der stark amerikanischen Prägung finden wir hier Freunde aus vielen verschiedenen Ländern. Diese Menschen werden uns zu einer großen Stütze.

Ein normaler Freitags-Gottesdienst in unseren Gemeinderäumen

In Katar wird es geduldet, dass Christen sich treffen. Es darf aber niemand dabei sein, der als Moslem geboren wurde. Muslime dürfen laut Gesetz ihre Religion nicht ändern, und Christen, die sie dazu ermutigen, können bestraft werden. Bei jedem Gottesdienst stehen schwere dunkle Autos mit Wächtern gegenüber dem Tor. Sie überwachen, wer in die Gemeinderäume hineingeht.

Die Gottesdienste finden immer freitags statt. Das ist auch der Tag, an dem sich Muslime in den Moscheen treffen. Der Freitag ist frei, wie bei uns der Sonntag. Dafür ist der Sonntag ein ganz normaler Arbeits- und Schultag. Die meisten Firmen haben, wie bei uns, eine 5-Tage-Woche und geben zusätzlich den Samstag frei. Andere erlauben ihren Mitarbeitern dagegen nur einen freien Tag – den Freitag – und vielleicht noch den halben Donnerstag.

Aber zurück zur Gemeinde: Wir genießen diese internationale Glaubensgemeinschaft sehr. Neben dem Gottesdienst am Freitag gibt es einen Jugendkreis und einen Frauenkreis. Ich liebe den Frauentreff, doch nach einigen Besuchen werde ich gebeten, nicht mehr gemeinsam mit der zweijährigen Sarina teilzunehmen. Sie ist ein ruhiges Kind, aber anscheinend stört sie manche Frauen, die an «ihrem» Vormittag keine Kinder sehen wollen. Das schmerzt mich sehr, wird mir doch in meinem traurigen Alltag auch noch diese Oase genommen. Ich habe keinen Babysitter, und davon abgesehen ist Sarina sehr anhänglich. Sie bleibt schlichtweg bei keinem, der nicht zur Familie gehört.

In einigen Gottesdiensten kämpfe ich mit den Tränen, wenn ich daran erinnert werde, dass ich von einem Teil des Gemeindelebens ausgeschlossen wurde.

Nach mehreren Wochen setzen sich einige Frauen für mich ein, sodass ich wieder mit Sarina teilnehmen kann. Ich bin dafür unheimlich dankbar, auch wenn eine Narbe zurückbleibt. – Im «Ladies Bible Study», der mich geistlich aufbaut, ist es nicht leicht für die wenigen Frauen, die nicht aus Amerika kommen. Immer mal wieder kommt das zur Sprache. Wir fühlen uns noch nicht wirklich integriert und angenommen von den anderen. Doch trotz allem kann ich an diesen Vormittagen auftanken, und ich freue mich, dass ich die Frauen besser kennenlerne.

Für unsere drei Großen ist der Jugendkreis der Gemeinde etwas ganz Besonderes: Während er in Deutschland mehr ein «gemeinsames Abhängen» war, lernen unsere Kinder hier, was es heißt, wirklich mit Gott zu leben. Bisher war es eher so, dass es zwei Welten für sie gab: die fromme Gemeindewelt und den normalen Schulalltag. Beide hatten wenig miteinander zu tun. Erst hier verstehen sie wirklich, dass ihr Glaube ihren Alltag durchdringen soll. Sie bekommen Mut, zu ihren Überzeugungen zu stehen, auch wenn sie dafür belächelt werden. Vor allem aber finden sie Freunde, die ihnen das Einleben in Katar erleichtern.

Thanny im Jugendkreis, wo immer wieder spannende Aktivitäten angeboten werden.

Diese Menschen, die wir in der Gemeinde kennenlernen – was hätten wir nur ohne sie gemacht? Sie schließen uns schnell in ihre Aktivitäten mit ein. Jeden Freitag nach dem Gottesdienst wird gemeinsam auswärts gegessen. Es gibt mehrere Restaurants in der Nähe, in denen sich die Gottesdienstbesucher niederlassen wie Tauben, die sich um ihre Futterschälchen scharen. Nach und nach lernen wir so unsere geistliche Familie immer besser kennen.

Wir spüren schnell, dass es in der Gemeinde zwei Gruppen von Christen gibt: Die einen sind hauptsächlich wegen einer guten Arbeitsstelle nach Katar gekommen, die anderen sind sogenannte «Zeltmacher»: Sie gehen zwar einer Arbeit nach, aber ihr großes Herzensanliegen ist es, die Gute Nachricht von Jesus weiterzuerzählen. Auch wenn das in Katar eigentlich verboten ist …

Zu welcher Gruppe gehören wir? Ja, wir sind wegen einer Arbeitsstelle gekommen, aber wir haben vor diesem Wechsel intensiv gebetet und sind davon überzeugt, dass Gott uns hier haben will. Für uns ist es selbstverständlich, dass wir unseren Glauben bezeugen wollen, denn wenn man die große Freude erlebt, die Gott gibt – wie kann man darüber schweigen?

Allerdings: Wir sind nicht von einer Missionsgesellschaft ausgesandt, darum werden wir nicht zu missionarischen Gebetstreffen und anderen Veranstaltungen, die im Geheimen stattfinden, eingeladen. Wir erahnen mehr und mehr, dass es diese verborgene Wirklichkeit gibt – Gruppen, die sich gegenseitig im Missionieren bestärken –, und wir wären gern Teil davon, aber Fremde werden zunächst einmal misstrauisch beäugt, auch wenn sie entschiedene Christen sind.

Kleiner arabischer Sprachführer
Shukran *(schuh-kran)* – Danke

9. Verrücktes auf den Straßen

Eine unserer ersten Anschaffungen – darauf haben unsere Kinder bestanden – ist ein Quad. Das kleine geländegängige Motorrad auf vier Rädern wird zu einem beliebten Spielzeug der Teenager. Stundenlang drehen sie damit auf den unzähligen unbebauten Grundstücken in unserer Nachbarschaft ihre Runden. Sie üben, mit viel Schwung, um die Kurve zu schlittern. Oder sie schichten einen Berg Sand zu einer Sprungschanze auf und rasen mit Anlauf darüber. Es werden auch verschiedene Stunts geübt, beispielsweise das Fahren auf nur zwei Rädern. Auf jeden Fall haben sie jede Menge Spaß. Die jüngeren Kinder sind oft dabei und helfen, die Requisiten zu bauen.

Unsere Söhne machen wilde Stunts mit unserem Quad.

Einmal die Woche machen wir einen Großeinkauf im Supermarkt. Wenn mir aber beim Kochen etwas ausgeht, finde ich jetzt immer einen Freiwilligen, der mir mit dem Quad im nahegelegenen kleinen Laden etwas besorgt. Er liegt ungefähr einen halben Kilometer von unserem Haus entfernt. Im kleinen, vollgestopften Geschäft findet sich auf engem Raum fast alles für den täglichen Bedarf.

Während meine Söhne vom Quad steigen und im Laden selbst besorgen, was gebraucht wird, ist das den meisten Katarern scheinbar zu mühsam. Wir können kaum glauben, was wir hier beobachten: Ein Land Cruiser fährt vor – ja, hier ist fast jeder mit einem Land Cruiser oder Pickup unterwegs. Der Fahrer hält vor dem Geschäft, und dann wird kräftig gehupt. Ein Angestellter eilt heraus – natürlich kein Katarer, sondern jemand aus Indien, Bangladesch oder Nepal –, er beugt sich zum Fahrerfenster und fragt höflich, was gebraucht wird. Dann eilt er zurück, besorgt das Gewünschte, nimmt die Bezahlung entgegen, holt das Wechselgeld, und fertig ist das Drive-in-Einkaufserlebnis!

Bequemer geht es nicht!

Auch in unser Leben schleicht sich diese Bequemlichkeit unmerklich ein: Beispielsweise kommt es öfter vor, dass Matthias im Hof im Auto sitzt und merkt, dass er etwas vergessen hat. Anstatt zurück ins Haus zu kommen, ruft er an und bittet eins der Kinder, das Vergessene zum Auto zu bringen.

Ich kann mir denken, was meine Jungs zu ihren Kunststücken auf dem Quad inspiriert. Die Verhältnisse im Dohaer Straßenverkehr sind einfach vollkommen verrückt, nach deutschem Standard unglaublich: Da gibt es die Drängler, die bis auf die Stoßstange auffahren, wenn sie der Meinung sind, das Auto vor ihnen sei zu langsam. Da gibt es dreispurige Straßen, die von den Autofahrern als fünfspurige benutzt werden. Ampeln, die als Vorschläge angesehen werden, nicht als Richtlinien. Vollkommen überfüllte Fahrzeuge. Und Kinder, die, dank Schiebedach, während der Fahrt stehen und den Fahrtwind genießen. Jeder macht einfach, was er will.

In Katar haben viele junge Männer zudem ein ungewöhnliches Hobby: Wir wundern uns nachts manchmal über den Lärm in unserer Umgebung; heulende Motorengeräusche, quietschende Reifen und laute Jubelrufe. Wir haben keine Ahnung, woher dieser Lärm kommt! Eines Abends machen sich die männlichen Mitglieder unserer Familie auf die Suche nach der Ursache dieser merkwürdigen Geräusche.

Ganz in unserer Nähe gibt es eine breite, neugebaute Straße, die noch nicht für den Verkehr benutzt wird – ein beliebter Treffpunkt für abenteuerlustige Männer. Matthias und unsere Söhne folgen dem Lärm und treffen staunend auf diese belebte Stelle. Am Anfang der Straße ist alles zugeparkt. Das soll Polizisten den Zugang erschweren. Sie laufen weiter durch die dunkle Nacht und staunen: Die Straßenseiten sind vollgestellt mit Land Cruisern. Weißgewandete Männer sitzen eng zusammengedrängt auf den Dächern der Autos. Auf der Straße drängeln sich Menschenmassen nach vorne. Es ist wie bei einem besonders gut besuchten Umzug, auf dem eine fröhliche, ausgelassene Stimmung herrscht.

Der dunkle Himmel ist von Rauchwolken erfüllt. Neben dem Geruch von Abgasen sticht der Gestank von verbranntem Gummi in die Nase. Dröhnende Motorengeräusche, Reifen, die vom Asphalt aufgefressen werden, anfeuernde

Schreie. Endlich haben meine Männer einen Platz gefunden, an dem sie mehr als die weißen Rauchwolken sehen können: Fröhlich hupende Autos jagen die Straße hinunter, in der Mitte ein Land Cruiser, der nur auf zwei Rädern unterwegs ist. Die anderen zwei Reifen schweben etwa fünfzig Zentimeter über dem Asphalt. Als Nächstes schlittert ein Auto die Straße herunter, das sich ständig im Kreis dreht. Aus einem anderen Fahrzeug hängen zwei Männer bei wilder Fahrt ihre Beine heraus: Sie rutschen auf ihren Sandalen mit fünfzig Stundenkilometern über die Straße! Das Ganze ist Nervenkitzel pur.

Am anderen Morgen sind kaputte Autos am Straßenrand zu sehen. Aber das scheint den Männern dieses Vergnügen wert zu sein.

Wackelige Fotos dokumentieren unsere Entdeckung:
Katarer bei nächtlichen Autorennen.

Janek, damals 13 Jahre alt, erzählt

Autofahren auf zwei Rädern

Vor unserem Umzug nach Katar war mir bekannt gewesen, dass Autos auf vier Rädern fahren und vor einer roten Ampel stehen bleiben. Doch nur, weil das in Deutschland so üblich war, musste das nicht in Katar der Fall sein! Im Gegenteil, diese Regeln schienen hier eher eine untergeordnete Rolle zu spielen. Die Szene, die meine Brüder, mein Vater und ich damals erlebten, war surreal: Mehrere Autos fuhren auf zwei Rädern, als ob sie nur für diesen Zweck gebaut worden wären.

Das Ganze ging etwa so über die Bühne: Ein Auto beschleunigte auf einer geraden Strecke, machte dann einen starken Schlenker und fuhr plötzlich seitlich auf zwei Rädern weiter. Währenddessen guckten fröhliche Araber aus dem Fenster, als ob sie noch nie von den Gesetzen der Schwerkraft gehört hätten. Mir war klar: Die Einheimischen können nicht nur Kamele reiten, sondern auch zweirädrig Auto fahren.

In diesem ersten Jahr lerne ich viel über den Islam, eine Religion, mit der ich mich vorher wenig beschäftigt habe. Ich sehe bei meinen neuen Mitbürgern eine große Sehnsucht nach Anerkennung bei Gott. Das beschäftigt mich. So entsteht dieser Text:

> Ich fahre gern schnell. Ja, ehrlich gesagt, fahre ich sogar gern zu schnell. Es macht einfach Spaß, links an

den langsamen, vor sich hinträumenden Autofahrern vorbeizuflitzen.

In der Nähe unseres Hauses ist eine wunderbare Rennstrecke, jede Richtung zweispurig, einige Kilometer weit eine wunderschöne, gerade Strecke. Manchmal muss ich vier- oder fünfmal am Tag diese Strecke fahren. Die Geschwindigkeit ist allerdings auf 80 km/h begrenzt – was man eigentlich unmöglich einhalten kann, wenn man beispielsweise nur noch fünf Minuten hat, um die Schule zu erreichen, damit die Kinder rechtzeitig abgeholt werden. Da aber die Polizei hier meistens richtig freundlich ist und ich noch nie einen Strafzettel bekommen habe, kann ich die Strecke locker mit 100 km/h oder 120 km/h fahren. Sie ist ausgebaut wie eine Autobahn.

Nach einem erbaulichen Vortrag in der Gemeinde fahre ich mit mehreren Frauen, die schon länger hier leben, nach Hause. Auf meiner Rennstrecke bemerkt eine der Frauen, dass hier viel gerast wird und mittlerweile schon mehrere Radarkameras aufgebaut sind. Ich habe zwar nicht den sechsten Sinn meines Mannes für Radar, aber da ich ja keine Strafzettel bekomme, berührt mich das wenig. Das Gespräch geht weiter und eine andere Frau erzählt, dass man von den Strafzetteln hier nicht gleich erfährt. Jedes Jahr, wenn das Auto neu angemeldet wird, bekommt man die Abrechnung. Oder aber, wenn man das Land verlassen will, dann muss man alles bezahlen, bevor man ausreisen darf.

Mein Herz überschlägt sich bei diesen Worten vor Schreck. Was ist mit unseren Plänen für Weihnachten in Deutschland? Was, wenn schon Hunderte dieser Strafzettel à 60 Euro auf mich warten? Wie oft bin ich womöglich schon geblitzt worden, ohne dass ich es gemerkt habe?

Die Frau erzählt weiter, dass es im Internet eine Seite gibt, auf der man sein Strafregister einsehen kann. Ich bitte sie inständig, mir die Adresse aufzuschreiben.

Zu Hause angekommen, habe ich nur einen Gedanken im Sinn: Wie hoch ist wohl mein Strafregister? Natürlich suche ich sofort im Internet, bis mir die Infos der Frauen bestätigt werden und ich schließlich die entsprechende Seite mit meinem Strafregister finde. Ich gebe mein Nummernschild ein. Und warte. Und warte. Dank unserer langsamen Internetverbindung muss ich mehrere Minuten ungeduldig ausharren, bis aufs Äußerste gespannt, wie hoch die Rechnung sein wird. Was wird das alles kosten? Werden wir es bezahlen können?

Wenn ich an meine Nachbarn und Bekannten in diesem muslimischen Land denke, ahne ich, dass sie froh wären, wenn es eine solche Internetseite für ihr Leben gäbe. Nachts um vier Uhr weckt uns der laute Ruf der Moschee zum Gebet, und wir wissen von vielen, die tatsächlich jede Nacht aufstehen, um Punkte bei Allah zu sammeln. Die ganze Religion ist ja auf das Sammeln von Punkten ausgerichtet: Muslime glauben, dass ihr Gott ein Sündenkonto führt, und da man die Höhe der Schuld nicht einsehen kann, muss man beten, fasten, gute Werke und anderes tun – in der Hoffnung, damit so viel auf das Konto einzuzahlen, dass es immer ausgeglichen ist.

Da wäre eine solche Seite wie diese für Verkehrssünder doch sehr hilfreich! Ich gebe Namen und Wohnort ein und sehe meine Schulden aufgelistet. Und dazu den Preis, den ich dafür bezahlen muss. Wie viele würden sich das wünschen, sodass sie genau die richtige Summe bezahlen könnten, um irgendwann ihre letzte Reise erfolgreich anzutreten?

Endlich lädt die Internetseite, und ich starre gespannt auf das Ergebnis:

«Thank you for not violating the traffic rules.» (Danke, dass Sie nicht gegen die Verkehrsregeln verstoßen haben.)

Wenn die wüssten! Ich juble laut, klatsche und schaukle freudig in meinem Bürosessel hin und her. Wenn die ahnen würden, wie oft ich doch gegen die Verkehrsregeln verstoßen habe! Aber ich bin nicht erwischt worden, also habe ich vor dem katarischen Gesetz eine reine Weste. Der Reise nach Deutschland steht nichts im Weg!

Wie groß wäre die Freude vieler, wenn Gott auch einfach alle unsere Vergehen übersehen würde nach dem Motto: Er kann doch nicht überall gleichzeitig aufpassen! Aber nein, in der Bibel steht, dass er alles sieht. Wenn ich mich aber Jesus anvertraue, löscht er für mich nicht nur die Sünden meines Strafregisters, sondern auch die Vergehen, die ich noch begehen werde. So steht auf meiner imaginären Internetseite:

«Your violations have all been paid by Jesus Christ.» (Ihre Vergehen wurden alle von Jesus Christus bezahlt.)

Danke, Jesus! Ein größeres Geschenk kann es nicht geben.

Kleiner arabischer Sprachführer
Miye, miye *(mi-je, mi-je)* – hundert, hundert
(Ausdruck der Bewunderung: Das war
einhundertprozentig gut!)

---

10. Die beste Nachbarin der Welt

Wir leben in einer Sackgasse. Und, nein, das meine ich nicht im übertragenen Sinne. Die ruhige Straße, in der wir wohnen, wirkt ziemlich unbewohnt: Auf jeder Seite stehen drei oder vier Häuser, dazwischen befinden sich leere Bauplätze. Das Ende der kurzen Straße ist eine Schlaufe, sodass man rein und wieder rausfahren kann, ohne wenden zu müssen. Und am Anfang eben dieser Schlaufe, da wohnen wir.

Eines Tages klingelt es an der Haustür. Das ist ein aufregendes Ereignis. Fragend schauen wir uns an: Wer könnte das nur sein? In diesem Land sieht man ja kaum Menschen auf der Straße, dazu ist es zu heiß. Verabredungen werden telefonisch vereinbart, spontane Besuche gibt es hier so gut wie nicht.

Gespannt öffnen wir und stehen einer freundlich lächelnden Frau gegenüber. Sie stammt vielleicht von den Philippinen oder aus Indonesien, ganz sicher sind wir uns nicht. Sie überreicht uns eine große Platte mit warmen Köstlichkeiten: gefüllte Teigtaschen, frittierte Häppchen, eine wunderbare Auswahl an leckeren, fettigen Speisen. Wir sehen sie fragend an. Wir hatten doch nichts bestellt? Sie zeigt auf das Haus schräg gegenüber und macht deutlich, dass sie uns im Auftrag unserer Nachbarn einen Willkommensgruß bringt.

Wir werden mit traditionellen arabischen Süßspeisen verwöhnt.

In den nächsten Wochen klingelt diese Frau immer wieder, um uns wunderschöne Platten voller Speisen zu bringen. Ich bin mir nicht sicher, was ich jetzt tun soll. Wir sind überwältigt von der Großzügigkeit dieser uns unbekannten Menschen und fragen uns, wie wir das erwidern können; außerdem sammelt sich das fremde Geschirr bei uns an.

Ich frage eine Bekannte, die schon lange hier lebt, und sie sagt mir, ich soll die Platten mit Essen füllen und zurückgeben. Eine Angestellte haben wir nicht, also werden wir unser Geschenk persönlich überreichen müssen.

Und so machen wir es auch.

An der Tür empfängt uns dieselbe Frau, die uns immer wieder Essen gebracht hat. Sie nimmt unser Geschenk entgegen, und schon wenige Tage später werden wir erneut mit Speisen beglückt. Wir würden zu gern unsere Wohltäter persönlich kennenlernen. Oder zumindest einmal sehen. Aber wir wissen nicht, wie wir das anstellen sollen.

Ich habe ein winziges Arbeitszimmer. Ich finde es wunderschön, denn es ist ein Erkerzimmer. So etwas habe ich mir schon immer gewünscht! Die Außenwand ist rund und ein Fenster bietet einen guten Blick auf unsere kleine Straße.

Eines Tages sehe ich, wie eine schwarzgewandete Gestalt aus dem Haus schräg gegenüber kommt. Wo will sie nur hin? Wie gesagt, Fußgänger sind hier nur selten zu sehen. Ich beobachte die Frau gespannt und sehe, dass sie Runde für Runde in unserer kleinen Sackgasse dreht. Das Handy in der Hand läuft sie einfach im Kreis herum. Zwanzig oder dreißig Minuten später ist sie fertig und verschwindet wieder im Haus.

Dieses Ritual beobachte ich nun oft, immer um die gleiche Tageszeit. Ich verstehe nicht, warum sie im Kreis läuft, aber ich beschließe, sie einmal anzusprechen. Es fällt mir schwer, mit fremden Menschen ein Gespräch anzufangen, das ist einfach meine Persönlichkeit, aber ich möchte ihr zu gern persönlich für die vielen Essensgeschenke danken. Und natürlich will ich auch endlich wissen, warum sie in dieser tristen Umgebung ihre Kreise dreht.

Eines Tages sehe ich sie draußen, als ich mit dem Auto von einer Besorgung zurückkomme. Ich halte und spreche sie kurz an – auf Englisch, denn ich versuche zwar, Arabisch zu lernen, aber die paar Brocken, die ich bisher kenne, helfen mir hier nicht weiter. Ich danke ihr für das Essen, und sie antwortet schüchtern in gebrochenem Englisch. Der Anfang ist gemacht.

Danach sehe ich sie immer öfter in unserem Wendekreis, manchmal sind auch ihre Kinder draußen. Wir wechseln ab und zu ein paar Worte, und irgendwann erklärt sie mir auch, warum sie regelmäßig in unserer Sackgasse im Kreis marschiert: Sie möchte raus und Bewegung bekommen, aber allein traut sie sich nicht weiter weg vom Haus zu laufen.

Ich kann ihre Bedenken verstehen, so ausgestorben, wie die Straßen hier sind.

Auf jeden Fall schlägt sie vor, dass wir gemeinsam laufen. Morgens, bevor es zu heiß wird.

Die gemeinsamen Spaziergänge mit meiner einheimischen Bekannten werden mir zu einem kostbaren Geschenk: Aisha ist eine begabte Erzählerin, und sie unterhält mich beim Laufen mit unglaublichen Geschichten über Land und Leute.

Mein Erkerzimmer,
von dem aus ich
Aisha auf ihren kurzen
Spaziergängen sehe.

Von ihr erfahre ich viel über den Islam, aber auch über Überzeugungen, die eher volkstümlich sind, und doch sehr verbreitet, wie beispielsweise das «böse Auge»: Sie erklärt mir, warum ein Lob immer mit dem Ausspruch «Masha Allah!» begleitet werden muss – eine Aussage, die sich nicht übersetzen lässt, aber so viel bedeutet wie: «Ich gönne es dir, ich freu mich mit dir und bin nicht neidisch.» Ich höre das oft, zum Beispiel, wenn jemand unsere Kinder bewundert oder erfährt, wie viele Söhne wir haben. Jetzt verstehe ich es.

Aisha wäre nicht Aisha, wenn sie nicht auch gleich die passende Geschichte parat hätte: Sie erzählt, wie in einem Selbstbedienungsrestaurant jemand ihre Familie immer wieder angeschaut hat. Da war irgendetwas Komisches im Blick dieser Person, meint sie. Mit Sicherheit: Neid! Als ihr Mann dann mit dem vollen Tablett zu ihrem Tisch kommen wollte, stolperte er und fiel aus unerklärlichen Gründen mit dem ganzen Essen hin. Das war der böse Blick! Das Stolpern wurde von dieser neidischen Person ausgelöst, davon ist Aisha überzeugt.

Gespannt folge ich auch ihren Erzählungen über Dschinns. Was wir Westler vielleicht von einem Disneyfilm oder aus 1001 Nacht kennen, ist für Aisha Realität: Sie glaubt, dass diese körperlosen Gestalten überall um sie herum ihr Unwesen treiben, und sie hat große Angst vor ihnen. Trotz ihrer Furcht sind ihre Geschichten auch hier einfach köstlich: Merkwürdige Vorkommnisse in ihrem Haus, wie das plötzliche Fehlen und spätere Wiederfinden einer Schildkröte, begründet sie mit den Taten dieser koboldähnlichen Gestalten.

Ein anderes Mal geht es um die weiblichen Hausangestellten. Auch hier erzählt sie eine spannende Geschichte nach der anderen: Oft werden die ostasiatischen Bediensteten von ihren Arbeitgebern schlecht behandelt. Sie können sich nicht wehren. In den meisten Fällen mussten sie sich ebenso wie die Männer in ihrer Heimat verschulden, um den begehrten Arbeitsplatz im Mittleren Osten überhaupt zu bekommen. In Katar angekommen, verfügt der Arbeitgeber über ihr Kommen und Gehen. Ihre Pässe sind, wie erwähnt, in seiner Hand. Auf rechtlichem Weg können sie sich nicht wehren.

Aisha erzählt mir, wie eine ihrer Freundinnen nach langer Zeit dahinterkam, dass sich ihre Angestellte an der Familie rächte, indem sie heimlich die Ölflasche aus der Küche stahl, hineinpinkelte und sie anschließend wieder in den Schrank stellte. Bis das entdeckt wurde, machte ihr das Kochen für diese gemeine Familie vermutlich recht viel Spaß. Besonders, wenn viel Öl verwendet wurde …

Es fällt schwer, sich auszumalen, warum jemand zu solchen Maßnahmen greift, um sich zu rächen. Aber uns ist klar, mit welcher Verachtung Menschen aus armen Ländern hier oft behandelt werden. Und sie erwarten nichts anderes, sie sind sich dessen bewusst, dass Welten sie von den Reichen trennen.

Trotzdem möchten sie wie Menschen behandelt werden und nicht wie Tiere. Viele dieser Angestellten betreuen Tag und Nacht den verwöhnten Nachwuchs der Reichen, doch wird ihnen keinerlei Respekt entgegengebracht. Die Kleinen sehen den Umgang der Eltern mit ihren Kindermädchen und lernen so früh, dass sie mit den Angestellten tun können, was sie wollen.

Noch viel tragischer sind die Geschichten von Mädchen, die sowohl vom Vater als auch von den Söhnen des Hauses vergewaltigt werden. Es ist unvorstellbar, welches Unrecht hinter manch hoher Mauer dieser glanzvollen Villen passiert.

Und dann erzählt mir Aisha noch von einem schrecklichen Spiel, das die gelangweilten Jugendlichen hier spielen: Schon früh bekommen diese reichen Burschen ihren ersten Land Cruiser. Leider gibt es einen furchtbaren Initiationsritus, bei dem viele mitmachen, um sich zu beweisen. Dieser grauenhafte Wettkampf wird meistens in der Wüste ausgeführt. Das Spiel wird «Chicken» genannt, was so viel heißt wie Angsthase. Die jungen Männer möchten wohl mit diesem törichten Spiel Mut und Männlichkeit beweisen.

Zwei Halbstarke treten gegeneinander an. Mit ihren Land Cruisern oder Pick-ups stehen sie sich weit entfernt voneinander gegenüber, sodass sie auf ihren Gegner sehen. Auf ein Startsignal hin rasen beide los. Aufeinander los, direkt aufeinander. In rasender Geschwindigkeit nähern sie sich, ein Frontalaufprall wird unausweichlich. Wer zuerst weglenkt, verliert, er ist ein «Chicken», ein Angsthase. Zahllose junge Menschen verlieren bei diesem gefährlichen Spiel ihr Leben.

An der Seite meiner wunderbaren neuen Freundin lerne ich allerlei über dieses kleine, reiche Land. Es ist beneidenswert, welche Privilegien die Katarer haben – aber nein, ich sehe sie nicht mit einem «bösen Blick» an, ich gönne es ihnen! Da es nur wenige Einheimische gibt, ist es für den reichen Staat ein Leichtes, sie zu unterstützen. Das Land gehört zu den reichsten Ländern der Erde, und mit riesigen Öl- und Erdgasvorkommen scheint dieser Reichtum unerschöpflich zu sein. Die Herrscherfamilie will diesen unermesslichen Reichtum mit allen Katarern teilen, wie in einer großen Familie. Ob das ein Versuch ist, die Treue der Bürger zur Herrscherfamilie zu sichern? Was auch immer der Grund ist: Es beeindruckt mich, dass der Emir sein Volk an den hohen Einnahmen des Landes teilhaben lässt. Neben dem bereits erwähnten Bauplatz bekommt jede Familie Zuwendungen für Kleidung und Schulmaterialien. Studenten erhalten ein großzügiges Stipendium, um im Ausland zu studieren. Und mit vierzig Jahren beginnt für Arbeitnehmer schon der Ruhestand.

Nicht von Ungefähr ist auf dem katarischen 500-Riyal-Schein ein Gastanker zu sehen.

Ein weiteres Thema, das Aisha liebt, sind Frauenrechte: Im Vergleich zu anderen muslimischen Ländern geht es den einheimischen Frauen in Katar recht gut. Das liegt sicher an der Frau des damaligen Emirs, Scheicha Musa bint Nasser, die sich für Frauen und Kinder stark macht. So erzählt mir meine neue Freundin von einer Katarerin, deren Mann eine zweite Frau nehmen wollte. Das ist hier nichts Ungewöhnliches: Nach islamischem Recht sind bis zu vier Frauen pro Mann erlaubt. Anscheinend reizt es die Männer, eine neue junge Frau zu nehmen und einen zweiten Frühling zu erleben, nachdem ihnen ihre erste Frau genügend Kinder geboren hat. In diesem Fall war seine erste Frau jedoch nicht damit einverstanden. Lieber wollte sie sich scheiden lassen, als ihren Mann mit einer zweiten Frau zu teilen. So kam es also. Womit der wollüstige Mann nicht gerechnet hatte, waren die Auflagen des Gerichts: Während früher in dieser patriarchalischen Gesellschaft eine Scheidung für den Mann relativ schmerzlos war, hatte die herrschende Frau des Landes wohl auch hier für mehr Gerechtigkeit gesorgt. Die Unterhaltszahlungen, die dieser Mann für Frau und Kinder leisten musste, waren so hoch, dass er sich die zweite Ehe nicht mehr leisten konnte. So stand der Mann, der zwei Frauen wollte, am Ende ohne Frau und ohne Geld da.

Was für ein Segen ist diese Nachbarin mit ihrer sprudelnden, herzlichen Art für mich! Ich liebe sie von ganzem Herzen.

Als wir uns schon etwas besser kennen, haben Matthias und ich eine Idee: Wir laden Aisha und ihre Familie zu uns zum Essen ein! Vorsichtig frage ich sie, ob wir als Familien gemeinsam essen können? Es wäre ja möglich, dass unsere Nachbarin und ihr Mann bei einem Besuch auf Geschlechtertrennung bestehen. Doch sie haben überhaupt kein Problem mit einer gemeinsamen Mahlzeit und scheinen sich über die Einladung zu freuen. Wie schön! So werden wir alle Aishas Mann kennenlernen.

Da das Wetter in den Wintermonaten angenehm ist, entscheiden wir uns, zu grillen. Aufgeregt bereiten wir alles vor. Wir wollen, dass unsere Gäste sich richtig wohlfühlen bei uns: Salate, Kuchen, eingelegtes Fleisch, wir machen alle unsere Lieblingsspeisen. Wir geben uns viel Mühe.

Der ersehnte Abend kommt. Die verabredete Zeit. Doch nichts tut sich. Keiner kommt. Auch eine halbe Stunde später ist noch niemand da. Das Feuer brennt, wir haben alle solchen Hunger, aber unsere Gäste kommen und kommen nicht!

Wir warten vielleicht schon eine Stunde, da klingelt es an der Türe. Endlich! Doch es sind nicht unsere Gäste, es ist ihre Angestellte. Sie überreicht uns einen üppigen Strauß Blumen und verschwindet schnell wieder.

Was? Wir verstehen die Welt nicht mehr. Ist das vielleicht eine höfliche Absage? Dabei hatten wir uns so sehr auf diesen Besuch gefreut. Sollen wir jetzt einfach alles allein essen?

Doch während wir noch überlegen – sind sie endlich da! Wir fühlen uns so geehrt, dass sie ihren Abend mit uns verbringen wollen.

Es ist ja schon viel später, als geplant. Sie werden sicher so wie wir Hunger haben. Matthias grillt schnell die Rindersteaks und Lammkoteletts. Unsere Nachbarn greifen zu und loben unsere Salate. Auch für Nachtisch ist gesorgt. Es dauert nicht lang, und alle sind satt.

Wir freuen uns nun auf den gemütlichen Teil unseres Grillabends, wollen entspannt zusammensitzen und plaudern, wie wir es von den Wüstenausflügen mit unseren Freunden kennen.

Doch kaum haben unsere Gäste die Gabel hingelegt, stehen sie schon auf und verabschieden sich.

Wir sind bestürzt! Waren ihre lieben Worte nur Höflichkeiten? Hat es ihnen gar nicht geschmeckt? Haben wir vielleicht etwas Falsches gesagt? Sie oder ihre Kultur verletzt? Es war doch so ein schöner Abend, warum verschwinden sie nur so schnell? Wir sind schrecklich enttäuscht, aber auch besorgt, ob wir denn etwas falsch gemacht haben.

Bald danach erzählen wir unseren Freunden von unserem Erlebnis. Sie leben schon lange in Katar und können uns beruhigen: Wir haben unsere Nachbarn nicht gekränkt, allerdings wäre es hilfreich gewesen, wenn wir mehr über die Kultur gewusst hätten! Denn anders als in Deutschland, gilt es hier als unhöflich, nach dem Essen zu verweilen. Ein Besuch *beginnt* nicht mit der Mahlzeit, sondern endet damit. Zuerst wird bei Snacks und Getränken geplaudert, und erst kurz vor Schluss wird das Essen serviert. Wir haben noch viel zu lernen!

Kleiner arabischer Sprachführer
Masha Allah! *(ma-scha'al-lah)* – Ein Ausdruck der Bewunderung, der gleichzeitig ausdrücken soll, dass man sein Gegenüber nicht um sein Glück beneidet

---

11. Freitags in der Wüste

An Freitagen sind wir ein- oder zweimal im Monat mit dabei bei Ausflügen mit unseren Gemeindefreunden. Matthias hat eine Sechs-Tage-Woche und darum nur freitags
frei. Aber wenn wir es einrichten können, nehmen wir teil.

Der Tag beginnt mit einem Gottesdienst. Schon das ist
immer ein Höhepunkt der Woche: singen und beten und
lernen mit diesen besonderen Menschen aus den unterschiedlichsten Ländern. Danach geht es in ein Restaurant,
und dann wird zu Hause in aller Eile gepackt. Es sind immer
so viele Sachen, die für die wenigen Stunden mitgenommen werden müssen: Campingtisch und -stühle, ein Grill,
Feuerholz, Getränke, Essen, Geschirr – und natürlich das
Lieblingsspielzeug: unser Quad, das auf einem Anhänger
mittransportiert wird.

Wir fahren in den Südosten Katars, nach Mesaieed, das
etwa vierzig Kilometer südlich von Doha liegt. An einem
vorher verabredeten Parkplatz treffen wir uns mit den anderen Wüstengängern: internationale Freunde aus der Gemeinde; es gibt eine weitere deutsche Familie, außerdem

Familien aus der Schweiz, Paraguay, Amerika, den Färö-er-Inseln und anderen Ländern.

Letzte Vorbereitungen vor dem gemeinsamen Aufbruch in die Wüste

Am Parkplatz steigen die Männer aus den Autos und lassen Luft aus den Reifen, damit diese eine größere Auflagefläche haben und weniger schnell einsinken, denn wir werden jetzt die befestigte Straße verlassen und über Sand fahren. Das geht natürlich nicht mit einem normalen Pkw. Einige Autos bleiben zurück. Wir teilen uns so auf, dass alle in einem der Allradfahrzeuge oder Jeeps Platz haben.

Der letzte Teil des Weges bis zum Ziel ist Nervenkitzel pur: Ein Teilnehmer hat eine schöne Stelle im Navi markiert und fährt voraus. In einer Reihe fahren die fünf bis zehn anderen Autos mit etwas Abstand hinterher. Es dauert nicht lange, da tauchen die ersten Dünen vor uns auf. Hohe Sanddünen. Jetzt gilt es, mit viel Schwung die Düne hinaufzuschießen, natürlich immer in der Hoffnung, dass nicht gerade jemand von der anderen Seite kommt. Oben angekommen, geht es gleich weiter nach unten. Das kitzelt so herrlich im Magen, viel schöner als eine Achterbahnfahrt.

Sanddünen hoch- und runterfahren macht großen Spaß!

So geht es vielleicht eine Stunde; immer weiter auf und ab, auf und ab. Manchmal kommt eins der Autos nicht hoch bis auf den Kamm der Düne, weil der nötige Anlauf fehlt. Da muss der Fahrer zurückrollen und es mit erneutem Schwung ein weiteres Mal probieren. Wenn ein Auto mal stecken bleibt, was vorkommt, steigen alle aus, und das stärkste Auto zieht das liegengebliebene Auto aus dem Sand. Das geht eigentlich schnell, doch es kann auch mal eine Stunde oder länger dauern. Die Männer überlegen, welches Auto ziehen soll, die Frauen plaudern, die Kinder spielen im Sand. Manchmal müssen zuerst die Räder frei-geschaufelt werden. Es wird auf jeden Fall nie langweilig.

Nachdem alle Dünen überwunden sind, geht es noch ein Stück weiter durch den Sand. Sobald wir unseren Platz erreicht haben, werden die Autos in einem Kreis platziert, der unser Lager von außen schützt. Und dann – noch bevor irgendetwas anderes getan wird –, genießen einfach alle die wunderbare Schönheit dieses Orts, der «Inland Sea» genannt wird. Diese Stelle, mit Blick auf Saudi-Arabien, liegt an einer Meeresbucht des Persischen Golfs. Hier treffen die herrlich goldenen Sanddünen direkt aufs Meer. Der Ort strahlt Ruhe aus und tut einfach gut.

Familienportrait vor der wunderschönen Kulisse des «Inland Sea»

Die Kinder sind schnell damit beschäftigt, im Sand zu buddeln und im Wasser zu spielen. Die Erwachsenen kümmern sich um die Essensvorbereitung. Tische werden aufgebaut, Speisen ausgebreitet, Hamburger und Fleisch gegrillt. Nach einem herrlichen Sonnenuntergang breitet sich langsam eine angenehme Decke der Dunkelheit über uns alle. Wir sitzen um das Lagerfeuer, reden, genießen das Zusammensein. Manchmal hat jemand eine Gitarre dabei und wir singen gemeinsam.

Im Anschluss an diese Ausflüge bin ich erfüllt von dem dankbaren Gefühl, überreich beschenkt zu sein. Es ist ein erstaunliches, unbegreifliches Geschenk, das Gott uns macht, wenn er seine bunte Familie zusammenstellt. Hier im Ausland spüre ich, wie alle kulturellen Unterschiede durch einen gemeinsamen Vater und ein gemeinsames Buch, die Bibel, überwunden werden.

Nach unseren Wüstenausflügen kommen wir freitagabends meist spät zurück. Ab und zu übernachten wir auch mit unseren Freunden in der Wüste. Das ist immer etwas ganz Besonderes, auch wenn wir danach völlig erledigt sind, weil wir nicht gut geschlafen haben.

Es ist nicht ungefährlich, sein Nachtlager in der Wüste aufzuschlagen. Dabei denke ich nicht an Terroristen oder wilde Tiere, sondern an übermütige Autofahrer: Unser schöner Lagerplatz ist ja umgeben von hohen, sanft geschwungenen Dünen. Bei aller Schönheit dürfen wir nicht vergessen, dass diese Sandberge die Achterbahnen der Katarer sind. Ein Zelt am Fuß der Dünen könnte allzu leicht von einem Autofahrer, der begeistert den Steilhang hinunterrast, übersehen werden. Darum schützen wir unsere Zelte mit einem Kreis aus Fahrzeugen.

Bei jedem Wüstenausflug gibt es ein gutes Essen.

Eine katarische Familie, die wir bei einer solchen Wüsten-Übernachtung kennenlernen, gehört bald zu unserem engsten Freundeskreis: Er ist während seines Studiums im Ausland zum Glauben gekommen. Als Moslem geboren, glaubt er nun an Jesus Christus als Erretter. Das ist verboten. Würde es bekannt, könnte er alles verlieren – seine Familie, alle Vorrechte, die er als Katarer hat, vielleicht sogar sein Leben. Es ist gegen das Gesetz, den Islam zu verlassen. Wer an Jesus glaubt, behält das für sich. Umso dankbarer sind wir für sein Vertrauen, als er uns von seinem Weg zum Glauben erzählt.

Seine Frau ist Muslimin. Sie hat von seiner Bekehrung erfahren und somit hätte sie das Recht, sich scheiden zu lassen. Sie versteht nicht, wie er seine Herkunft so verleugnen kann, aber sie behält sein Geheimnis für sich. Auch wenn ich sie bei dieser gemeinsamen Übernachtung in der Wüste kaum kennenlerne, da sie zurückhaltend ist und viel für sich bleibt, habe ich das Gefühl, als würde Gott zu mir sagen: «Evin soll Christin werden.»

Evin und ich verbringen in den nächsten Monaten viel Zeit miteinander. Ihre Kinder sind im selben Alter wie unsere drei Jüngsten, und sie spielen gern zusammen. Wir treffen uns oft in einem Park, gehen zusammen einkaufen oder essen. Es entsteht eine wunderbare Freundschaft, in der wir auch über den Glauben sprechen.

Zusammen mit einer anderen Familie treffen wir uns auch bald zu einem Hauskreis. Dabei vergleichen wir Erzählungen in der Bibel und im Koran, die in beiden Büchern vorkommen: Abraham, Mose, Jona und andere. Das findet meine Freundin als Muslimin interessant. Sie ist davon begeistert, dass sie mehr über ihre Glaubensvorbilder erfahren kann, als in ihrem Buch steht.

Sie spürt, dass da noch mehr ist, und sie sehnt sich von Herzen danach. Sie beschließt, in ihrem heiligen Buch Antworten auf ihre Fragen zu suchen. Andächtig liest sie den gesamten Koran. Anschließend liest sie die ganze Bibel, von vorne bis hinten. Ich wundere mich, wie schnell sie vorankommt. Selbst die vielen Namensregister im Alten Testament begeistern sie, denn sie ist eine Araberin, und manche dieser Personen gehören zu ihren Vorfahren. Es ist spannend, ihre Reise zur Wahrheit mitzuerleben. Ich habe sie von Herzen lieb, unabhängig davon, ob sie Christin wird oder nicht. Aber ich wünsche ihr die Freude und Zuversicht, die vom Leben mit einem liebenden Vater im Himmel kommt.

Matthias in seinem Element: Autofahren in der Wüste

Kleiner arabischer Sprachführer
Shlonik / shlonish (*schlohn-ik / schlohn-isch*) –
Wie geht es dir? (m/w)

12. Bewahrung im Unglück

In diesem ersten Jahr fühlt sich Matthias oft krank. Auf die wochenlangen Besuche, während denen er sich als vorbildlicher Gastgeber verausgabt, folgen für ihn Zeiten großer Müdigkeit. Die Schmerzen, die durch den Fokus auf die Gäste in den Hintergrund gestellt werden, sind dann wieder präsent und lebensbestimmend. Matthias' Mutter ist an Krebs gestorben, und vielleicht noch schlimmer als die unerklärlichen Schmerzen ist in diesen Zeiten seine Angst, dass er auch Krebs haben könnte.

Für mich ist es frustrierend, dass ich oft allein «meinen Mann» stehen muss. Die Kinder müssen ständig irgendwohin gefahren werden, aber ich sehne mich auch einfach nach gemeinsamer Ehezeit. In dieser Phase habe ich oft das Gefühl, dass meine Bedürfnisse und Wünsche wenig zählen. Es ist außerdem schwer, dass Matthias nur einen freien Tag in der Woche hat. Wenn dann dieser Tag für Schlafen und Erholen verwendet wird, bleibt wenig Zeit für Ehe und Familie.

An einem Freitag bin ich enttäuscht, dass ich allein mit den Kindern einen geplanten Familienausflug machen muss. Wir fahren zu einer Stelle am Rande der Stadt, wo viele Kamelherden zu sehen sind, und genießen trotzdem die gemeinsame Zeit.

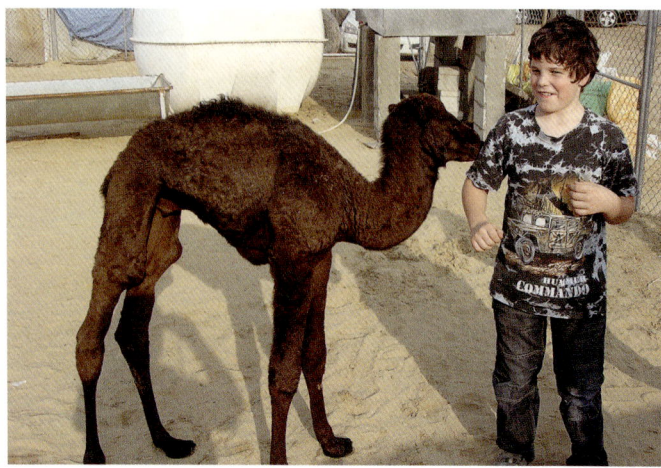

Unser Tiefreund Joel mit einem Kamelfohlen

Kaum nach Hause zurückgekehrt, will unser inzwischen dreizehnjähriger Janek einer seiner Lieblingsbeschäftigungen nachgehen: dem Quadfahren.

Wenig später stürmt Joel ins Haus.

«Janek und Sarina sind vom Quad gefallen und bluten total viel!»

Ich renne so schnell ich kann raus, nehme mir noch nicht einmal die Zeit, mich richtig anzuziehen. Sofort nehme ich meine kleine Sarina auf den Arm. Ihr Gesicht ist stark aufgeschürft. Überall Blut. Janek wankt orientierungslos wie ein Schlafwandler herum und hat eine Wunde am Kopf.

Später erfahren wir mehr über den Unfall: Janek hatte seine Runden gedreht und war eigentlich fertig mit dem

Quadfahren. Doch Sarina bettelte, dass er ihr zuliebe noch eine schnelle Runde mit ihr drehen sollte. Sarina saß vor ihm, ihre kleinen Hände auf dem Lenker. Sie wollte auch einmal probieren, am Lenker Gas zu geben. Als es um die Kurve ging, war sie immer noch dabei, zu beschleunigen. Janek bremste, das Quad stieß gegen den Bordstein und machte in der Luft einen Purzelbaum. Beide Kinder landeten auf Bauch und Kopf.

Schon bald sind zwei Polizeiautos da und etwas später zwei Krankenwagen. Aishas Familie hat den Kindern beim Quadfahren zugeschaut, und als sie den Unfall sehen, rufen sie gleich den Notruf. Wie dankbar bin ich – wir hätten in diesem fremden Land gar nicht gewusst, wen wir kontaktieren müssen!

Ich möchte mein kleines Mädchen vor dem ganzen Trubel bewahren. So selbstbewusst sie im Familienkreis ist, so sehr fürchtet sie sich vor fremden Menschen, die ihr zu nahe kommen. Aber der ganze Pulk an Helfern folgt mir ins Haus.

Inzwischen ist Matthias dazugekommen.

Polizisten, Nachbarn, Sanitäter, die Aufregung im Haus ist groß. All mein Argumentieren und Betteln hilft nichts, sie bestehen darauf, dass beide Kinder ins Krankenhaus müssen. Ich habe Angst, dass sie ohne mein Einverständnis etwas mit meiner Jüngsten tun.

Und das wollen sie schon gleich im Krankenwagen: Ich erhalte die Erlaubnis, mitzufahren, Jonas und Joel übrigens auch, aber ich darf Sarina nicht auf dem Arm behalten. Sie muss auf die Liege. Nach einigem Zureden ist sie einverstanden, aber das ist noch nicht alles. Zur normalen Prozedur gehört außerdem, dass die Patienten im Krankenwagen beatmet werden. Sarina hat keine Atembeschwerden, und sie wehrt sich verzweifelt gegen diese schwere Maske, die auf ihr Gesicht gedrückt werden soll. Ich muss kämpfen, erreiche aber schließlich, dass sie ohne Maske transportiert werden kann. Händchenhaltend erreichen wir nach einer aufregend schnellen Blaulicht-Fahrt das Krankenhaus.

Der antiseptische Geruch des Krankenhauses macht mir Angst. Ich habe zu viele Schauermärchen über die medizinischen Behandlungsstandards hier gehört, sodass mir das Vertrauen fehlt. Ich bin entschlossen, meine Tochter zu beschützen, und angenehm überrascht, dass die Pfleger das akzeptieren. Selbst als sie geröntgt wird, darf ich mit ins Kämmerchen. Ich bin sehr dankbar, dass mein ängstliches Mädchen mir nicht entrissen wird. Ich vermute, die Kulanz der Pfleger ist ihrem ausgeprägten Familiensinn geschuldet, der in dieser Kultur ein großer Wert ist.

Zum Glück hat Sarina keine ernsthaften Verletzungen. Ihre Wunde wird gesäubert und genäht, und wir dürfen sie schließlich auf eigene Verantwortung hin wieder mit nach Hause nehmen.

Janeks Krankenwagen ist auch schon längst da, Janek wird im Nebenzimmer versorgt. Bei ihm sind die Verletzungen schwerwiegender, da er nach dem Aufprall kurze Zeit bewusstlos war. Aber nach allen Untersuchungen und dem Vernähen der Wunde darf auch er wieder nach Hause.

Der ganze Krankenhausbesuch dauert lang. Es müssen viele Formulare und Bögen ausgefüllt werden, und zwischen den einzelnen Behandlungen müssen wir warten. Unsere größeren Kinder wandern zwischen Janeks und Sarinas Zimmer hin und her, und schließlich werfen sie auch vorsichtige Blicke in die anderen Zimmer: In einem Raum sehen sie einen Jungen, der ebenfalls einen Quad-Unfall hatte. Sein ganzer Schädel ist aufgerissen, erzählen sie uns. Das bewegt mich sehr. Die armen Eltern. Ich denke, das hätten wir sein können. Wie dankbar bin ich an diesem Tag für Gottes Bewahrung.

Sarinas erste Kletterübungen auf dem Quad beginnen früh!

Janek, zum Zeitpunkt des Unfalls 13 Jahre alt, erzählt

Quad-Unfall

Welcher Junge wünscht sich nicht ein Quad-Bike zu Hause? Ich besaß eins – besser gesagt: meine Eltern –, mit dem ich nach einer spaßigen Fahrt vor dem Haus nun wieder durchs Tor in unseren Hof einbog.

Ich war gerade abgestiegen, als mir meine dreijährige Schwester entgegengerannt kam und unbedingt auch noch eine Runde fahren wollte – natürlich nur als Mitfahrerin. Ich hatte eigentlich keine Lust mehr und war schon auf dem Weg ins Haus, als sie plötzlich anfing zu heulen und mir ganz klar machte, dass ich sie jetzt sofort auf dem Quad noch eine Runde spazieren fahren müsste. «Na gut, eine Runde geht noch», dachte ich.

Den lästigen Schutzhelm wieder aufziehen? Dafür war keine Zeit mehr.

Ich schnappte also meine Schwester – die auch keinen Helm aufhatte – und startete das Quad. Die erste Runde vor unserem Haus war schnell gefahren. Dann wollte meine Schwester auch mal Gas geben – nur mitfahren ist ja auch irgendwann langweilig.

«Okay gut», dachte ich mir, «kann ja nichts passieren, solange ich das Lenkrad festhalte». Also übergab ich den Geschwindigkeitsregler an meine kleine Schwester. Zunächst lief alles glatt. Doch als wir uns dem Ende der Straße näherten und ich ihre Finger nicht mehr vom Regler lösen konnte, bekam ich Panik. Egal, wie sehr ich es probierte, ihre Händchen waren nicht mehr vom Gas wegzukriegen. Wegen des lauten Motorengeräuschs konnte sie meine eindringliche Bitte, das Gas doch loszulassen, wahrscheinlich nicht hören.

Es war zu spät. Wir rasten immer schneller auf den Bordstein am Ende der Straße zu. Bevor ich einen weiteren Gedanken fassen konnte, war alles schwarz. Als Nächstes sah ich mich auf dem Sofa im Eingangsbereich unseres Hauses liegen. Um mich herum waren Polizisten und bald auch Notärzte versammelt. Nach wenigen Momenten hatten sie meine Schwester und mich in zwei Krankenwagen verladen und mir eine Atemmaske aufgesetzt. Ich war nun wieder bei vollem Bewusstsein.

Im Krankenhaus wurden wir dann behandelt. Zum Glück war nichts Schlimmes passiert. Ich hatte eine leichte Kopfverletzung, die genäht werden musste, und meine Schwester bekam am Kopf einen großen Verband. Kurz nach meiner Behandlung war mir dann auf einmal schlecht. Ich musste mich übergeben und kotzte den Krankenhausboden voll. Das war peinlich, aber lediglich ein Reflex. Nach dem Unfall blieb ich noch einige Tage zu Hause, bevor ich zurück in die Schule konnte, um meinen Freunden von diesem aufregenden Ereignis zu berichten.

Kleiner arabischer Sprachführer
Alhamdu li'lah! – *(al-ham-du-li-lah)* – Gott sei Dank!

13. Ein besonderes Schiff

In diesem ersten Jahr gibt es für mich einen ganz besonderen Höhepunkt: Ein Schiff der Missionsorganisation OM (Operation Mobilisation) macht in Doha einen Hafenbesuch. Ein Schiff mit einem großen Verkaufsraum ... voller Bücher!

Bücher sind meine große Leidenschaft. Es gibt nichts, womit ich meine freie Zeit lieber fülle. Ich lese am liebsten christliche Bücher, aber die finde ich in Doha nur in der Bücherei unserer Gemeinde. Ich liebe diesen Lesebereich; Gemeindebesucher spenden ihre gelesenen Bücher, die damit allen zur Verfügung stehen. Aber die Auswahl ist begrenzt, und die meisten Bücher, die mich interessieren, habe ich inzwischen gelesen. Zu dieser Zeit sind E-Books noch keine Selbstverständlichkeit!

Ein Schiff, beladen mit christlichen Büchern, besucht also die Stadt, in der ich lebe. Das ist für mich unvorstellbar schön. Ich nutze jede Gelegenheit, um an Bord der Doulos zu gehen, und ich entdecke dort viele günstige Schätze. Aber ich finde auch etwas Unerwartetes und Unerfreuliches: Ich mache während dem Besuch dieses Schiffs eine erschreckende Entdeckung über den Zustand meines Herzens ...

Die Doulos war von 1977 bis 2010 für die Missionsgesellschaft Operation Mobilisation (OM) auf der ganzen Welt unterwegs.

Unsere Gemeinde lädt zu mehreren Veranstaltungen auf der Doulos ein. Der Jugendkreis darf dort einen Abend verbringen, und auch für die Frauen gibt es ein Event. Außerdem besteht umgekehrt die Möglichkeit, eine Gruppe von Doulos-Mitarbeitern zu sich nach Hause zum Essen einzuladen. Die junge Crew genießt es, vom Schiff herunterzukommen und etwas vom Land zu sehen, und als Gastgeber hat man die einmalige Gelegenheit, mehr darüber zu erfahren, wie es sich auf dem begrenzten Raum der Doulos lebt.

Wir bekommen also in den wenigen Tagen, in denen dieses Schiff bei uns ist, einiges über das Leben an Bord mit. Wir dürfen auch bei einer Führung dabei sein. Wir wundern uns über die engen Räumlichkeiten und über das Miteinander an Bord. Zwischen den einzelnen Häfen haben die Mitarbeiter in dieser kleinen Welt nur einander. Wenn es Konflikte gibt, kann man sich nicht so leicht aus dem Weg gehen. Das Leben auf der Doulos ist sicher eine große Herausforderung.

Doch als ich die harmonische Gemeinschaft der Besatzung beobachte – bei mir zu Hause oder auf dem Schiff –, fällt mir auf, wie liebevoll und respektvoll dennoch alle miteinander umgehen. Für mich, die ich schon seit einem halben Jahr in Katar lebe, ist das Erstaunlichste, dass es in ihrem Umgang miteinander keine Unterschiede gibt zwischen den verschiedenen Nationalitäten, zwischen arm und reich, zwischen Asiaten und Europäern, Nord- und Südamerikanern.

Die Mitarbeiter kommen aus den unterschiedlichsten Ländern. Menschen aus armen Gegenden werden von Christen aus wohlhabenden Staaten gesponsert, sodass auch sie die Möglichkeit haben, auf diesem Schiff zu leben. Aber es gibt trotzdem kein Oben und Unten, Wichtig und Unwichtig.

Das zu beobachten ist, als ob ein Licht auf eine verschmutzte Scheibe leuchtet. Ich erkenne, wie falsch meine Einstellung ist. Denn die Ansicht, die im Mittleren Osten vorherrscht, hat sich mittlerweile auch langsam und unbemerkt in mein Denken eingeschlichen. Das sehe ich nicht nur an mir, sondern auch an meinen Freunden: Hier hat jeder ein unsichtbares Preisschild umhängen, je nach Nationalität. Würde ein Mensch aus Indien genau dieselbe Arbeit machen wie Matthias, wäre sein Einkommen z. B. weitaus geringer. Und er würde auf jeden Fall mit weniger Respekt behandelt werden.

Es ist schwer zu verstehen, wie es geschehen kann, dass diese wertende Denkweise unbemerkt einsickert. Ich sehe, dass die armen Menschen unterwürfig sind, scheinbar zufrieden mit ihrer niedrigen Stellung in diesem Land. Sie sind dankbar, überhaupt eine Verdienstmöglichkeit zu haben. Von den Reichen wird die Ungleichbehandlung immer wieder damit begründet, die Armen hätten es in Katar doch immer noch besser als in ihrem Herkunftsland. Dass sie in ihrer Heimat nicht komfortabler gelebt oder besser verdient hätten als hier. Ja, man findet, dass sie dankbar sein können, überhaupt hier zu sein. Mit ihrem niedrigen Gehalt könnten sie sich doch in ihrer Heimat viel mehr leisten als ein Europäer oder Amerikaner in seinem Land. Das mag alles stimmen, und natürlich sollte ein ungelernter Teaboy anders bezahlt werden als ein Manager. Aber trotzdem. Trotzdem darf ich niemals denken, dass er als Mensch weniger wert ist. Trotzdem sollte ich genauso freundlich und respektvoll mit ihm umgehen wie mit einem Manager.

Bestimmte Nationalitäten werden in Katar, wie gesagt, bestimmten Tätigkeiten zugeordnet: Pflegepersonal kommt oft aus den Philippinen, Chauffeure aus Indien, Manager aus westlichen Ländern, die netten jungen Männer, die Tee servieren, kommen meist aus Nepal. Die Herkunft entscheidet nicht nur über Verdienst und Unterkunft, sondern vor allem auch über den Wert im Urteil der meisten Menschen. Und dieses sündige Denken breitet sich unbemerkt in jedem aus, der hier in Katar lebt.

Ich weiß, «sündig» ist ein starkes Wort, aber genau das ist es: In Gottes Augen haben alle Menschen denselben Wert. Ob Inder, Nepalese, Katarer oder Deutscher. Ob arm oder reich. Ob gut oder schlecht. Ich liebe es, dass auch im deutschen Grundgesetz festgehalten wird: «Die Würde des Menschen ist unantastbar.» Nicht die Würde des Deutschen. Die Würde des Menschen.

*Die Doulos (griech. «Diener») ändert meinen Blick
auf die dienende Bevölkerung Katars.*

Wir merken mehr und mehr, dass arme Arbeiter hier kein menschenwürdiges Leben haben. Ihre Unterkünfte sind abscheulich, und ihre Löhne werden, wenn überhaupt, nur mit großer Verspätung bezahlt.

Ich bekenne: Obwohl seit unserem Leben in Katar mittlerweile viele Jahre vergangen sind, ertappe ich mich immer noch bei diesem wertenden Denken. Es ist wie die verpestete Luft einer Großstadt: Täglich atme ich diese Denkweise ein, und nur wenn ich mich bewusst ständig von Gott korrigieren lasse, merke ich das und kann mich davon befreien.

Ich will immer in dem Bewusstsein leben, dass ich Gottes Herzen kein bisschen näher bin als jemand, der in einem armen Land geboren wurde, keine Schulbildung hat und mit wenig zufrieden ist. Ich will nicht Menschen nach ihrem Einkommen, Aussehen oder Verhalten bewerten. Ich brauche in jedem Augenblick Gott, der mir die Augen dafür öffnet, wo ich mein Denken unbemerkt meiner Umgebung anpasse.

> **Kleiner arabischer Sprachführer**
> Ismi *(is-mih)* – Mein Name ist ...

14. Das beste Teil vom Kamel

Als ein Verwandter von Matthias' Chef heiratet, wird auch Matthias eingeladen. Hochzeiten verlaufen hier ganz anders als in Deutschland: Männer und Frauen feiern getrennt, was ja wirklich merkwürdig ist – geht es doch bei einer Eheschließung darum, dass ein Mann und eine Frau ein *gemeinsames* Leben führen wollen. Aber die Lebenswelten von Männern und Frauen sind hier getrennt.

Die Feier findet im Freien statt, auf einem Platz irgendwo im Nirgendwo, ähnlich den leeren Bauplätzen, auf denen unsere Kinder mit dem Quad ihre Kunststücke üben.

Es ist bereits dunkel, als das Fest beginnt. Bei seiner Ankunft sieht Matthias unzählige Männer in weißen Gewändern vor einem großen offenen Zelt. Darin und auch im Freien ist alles mit Teppichen ausgelegt, auf denen bequeme Sitzkissen liegen. Tische gibt es keine. Alle Besucher stehen entweder oder sitzen gemütlich auf dem Boden. Am Eingang des Zeltes stehen Wassertanks bereit – für die Waschungen vor dem Gebet.

Matthias wird freudig von seinem Chef begrüßt und zu einem Ehrenplatz geführt: «You are family!», beteuert er ihm. Matthias darf in der Nähe des Bräutigams sitzen, der im Laufe der nächsten Stunden zahlreiche Glückwünsche entgegennimmt.

Die Männer plaudern, begrüßen Freunde und Verwandte. Da Matthias ihr Arabisch nicht versteht und es weder Programm noch Reden gibt, ist das für ihn nicht besonders aufregend. Die einzige Abwechslung stellen Tabletts voller Datteln, süßem Gebäck, Tee und Kaffee dar, die ihm ununterbrochen angeboten werden.

Matthias fragt sich bald, ob es auch noch etwas «Richtiges» zum Beißen geben wird, denn immerhin ist es schon sehr spät. Doch schließlich fährt eine Catering-Firma vor: Große runde Platten werden herbeigetragen und vor die Männer gelegt.

Die Mahlzeit verläuft ganz unkompliziert. Teller und Besteck? Das ist alles überflüssig. Die Gäste krempeln die langen Ärmel ihrer weißen Gewänder hoch und greifen herzhaft zu. Auf den Platten liegen großzügige Portionen von Reis, und darauf: Fleisch. Dazu gibt es kleine Dosen mit Cola und Fanta und Wasserflaschen.

Als Ehrengast sitzt Matthias auch beim Essen bei der Familie des Bräutigams. Hier liegen auf den Platten nicht nur Lamm- oder Rindfleisch, wie bei den anderen: Auf einem großen Haufen Reis thront ein undefinierbarer «Berg». Er sieht aus wie Fleisch, doch Matthias hat so etwas noch nie gesehen. Was ist das für ein großer Klumpen, an dessen Rändern sich Haut nach oben hin abzuschälen scheint?

«Entschuldigung, aber: Was ist das?», fragt Matthias behutsam. Mit eindeutiger Körpersprache erklären ihm die Männer, dass es sich um einen Kamelhöcker handelt, eine besondere Delikatesse. Das sei nicht nur geschmacklich eine Sinnesfreude, machen die Männer Matthias klar, sondern sei genau die richtige Speise für eine Hochzeit.

Denn, so versichern die strahlenden Männer, das Fleisch eines Kamelhöckers sorge für anhaltende Kraft im Bett.

«Schön und gut», denkt sich Matthias, «aber wie komme ich an das Fleisch?» Es liegt kein Messer bereit, um sich etwas abzuschneiden. Sein Nachbar, ein älterer Mann, bemerkt Matthias' Hilflosigkeit. Sofort verschwindet der Arm des fürsorglichen Mannes im Kamelhöcker. Verwundert sieht Matthias zu, wie der Alte von unten in die Delikatesse hineingreift und sich immer weiter hocharbeitet. Er zerrt und zieht. Da, endlich: Siegesbewusst zieht er seinen Arm aus dem Inneren des Kamelhöckers und wirft Matthias strahlend ein großes Stück Fleisch zu. Das macht er in der Folge immer wieder: Wie eine Vogelmutter sorgt er an diesem Fest für Matthias! –

Bei aller Befremdlichkeit ... Matthias staunt: So eine herzliche Gastfreundschaft hat er selten erlebt!

*Kamele sind in Katar nicht nur Lastentiere,
sondern dienen auch zur Nahrung.*

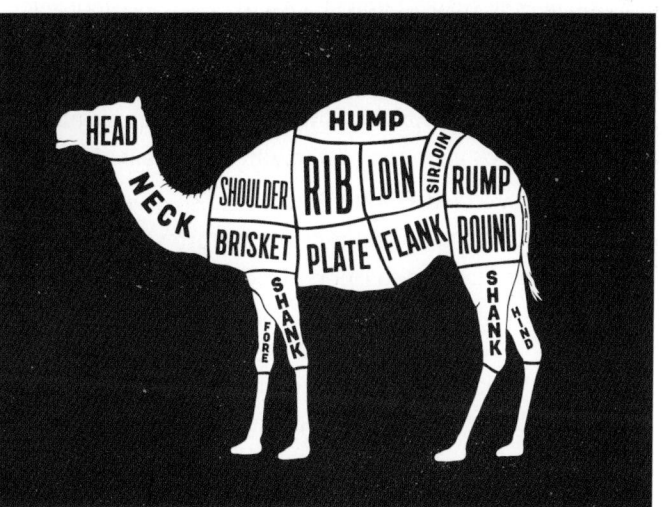

Joel, damals circa 7 Jahre alt, erzählt

Ich bin nach der Schule immer gerne mit Papa zur Arbeit gefahren, der normalerweise mittags für seine Pause nach Hause kam. Ich durfte überall in der Werkstatt mit dabei sein. Einmal konnte ich den ganzen Nachmittag auf einer Kehrmaschine mitfahren! Ich durfte aber auch schon richtig mitarbeiten: Bei Autos mit Unfallschäden bekam ich die Erlaubnis, Beulen rauszuhauen, zu schleifen und zu spachteln.

Da gab es eine Geschichte, die mich sehr geprägt hat: In der Werkstatt arbeiteten einige Filipinos, und die hatten einen Hund: einen kleinen Welpen, mit dem ich immer gespielt habe. Das ging eine ganze Weile so. Ich habe mich eigentlich immer gefreut, mit in die Arbeit zu fahren, um mit dem Hund zu spielen. Doch auf einmal war er weg ... und keiner wollte mir sagen, was passiert war. Ich dachte, er wäre weggelaufen oder so, und ich habe ihn überall gesucht und gehofft, dass ich ihn finde. Doch dann hat mir irgendwann jemand erzählt, dass sie den Hund ... gegessen hatten! Einer der Filipinos hatte Geburtstag. Es sei halt ein Hund gewesen, den sie allein zu dem Zweck gehalten hätten, um später eine Festmahlzeit aus ihm zuzubereiten ...

Kleiner arabischer Sprachführer
Habibi *(ha-bie-bie)* – mein Schatz
(Nicht nur als Kosewort für Ehepartner
oder Freunde; wird erstaunlich oft benutzt.)

15. Wachsen in der Krise

Das Schreiben bleibt in diesem ersten Jahr in Katar mein Traum, aber mit einer großen Familie und einem vollen Leben habe ich dafür wenig Zeit. Als ich Ende Mai vierzig werde, muss ich mir die Zeit regelrecht freischaufeln, um meine Gedanken und Gefühle nach einem Jahr in Katar festzuhalten. Da muss eben manchmal die Arbeit im Haushalt liegenbleiben. Wenn die Kinder in der Schule sind und Sarina ihren Mittagsschlaf macht, probiere ich, alles, was getan werden müsste, zu vergessen, setze mich an meinen Schreibtisch und versuche in Worte zu fassen, was mich bewegt. Denn, so überlege ich: Anderen geht es vielleicht ähnlich wie mir. Vielleicht wären meine Fragen und Antworten hilfreich für sie?

Ich plane, das Geschriebene einer Zeitschrift zuzuschicken – daraus ist aber nie etwas geworden. Heute würde man in so einer Situation vielleicht anfangen, einen Blog zu schreiben, aber 2006 weiß ich davon nichts. Es macht mir einfach Spaß, zu schreiben.

Mai 2006: Gedanken zu einem runden Geburtstag

Schon 40 – und wo bleiben meine Lebensträume?

Vor einem Jahr hat meine Freundin sich das Buch von Bianka Bleier «40 werden immer nur die andern» gekauft. «Nun ist es bei mir nicht mehr lange bis dahin», meinte sie. «Ich muss mich schon mal vorbereiten!»

Das konnte ich mit meinen fast vierzig Lebensjahren überhaupt nicht nachvollziehen. «Was ist schon dabei, vierzig zu werden?», dachte ich. «Wenigstens kann man sich dann leicht merken, wie alt man ist!»

Kurz nach diesem Erlebnis geriet unsere Familie in Aufbruchstimmung. Abenteuerlustig, wie wir nun mal sind, hatten wir schon lange davon geträumt, etwas ganz anderes zu erleben. Als mein Mann ein Arbeitsangebot im Mittleren Osten bekam, ging alles relativ schnell: Schon ein halbes Jahr, nachdem das Angebot zuerst vage formuliert worden war, lebten wir plötzlich mit unseren sechs Kindern in Katar!

Die Krise

Die erste Zeit glich jedoch weniger dem ersehnten Abenteuer als vielmehr einer harten Zerreißprobe: Unsere Kinder hatten es schwer in der fremdsprachigen Schule, ich war monatelang zu Hause «eingesperrt», weil meine Autofahrerlaubnis lange nicht ausgestellt wurde und es zum Spaziergehen oder Fahrradfahren bei fast 50 Grad zu heiß war. Ebenso mussten wir Wochen auf einen Telefonanschluss warten und wurden dabei immer wieder vertröstet: «Next week, inshallah!» Und in der nächsten Woche hieß es dann: «What? Telephone? Oh, next Saturday, inshallah!»

In Deutschland hatten wir keine freie Minute gehabt, mit sechs Kindern und Gemeindeaufbauarbeit. Mein Mann dazu mit einem stressigen Beruf, ich neben der Mutterrolle noch ehrenamtlich stark engagiert ... Ich hatte mir vorgestellt, dass ich in Katar viel mehr Zeit haben würde und endlich alles anpacken könnte, wovon ich immer geträumt hatte. Ich wollte gerne Zeit zum Schreiben finden, außerdem wollte ich Arabisch lernen und meinen Platz und meine Aufgabe in der neuen Heimat finden.

Nun musste ich aber feststellen, dass außer den ganzen Anfangsschwierigkeiten auch die tägliche Hausarbeit viel zeitraubender war, als angenommen. Von sauberen Fenstern kann man hier nur träumen: Weil das Land der Wüste abgerungen wurde, ist alles immer staubbedeckt. Und selbst unser importiertes Gift aus Deutschland konnte nichts gegen die Ameisenheere und Kakerlaken ausrichten ...

Irgendwann passierte aber auch etwas, mit dem ich gar nicht gerechnet hatte:

Durch unsere Gemeindeaufbauarbeit hatte es in Deutschland selten einen Sonntag gegeben, an dem wir den Gottesdienst einfach nur genießen konnten, nichts vorbereiten mussten. In Katar dagegen waren wir «nur» Gottesdienstbesucher. Zuerst tat das gut, und wir hatten einfach viel Freude an der großen christlichen Gemeinde hier. Trotzdem. Mein Unglücklichsein zu diesem Zeitpunkt hatte nicht nur mit der Umstellung und den fehlenden Dingen des täglichen Lebens zu tun (Telefon, Mobilität usw.).

Während einer Anbetungszeit im Gottesdienst erkannte ich auf einmal, wie sehr mir die Anerkennung für meine Dienste fehlte! Ich hatte immer das Bild von mir gehabt, relativ selbstbewusst und unabhängig von der Meinung anderer zu sein. Aber hier in Katar gab es für mich anfangs keinerlei Möglichkeiten, meine Gaben in der Gemeinde einzusetzen. Die internationale Gemeinde hatte genügend Mitarbeiter, die zudem besser Englisch konnten als ich.

Zwar froh über die Möglichkeit, einfach nur aufzutanken, musste ich auch zugeben, dass ich mehr sein wollte als bloß eine Zuhörerin. Und so sehr diese Ehrlichkeit schmerzte, ich erkannte: Das lag nicht nur daran, dass ich Gott auch hier in der Fremde demütig dienen wollte.

Es war ein ungewohntes Gefühl, in der neuen Gemeinde nicht gebraucht zu werden. Und niemals zu hören: «Deine Worte haben mir geholfen.» Oder: «Ich bewundere dich, wie du das alles schaffst.» Dazu kam, dass man mich in der neuen Gemeinde zunächst sogar ausschloss: Im Frauenkreis kam man nur ohne Kinder zusammen, was mir mit Kleinkind und ohne Babysitter unmöglich war.

Irgendwann stand unser Weihnachtsurlaub in Deutschland an. «Danach», dachte ich, «kann ich endlich mit dem Leben, von dem ich immer geträumt hatte, beginnen.»

Zurück in Katar hatten wir in den nächsten Monaten aber fast ununterbrochen Besuch! Klar haben wir uns darüber auch gefreut, aber die Kehrseite war, dass ich nun erst recht keine Zeit hatte für Dinge, die mir wichtig waren, und ich bis zum Umfallen mit dem Haushalt beschäftigt war. Mehr Betten beziehen, mehr kochen und spülen, mehr Wäsche, Besucher herumfahren ... Dadurch kam nicht nur die Zeit als Familie oder als Ehepaar monatelang viel zu kurz, sondern auch Zeit, die ich mir für mich und meine Träume gewünscht hätte.

Meinem Mann ging es gesundheitlich in dieser Zeit auch nicht gut. Zuerst eine lange Grippe, dann über einen längeren Zeitraum unerklärliche Schmerzen und die Angst, dass es Krebs sein könnte.

Die Umstellungsschwierigkeiten, vermehrte Hausarbeit, fehlende Anerkennung und unerfüllte Träume waren dann wohl auch die Auslöser dafür, dass ich in eine Art Depression verfiel. Ich funktionierte zwar weiterhin, war aber sehr unglücklich. Jeder Handgriff kostete viel mehr Mühe, und es gab vermehrt Spannungen zwischen meinem Mann und mir.

Das erste Jahr in der neuen Heimat näherte sich dem Ende, und ich musste erkennen, dass ich gar nichts von dem, was ich mir vorgenommen hatte, geschafft hatte. Ich fühlte mich, im wahrsten Sinne des Wortes, wie in einer Wüste.

Plötzlich spielte die Vierzig doch eine Rolle für mich. Ich fragte mich: Jetzt bist du schon vierzig ... Und wo bleiben deine Träume?

Die Antwort

Es fiel keine Lösung vom Himmel, und es gab keinen Tag, von dem ich sagen könnte, dass er der Wendepunkt war. Es war vielmehr so, dass viele Kleinigkeiten zusammenkamen, die mir nach und nach meine Lebensfreude wiedergaben: Im Nachhinein erscheint es mir so, als hätte Gott mir liebevoll schrittweise das gegeben, was ich brauchte. Und immer gerade so viel, dass ich es gut verdauen konnte.

In einer Ausgabe von Joyce las ich eine Buchempfehlung: Stephen Coveys «Die 7 Wege zur Effektivität». Ich besorgte es und las es in kurzer Zeit. Es ist ein Buch, das mich nachhaltig beeindruckt hat. Aus dem vielen, das ich gelernt habe, ragen zwei Erkenntnisse heraus: Das Buch beginnt mit der Beschreibung von Menschen, die jammern und allem und jedem die Schuld an den Schwierigkeiten ihres Lebens geben. Das konnte ich gut auf mein Leben übertragen ...

«Hätte ich nicht so einen großen Haushalt!», «Hätte ich nur mehr Zeit!», «Ich will ja meine persönlichen Ziele verfolgen, aber nie komme ich dazu!»

Covey ermutigte mich, selbst die Verantwortung für das eigene Leben zu übernehmen. Ich glaube, dass das ein großer und wichtiger Lernprozess ist. Nicht mehr über die Umstände oder auch Menschen, die mich behindern, klagen, sondern aktiv das eigene Leben gestalten.

Ich hatte für diese Gedanken auch ein Vorbild vor Augen: den Teaboy meines Mannes. Ja, jeder Manager hat hier seinen persönlichen Teaboy, der frischen Tee bringt oder auch mal den Schreibtisch sauber wischt. Dieser junge Mann kommt aus der Armut in den Bergen Nepals und hat sicher viel Mühe aufbringen müssen, um hier eine Arbeitsstelle zu finden. Die Arbeit wird sehr schlecht bezahlt, in der Firmenhierarchie stehen die Teaboys an alleruntersten Stelle.

Mein Vorbild: Matthias' Teaboy arbeitet aktiv daran, dass sein Leben sich verbessert.

Mein Mann war bald vom Einsatz dieses jungen Mannes beeindruckt: In seinem kleinen Bereich arbeitete er gewissenhaft und machte immer viel mehr, als von ihm verlangt wurde. Er fragte, ob er einen Führerschein machen dürfe, damit er den Bus der Arbeiter zur Unterkunft fahren könne, und wegen seines vorbildlichen Verhaltens ermöglichte es ihm die Firma. Mit dieser Qualifikation konnte er dann einen besseren Posten bekommen.

Wer weiß, wie weit hoch er sich noch arbeiten wird. Er lässt den Kopf wegen seiner niedrigen Position nicht hängen, sondern gestaltet aktiv sein Leben, angefangen damit, dass er sich Ziele setzt und treu in seiner Position arbeitet.

Das Zweite, das ich aus Coveys Buch gelernt habe, ist, sich überhaupt Gedanken darüber zu machen, was wichtig ist und was man erreichen möchte. Wenn ich einfach nur unzufrieden bin, aber nicht wirklich weiß, wo ich hinwill, wie soll ich da jemals weiterkommen? Mein Ziel ist das Schreiben. Ich habe als Konsequenz damit angefangen, zweimal in der Woche ein bis zwei Stunden einzuplanen, in denen ich mir dafür Zeit nehme. Dafür muss es im Haus etwas staubiger bleiben, aber – es ist bisher keinem aufgefallen! So habe ich gelernt, mich nicht mehr als Opfer der Umstände zu betrachten, sondern mir aktiv Ziele zu setzen – langfristig, aber auch Woche für Woche – und mir dafür auch die Zeit zu nehmen.

Wenn ich damit nicht jetzt in meiner Lebensmitte beginne, wann dann? Wenn ich warten will, bis sich alle hindernden Umstände aufgelöst haben, werde ich vermutlich mein Leben lang warten. Oder mache ich mir sogar etwas vor, weil das gewohnte Leben bequemer ist? Ich möchte aber lieber ein erfülltes Leben als ein bequemes!

Das Nächste, was ich erlebte, war eine Umarmung Gottes in Form einer Predigt. Der Gastprediger beschrieb eine Krise, die er vor Jahren durchgemacht hatte. Da habe ich natürlich genau aufgepasst. Während er um Befreiung aus der Krise betete, gab ihm ein guter Freund den Rat, dankbar für die Krise zu sein, da Gott vor allem in Krisen zu uns rede.

Es war befreiend, meine Krise als geistlich wertvolle Zeit zu betrachten.

Weiter verglich der Prediger unser Leben in manchen Zeiten mit einem Kreisverkehr. In Doha ist der Kreisverkehr dreispurig, und wenn viel auf der Straße los ist und man im Kreis innen fährt, kann es sein, dass man einige Runden drehen muss, bevor man aus dem Kreis herauskommt und weiterfahren kann. Auf das Leben bezogen, sind das die Zeiten, in denen wir das Gefühl haben, auf der Stelle zu treten und nicht weiterzukommen.

Ein Kreisverkehr in Doha: Parabel auf die Wartezeiten im Leben

Der Prediger erklärte, dass wir als Christen in Gottes Schule sind. Gott hat perfekt auf uns zugeschnittene Lektionen. Wenn wir aber die Prüfung nicht bestehen, dann lehrt er weiter die entsprechende Lektion, bis wir sie beherrschen. Das also kann eine Ursache für geistlichen Stillstand sein.

Als Folge dieser Predigt habe ich Gott darum gebeten, dass ich von ihm lernen kann, und war dankbar für seine Geduld und Fürsorge. Wie schön, dass wir nicht so bleiben müssen, wie wir sind!

Kleiner arabischer Sprachführer
Naam *(nah-'am)* – Ja

Teil II:

Kämpfe

16. Das zweite Jahr beginnt

Doha, Katar
August 2006 – Juni 2007

Die Sommerferien verbringen wir in Deutschland. Die Zeit vergeht schnell: Eine Pfadfinderfreizeit, viele Treffen mit Familie und Freunden – zum Schluss sehne ich mich geradezu zurück nach dem vergleichsweise ruhigeren Leben in Katar.

Und dann beginnt unser zweites Jahr in der neuen Heimat. Unser Ältester, Thias, muss zu diesem Zeitpunkt die Schule wechseln, um einen Abschluss zu bekommen, der in Deutschland anerkannt ist und der ihn für ein Studium in der Heimat qualifiziert. Das Schuljahr hat bereits begonnen, doch ein Tag nach dem anderen vergeht, ohne dass er von der Schule, bei der er sich beworben hat, etwas hört. Und dann die enttäuschende Nachricht: Er bekommt keinen Platz. Wir sind verzweifelt, das war die letzte Tür, und nun ist sie verschlossen. Muss er ein ganzes Jahr verlieren, bevor er seinen Abschluss machen kann? Wir beten verzweifelt. Eines Tages beschließt Thias, die Schule einfach aufzusuchen und noch einmal persönlich nachzufragen, ob sie ihn nicht doch aufnehmen. – Auf wunderbare Weise klappt es tatsächlich! Gott ist gut!

Thias hat inzwischen einen Führerschein, also kann er selbst zur Schule fahren. Es gibt ja keine Schulbusse. Das wäre auch schwierig, da die internationalen Schulen in der ganzen Stadt verteilt sind.

Auch die anderen Kinder sollen die Schule wechseln, denn die Qualität ihrer jetzigen Schule lässt zu wünschen übrig. Wir haben zwar versucht, für alle einen Platz an der Vorzeigeschule des Landes zu bekommen, aber in diesem Schuljahr wird nur Janek in der «Qatar Academy» angenommen.

Der damalige Emir des Landes hat mehrere Frauen – im Islam sind ja bis zu vier Ehefrauen erlaubt. Im Alltag und in den Medien ist vor allem seine Frau Scheicha Musa bint Nasser präsent, von der ich weiter oben schon erzählt habe. Sie ist eine sehr gebildete Frau. Dass es in Katar gute Schulen und Universitäten gibt, ist ihr ein Anliegen.

Scheicha Musa bint Nasser al-Missned

In einem großen Compound, einem Universitätscampus, der «Education City» genannt wird, gibt es mehrere Ableger bekannter amerikanischer Universitäten. Somit müssen junge Katarer nicht mehr ins Ausland reisen, um einen guten Abschluss zu bekommen. In diesem Compound befindet sich auch Janeks neue Schule, die vom Kindergarten bis zur Abiturklasse alle Jahrgänge beherbergt. Räume und Ausstattung sind beeindruckend. Hier wurde definitiv nicht gespart: Es gibt einen wunderschönen Theatersaal für Schulaufführungen, einen riesigen Pool nach olympischem Standard und sogar eine Cateringfirma, die den Schülern in den Pausen die Brotzeit serviert – wir können nur staunen. Und die Schulgebühren sind durch die Subventionen des Staates nicht höher als bei anderen Schulen. Die Schuluniform ist auch richtig schick: Die Mädchen tragen zur weißen Bluse eine Fliege, die Jungs ein weißes Hemd und Krawatte.

Die Schule ist beeindruckend, doch Janek fällt der Neuanfang sehr schwer. Von seiner Persönlichkeit her braucht er immer eine gewisse Zeit, um sich auf Neues einzustellen. In den ersten Tagen möchte er gar nicht aufstehen, um in die Academy zu gehen. Und auch unser jüngster Sohn Joel geht immer noch nicht gerne in die Schule.

Ich genieße es dennoch, wenn nach dem stressigen Aufbruch in den Tag – Brotzeiten schmieren, eine saubere Schuluniform finden, Sportsachen suchen – Sarina und ich das Haus für uns allein haben.

Nach dem Sommerurlaub strotzen alle Räume vor Staub, und ich komme mit der Hausarbeit kaum hinterher. Der besondere junge Mann aus Nepal – Matthias' Teaboy, von dem ich schon geschrieben habe – kommt an jedem Wochenende und putzt das große Haus. Er freut sich, eine Pause von der überfüllten Unterkunft zu haben, in der er lebt, und ich freue mich, dass ich das riesige Haus nicht allein putzen muss.

Wir versuchen auch, eine dauerhafte Angestellte zu bekommen, haben aber keinen Erfolg.

Vielleicht ist das auch erst mal ganz gut, denn wir haben inzwischen große finanzielle Probleme. Matthias geht es mittlerweile wie seinen Mitarbeitern: Sein Lohn wird nicht bezahlt. Wie ein abgenutztes Schulheft ist er jetzt für seine Vorgesetzten: Anfangs umgarnt wie ein nagelneues Heft, in das nur ganz vorsichtig Striche gesetzt werden, ist er jetzt nur noch ein weiterer Angestellter, der so behandelt wird wie alle anderen.

Im Haus ist auch einiges defekt. Am schlimmsten ist es, mit kaltem Wasser zu duschen. Wir wenden uns an die Maklerfirma, die sich sonst um Reparaturen gekümmert hat. Doch es interessiert sie nicht, dass wir kein Warmwasser haben. Die Miete für das Haus wurde zwar bezahlt, aber mit einem ungedeckten Scheck. Sie möchten uns aus dem Haus raushaben, damit sie es erneut vermieten können, an jemanden, der tatsächlich Miete bezahlt.

Die Situation am Arbeitsplatz ist für Matthias zum Verzweifeln. In der ersten Zeit in der neuen Firma war alles so gelaufen, wie er es sich vorgestellt hatte: Er konnte vieles in der Werkstatt und auf dem Gelände umbauen und umorganisieren. Die Mitarbeiter hatten nun Sicherheitsschuhe an den Füßen und nicht Flip-Flops. Die vielen Autoleichen auf dem Hof konnten entweder repariert oder entsorgt werden.

Anfangs so schockiert, dass viele Mitarbeiter monatelang nicht bezahlt werden, sitzen wir inzwischen im selben

Boot. Das kostet mich manchmal schlaflose Nächte, vor allem, wenn sich die offenen Rechnungen auftürmen. Ein gewisser Betrag muss auch regelmäßig nach Deutschland überwiesen werden, denn dort laufen noch die Darlehen für unser Haus. Das Konto ist oft so weit überzogen, dass wir ganz verzweifelt sind. Dazu kommen die hohen Schulgebühren, die wir immer viel zu spät bezahlen.

Wann immer er kann, stellt Matthias seinen Chef zur Rede. Er macht ihm klar, dass er ein solches Arbeiten nicht gewohnt ist, und dass es in Deutschland selbstverständlich ist, dass man am Ende des Monats – immer! – bezahlt wird. Sein Chef ist stets freundlich. «Natürlich bekommst du dein Geld! Warte nur!» Oder: «Kein Problem, morgen, inschallah!» Die gängige Redewendung klingt für uns wie Hohn, denn in diesem Kontext bedeutet sie nichts anderes als: «Wenn sich Gott nicht darum kümmert, wird es wohl nicht geschehen.»

Der Finanzmanager berichtet Matthias, dass die Firmenbesitzer regelmäßig Geld aus der Firma rausnehmen – für sich selbst. Darum sei das Geld, um die Löhne zu bezahlen, einfach nicht da.

Das fehlende Geld führt in der Firma zu einem weiteren großen Problem: Wenn Autos zur Reparatur gebracht werden, müssen meistens Teile besorgt werden. Aber ohne Geld können diese Ersatzteile nicht gekauft werden. So bleiben die Fahrzeuge tage- und gar wochenlang stehen, ohne dass an ihnen gearbeitet wird, einfach wegen des fehlenden Geldflusses. Und dann ist es Matthias, der den Ärger dafür abkriegt, dass die Reparaturzeiten so lang sind und die Kunden sich beschweren.

Auf jeden Fall ist er in diesem zweiten Jahr völlig unmotiviert. Er ist immer am Überlegen, wie er sich selbständig machen könnte. Eine Vielzahl an Ideen wird geprüft und

*Matthias' Mitarbeiter können nur dann an den Autos arbeiten,
wenn auch das Geld für die Ersatzteile fließt ...*

wieder verworfen. Ein Quad-Verleih, eine deutsche Bäckerei, Werkzeugimport – so unterschiedlich sind die Ideen.

Ein philippinischer Mitarbeiter macht Matthias auf die Heuchelei in der Religion des Landes aufmerksam. Es ist Ramadan, der Fastenmonat, und am Ende des Fastens macht Herr Mustafa, ihr Chef, «Haddsch»: Das ist eine Pilgerreise zur heiligen Stätte des Islam in Mekka, Saudi-Arabien. Diese Pilgerfahrt ist ein wichtiger Bestandteil des Islam, eine seiner fünf sogenannten Säulen. Mit dieser kostspieligen Reise, die etwa eine Woche dauert, werden alle Sünden des Pilgers vom Schuldenkatalog gelöscht. – Was könnte erstrebenswerter sein! Doch, wie dieser philippinische Mitarbeiter Matthias erklärt, heißt es im Koran, dass diese gute Tat völlig nutzlos ist, wenn nicht zuvor alle Arbeiter bezahlt wurden ...

Durch die Blume erinnert Matthias seinen Chef daran, und so bekommt er zumindest dieses eine Mal sein Geld.

Pilger an der Kaaba im Innenhof der «Heiligen Moschee» im saudi-arabischen Mekka

Doch es dauert nicht lang, und der Schuldenberg seines Chefs häuft sich wieder auf. Anscheinend kommt es ihm auf eine Sünde mehr oder weniger nicht mehr an. Und wir warten wieder vergeblich aufs Geld.

قطر

Eine große Freude in meinem Leben ist die Freundschaft mit Evin, deren Mann heimlich zum Christentum konvertiert ist. Wir treffen uns regelmäßig und unternehmen manches zusammen. Unsere Kinder sind ja im gleichen Alter.

Evin ist immer noch mit vielen Fragen zum Christentum beschäftigt: «Ich glaube schon, dass das alles wahr ist, was in der Bibel steht, aber ich kann nicht an einen stellvertretenden Tod für meine Sünden glauben ...»

Die Kinder haben sich mittlerweile wirklich gut im neuen Land eingelebt. Gerade die drei Teenager sind ständig unterwegs. Unser Ältester ist inzwischen achtzehn, und ziemlich genau zu seinem Geburtstag hat er sowohl ein eigenes Auto als auch die erste Freundin. Die Freundin macht uns allerdings Kummer: Sie hat schon viele Beziehungen hinter sich, und die Freundschaft dreht sich bald stark ums Körperliche. Matthias und ich reden oft mit ihm. Wir versuchen auch Grenzen zu setzen, was die Ausgehzeiten betrifft, aber wir wissen, dass wir nicht immer dabei sein können und dass es letztendlich auf seine eigene Einsicht ankommt. Wir wünschen uns für ihn, dass er Zeit damit verbringt, die Person, die er eines Tages heiraten möchte, als ganzen Menschen kennenzulernen – mit ihrem Denken und Fühlen und Verhalten.

Daneben gibt es hier in Katar das Fußballspielen mit Freunden, Quadfahren und Jetskifahren, Surfen – und natürlich den Jugendkreis. Insgesamt stellen unsere Teenager fest, dass sie für unseren Umzug dankbar sind.

Thias, damals 18 Jahre alt, erzählt

Nachts auf den Straßen Dohas unterwegs

Als ich achtzehn war, habe ich mein eigenes Auto gekriegt, es mit gewissen Aufklebern dekoriert und dann auch umgebaut beziehungsweise eine riesige Soundanlage hinten reingebaut: Die vorhandene Hutablage wurde ersetzt durch ein Holzbrett, das ich schwarz lackiert und bemalt habe. Dann habe ich Subwoofer und große Lautsprecher eingebaut, also insgesamt mit zwei Verstärkern und sehr, sehr viel Leistung. Die Soundanlage zog so viel Strom, dass die

Lichter geflackert haben, wenn man die Musik ein bisschen lauter machte. Wenn die Bässe aufgedreht waren und wir nachts gefahren sind, sind die Lichter bei jedem Beat ausgegangen und dann wieder an, das heißt die Lichter vom Auto haben im Prinzip immer im Takt der Musik geflackert.

Eines Abends wollten Freunde und ich ins Kino, und auf dem Weg dorthin habe ich immer mehr Leute abgeholt: Irgendwann hatten wir dann neun Leute im Auto. Es war ja ein Škoda Fabia, also relativ klein, und da sind hinten schon die Radläufe auf den Reifen aufgesessen, in jeder Kurve.

Wir waren also neun Personen, neben mir jemand mit noch einem auf dem Schoß und hinten sechs Leute.

Und so sind wir dann zum City Centre gedüst und dort ins Kino gegangen: mit neun Personen komplett überladen, sehr lauter Musik und Lichtern, die geflackert haben ohne Ende. Das war eigentlich ganz lustig!

Thias ist stolz auf seine selbst gebaute Soundanlage.

Kleiner arabischer Sprachführer
Shu? *(schuh)* – Was?

173

17. Verrückter Alltag und Wüstenkirche

Im Dezember 2006 findet in Doha ein Sport-Spektakel statt: die «Asian Games». Das sind Wettkämpfe – ähnlich den Olympischen Spielen –, bei denen über 10.500 Athleten aus 45 Nationen in vielen verschiedenen sportlichen Disziplinen gegeneinander antreten.

Für unseren Sohn Thias bieten diese Tage eine besondere Möglichkeit, denn es werden viele freiwillige Helfer gesucht – und er ist einer von ihnen! Er wundert sich nur etwas, als ihm zu Beginn ein riesiger Berg bunter Uniformen in leuchtenden Farben ausgehändigt wird: Er hat nun mehr als eine Uniform für jeden Tag des Events!

Türkis, rot und gelb sind sie und geschmückt mit einem Bild von «Orry», dem putzigen Maskottchen der Spiele: eine arabische Oryx-Antilope, das Nationaltier Katars. Dazu wird Thias eine grellgelbe Hose tragen. Wer bei der Veranstaltung Hilfe braucht, wird die auffälligen Ordner bestimmt nicht übersehen.

Die Arbeit macht Thias riesig Spaß – und zwischendurch kann er sich die vielen Wettkämpfe ansehen. Ja, die Veranstalter sind froh um jeden, der die leeren Ränge füllt, denn in dem winzigen Land fehlt es vor allem an einem: Zuschauern.

Thias in seiner Ordner-Uniform vor dem Khalifa International Stadium

Schon Monate vorher ist eine große Unruhe in der Stadt zu spüren. Überall wird gebaut. Die Stadt muss für dieses große Ereignis glänzen. Ein neues und riesiges Stadion mit 50.000 Sitzplätzen wird fertiggestellt und außerdem die weltgrößte klimatisierte, kuppelförmige Sporthalle. Dazu noch ein großes Einkaufszentrum mit einem Flair von Venedig: Im Inneren gibt es Kanäle, auf denen Gondeln fahren. Auch Jahre später genießen die Stadtbewohner diese romantischen Spazierfahrten im Einkaufszentrum.

Als die große feierliche Eröffnung der Spiele naht, wird deutlich, dass viele Bauprojekte nicht rechtzeitig fertig werden. Wir hören es von mehreren Seiten: Ob es sich

um neue Straßen oder um ein ganzes Gebäude handelt –
unvollendete Bauvorhaben werden schnell und notdürftig
abgeschlossen, damit alles nach außen hin gut aussieht.
Nach den großen Spielen wird das Erbaute wieder aufgerissen; dann kann es in Ruhe fertiggestellt werden.

*Für die Asian Games
gebaut: Neben vielen
anderen Neubauten
stechen 2006 in
Doha u. a. das Khalifa
International Stadium
und die Villagio Mall mit
Gondelfahrten hervor.*

Die Explosion

Doha ist eine einzige Baustelle. Überall werden Hochhäuser in Windeseile hochgezogen, und Straßen werden
aufgerissen, um die Kanalisation und Infrastruktur auf
Vordermann zu bringen. Alles läuft auf Hochtouren, da
die «Asian Games» bevorstehen. Katar hat vor einigen
Jahren den Zuschlag für die 15. Spiele dieser Art bekommen, die diesmal vom 1. bis zum 15. Dezember 2006
stattfinden sollen. Aber so, wie es aussieht, haben sie viel
zu spät angefangen, die notwendigen Baumaßnahmen
und Infrastruktur zu planen und umzusetzen.

Ein weiteres aktuelles Großprojekt ist «The Pearl», eine
400 Hektar große künstlich aufgeschüttete Insel, deren
Bau mit 15 Milliarden US-Dollar veranschlagt wurde,
und die über einen Zeitraum von mehr als zwei Jahren
mit Steinen und Sand aus Saudi-Arabien erschaffen wird.

Unsere Firma liegt direkt an der neu entstehenden
Schnellstraße nach Saudi-Arabien. Jeden Tag sehe ich
unendliche Konvois von Lastwagen, die sich schwer beladen mit Zement, Baustahl, Steinen und Sand ihren Weg
von Saudi-Arabien nach Doha bahnen.

Die meisten Lastwagen, die man sieht, sind ausran-
gierte Mercedes-Modelle aus Deutschland und dem Rest
Europas und lassen in puncto Sicherheit und Verkehrs-
tauglichkeit zu wünschen übrig.

Da Unmengen von Materialien in Katar benötigt werden, sind viele von den Lastwagen maßlos überladen, was
regelmäßig zu Pannen und auch schweren Unfällen führt.
Vor allem die mit Sand und Steinen beladenen Lastwagen
bringen fünfzig bis sechzig Tonnen auf die Waage. Des

Öfteren kann man das Knacken des überlasteten Materials hören, wenn man neben einem solchen Lastwagen fährt oder dieser an einer Kreuzung steht.

Es ist Mittagspause. Ich habe eine Stunde Zeit und bin auf dem Weg nach Hause zum Mittagessen. Ich brauche normalerweise gute 20 Minuten, bis ich zu Hause bin. Ich habe also 20 Minuten für den Hinweg, 20 Minuten für das Mittagessen, und 20 Minuten für den Rückweg.

Ich bin auf der Salwa Road und überhole gerade eine lange Schlange von schwer beladenen Lastwagen, die wie ich auf dem Weg nach Doha West Bay sind.

An der ersten Ampelkreuzung der dreispurigen Straße muss ich stehen bleiben, da die Ampel gerade auf Rot geschaltet hat. Direkt neben mir bremst einer der alten Lastwagen ab, vollgeladen mit Sand aus Saudi-Arabien. Die Blattfedern des Anhängers sind schon leicht in die entgegengesetzte Richtung gebogen, was auf eine totale Überladung hinweist.

Ich höre Musik und warte darauf, dass die Ampel endlich auf Grün umschaltet, da mein Magen sich schon auf das gute Essen zu Hause eingestellt hat.

Wie aus dem Nichts: eine ohrenbetäubende Explosion, die die Scheibe meiner Beifahrertür zum Platzen bringt! Im Schock ducke ich mich nach unten und warte, was als Nächstes geschieht.

Noch eine weitere Explosion: ein Schuss?

Als nichts weiter passiert, hebe ich langsam den Kopf und versuche zu sehen, was los ist. Als ich zum kaputten Fenster der Beifahrertür rausschaue, sehe ich: Dem Lastwagen neben mir hat es den Zwillingsreifen zerrissen.

Zum Glück war es «nur» ein Lkw-Reifen, der allerdings mit circa 10 Bar Druck direkt neben mir geplatzt ist. Ich hatte schon das Szenario eines Terroranschlags vor Augen!

Erleichtert fuhr ich nach Hause zu einem Mittagessen,
das an diesem Tag doppelt so gut schmeckte wie sonst!

*2006 wird auch mit dem Bau von «The Pearl» begonnen,
einer künstlich aufgeschütteten Insel.*

Nach dem Fastenmonat kommen die Feiertage des Fasten-
brechens, «Eid al-Fitr» genannt. Das ist für Moslems eine
ganz besondere Zeit, vergleichbar mit Weihnachten bei
uns. Es gibt allerlei kostbare Speisen. Das Essen spielt eine
große Rolle, denn diese Festtage folgen auf einen Monat des
Fastens. – Auch wenn das Fasten anders aussieht, als wir es
aus Deutschland beziehungsweise dem Christentum kennen: Solange die Sonne scheint, darf ein Muslim während
des Ramadans nichts essen oder trinken, aber in der Nacht

wird umso mehr geschlemmt. Nach dem Fastenmonat sind dann alle scharf auf gutes Essen, rund um die Uhr.

Auffallend ist auch, dass zum Fastenbrechen jeder in der Familie ganz neu eingekleidet wird. Vom Socken bis zum Haargummi: Alles, was am ersten Eid-Tag getragen wird, ist neu. Darum gibt es für muslimische Familien am Ende des Fastenmonats viel zu erledigen und einzukaufen.

Zusammen mit Evins Kindern und einer Angestellten lernen unsere drei Kleinen einen sehr schönen Brauch in Katar kennen: Am ersten Eid-Tag gehen die Kinder durch die Straßen – na ja, eigentlich werden sie in unserem Fall von Evins Fahrer gefahren. Überall, wo ein Tor offen steht, dürfen sie an die Haustür gehen und «Eid Mubarak» wünschen: gesegnete Feiertage. Dafür werden sie mit Geldscheinen beschenkt, die sie in ihre kleinen Eid-Taschen stecken, die sie sich um den Hals gehängt haben. Wie gern würden sie das mehr als einmal im Jahr erleben!

Sarina (links) und eine Freundin in ihrer Eid-Verkleidung

Thias, damals 18 Jahre alt, erzählt

Eid-Nächte

Mein Bruder Thanny, Sheldon und ich hatten 2006 eine tolle Eid-Woche. Sheldon war aus Indien, ein Freund von uns aus der Jugendgruppe, den alle «Shelly-Belly» nannten. Wir drei sind in dieser Woche abends und nachts zu allen möglichen Leuten und Locations gefahren: Um drei, vier, fünf, sechs Uhr in der Früh an einem Imbiss essen? Das war normal. Danach ging es ins Kino, zu Spielhallen in den Compounds, zum Schwimmen in einen Pool und so weiter. Im Prinzip haben wir jede Nacht dieser Woche durchgefeiert. Das ging so weit, dass wir in den Eid-Ferien unseren Schlafrhythmus umstellten: Wir haben uns immer so um vier Uhr nachmittags getroffen und dann den ganzen Abend und die ganze Nacht durchgefeiert. Nachts war so viel Leben in den Straßen! Erst um sieben oder acht Uhr morgens kamen wir nach Hause und haben dann geschlafen bis wieder nachmittags um vier.

In diesem zweiten Jahr muss unsere Gemeinde ihre gemieteten Räume verlassen. Die Suche nach einem neuen Zuhause ist dringend. Es gibt hier keine offiziellen Kirchen oder Gemeinden und darum auch keine dafür vorgesehenen Gebäude. Wir suchen wieder ein großes Wohnhaus mit einem Wohnbereich, der Platz bietet für fünfzig bis sechzig Gottesdienstbesucher, und mit vielen Schlafzimmern, in denen Kinderstunden und andere Aktivitäten stattfinden können.

Wir sehen uns mehrere Villen an, die in Frage kommen, aber es gibt immer etwas, das nicht passt – entweder der Preis oder die Größe oder die Lage oder das Gefühl, dem Vermieter nicht vertrauen zu können. Denn sich als christliche Gemeinde zu treffen ist an der Grenze des Legalen in diesem muslimischen Staat.

Doch dann finden wir eine Villa, die alle Voraussetzungen erfüllt. Dieses Haus scheint perfekt zu sein: Es hat einen großen offenen Wohnbereich, viele Schlafzimmer und sogar einen Pool, in dem Taufen stattfinden könnten. Auch der Preis ist erstaunlich günstig.

Das ist zu gut, um wahr zu sein. Irgendetwas ist an diesem Haus doch merkwürdig! Die Räume sind leer, strahlen aber ein gewisses Ambiente aus: Wände und Decken sind bunt gestrichen, es dominieren Rottöne. Dazu sehen wir Herzchen und andere romantische Bemalungen, dazu Lampen mit roten Schirmen.

Und dann erfahren wir, warum das Gebäude so aussieht und der Preis so günstig ist. Was wir uns gerade ansehen, sind ehemalige «Geschäftsräume»: Dieses Haus war ein inoffizielles Bordell. Der Besitzer versucht schon lange, neue Mieter zu finden, aber keiner will in dieses verruchte Haus. Nach mehreren Gesprächen und Beratungen entscheidet die Gemeinde, dass es perfekt für uns ist. So wird ein ehemaliges Bordell zu einem Gotteshaus.

Zwischen dem Auszug aus den alten Gemeinderäumen und dem Einzug in die neuen müssen mehrere Monate überbrückt werden. Verschiedene Leute finden sich in Kleingruppen zusammen, und die wöchentliche Jugendgruppe trifft sich bei uns; ebenso die Kinderstunde. Wir sind dankbar, dass wir genug Platz haben. Die meisten Familien in der Gemeinde leben in Compounds – in Gruppen von Häusern nach westlichem Standard – und diese Häuser sind viel kleiner als unser Zuhause.

Auch Matthias, die Kinder und ich finden uns in dieser Zeit mit zwei befreundeten Familien zu einer Kleingruppe zusammen. Unsere Gottesdienste wollen wir in der Wüste feiern.

Diese Phase ohne Gemeinderäume wird zu einer ganz besonderen Zeit für uns: Jeden Freitagmorgen wird schon in der Früh das Auto gepackt. Wir treffen uns mit den anderen Familien außerhalb der Stadt, da, wo die befestigte Straße aufhört. Gemeinsam geht es dann über die Dünen zu unserem Lagerplatz.

Angekommen, nehmen wir uns sehr viel Zeit, um gemeinsam zu singen, Gott mit unseren Liedern zu preisen. Matthias hat seine Gitarre dabei und ein kopiertes Heft mit unseren Lieblingsliedern. Auch die Kinder blättern gerne darin und schlagen ihre Lieblingslieder vor.

Nach dem Singen und gemeinsamen Gebet kommt ein Teil, in dem wir uns mit der Bibel beschäftigen. Wir wechseln uns damit ab, einen kurzen Gedankenimpuls vorzubereiten, über den wir uns dann austauschen. Wenn es den Kindern langweilig wird, buddeln sie im Sand oder suchen im Meer nach Krebsen.

Mit einem gemeinsamen Abendmahl schließen wir unsere Gottesdienste ab. In dieser entspannten Atmosphäre erlebe ich das Abendmahl ganz neu: Es ist nicht ein feierliches Ritual, es ist Freude und Dankbarkeit und Gemeinschaft. Dazu lernen wir etwas Unvergessliches von unserem guten färöischen Freund: Wenn Hogni das Abendmahl vorbereitet, gibt es richtig große Brocken Brot für jeden. Er sagt: «Ich verstehe nicht, warum es beim Abendmahl immer nur einen winzigen Happen geben soll. Wir haben doch so einen großen Gott, der uns verschwenderisch beschenkt!»

Nach dem Gottesdienst grillen wir. Dazu gibt es Salate und Chips und Kekse. Wir bleiben oft den ganzen Tag zusammen in der Wüste. Es ist kostbar, nicht nur gemeinsam Gottesdienst zu feiern, sondern Gemeinschaft zu erleben. Richtig lang anhaltende Gemeinschaft mit anderen Christen, das gibt uns Kraft für die jeweils kommende Woche.

> **Kleiner arabischer Sprachführer**
> Eid Mubarak! (*'ihd mu-ba-rak*) –
> Gesegnetes Fest!

*Wüstengottesdienste mit unserer
Kleingruppe: eine wunderschöne Auszeit*

18. Passahlamm und Sandsturm

Im April 2007 wird unser Haus so richtig voll: Eine befreundete Familie mit drei Kindern ist zu Besuch und dazu beherbergen wir zwei Teenager, Freunde unserer großen Kinder aus Deutschland. Es wird eine anstrengende und doch wunderschöne Zeit. Bei fünfzehn Personen ist immer viel zu tun. Wir wechseln uns mit dem Kochen und mit den Fahrdiensten ab, so bleibt genügend Zeit, den Besuch zu genießen und sich auszutauschen.

Ich habe meine Freundin Bettina nach ihren damaligen Eindrücken von Katar gefragt und lasse sie sie in ihren eigenen Worten beschreiben:

Bettina erzählt

Als wir in Katar gelandet und durch Doha gefahren sind, war ich total geplättet. Fälschlicherweise hatte ich mir eine verschlafene, unspektakuläre arabische Wüstenstadt vorgestellt, und als wir dann durch Katars Hauptstadt fuhren und ich die Skyline sah, war ich überwältigt: Diese hohen und modernen Gebäude ...! Wow! Das war etwas, womit ich gar nicht gerechnet hatte. Das war mein erster Eindruck von Doha, der sehr ergreifend und schön war.

Ebenso überraschend war für mich die Begegnung mit Mariannes katarischer Freundin Evin: Wir trafen uns in einem Restaurant und haben uns eine ganze Weile mit ihr unterhalten. Und dann sind wir mit zu ihr nach Hause. Evin trug draußen die ganze Zeit über eine schwarze Burka mit einem Schleier. Ich weiß noch, wie verwundert ich war, als sie bei sich zu Hause dann durch die Türe reinging, diese schwarze Kutte abwarf und darunter eine enge Jeans und ein enges T-Shirt trug und stark geschminkt war!

Insgesamt haben wir auf den Straßen und Plätzen viel weniger Frauen als Männer gesehen, was mir stark auffiel. Frauen sind in Katar eher unterrepräsentiert. Als westliche Frau löste das bei mir eine gewisse Beklemmung aus, vor allem, wenn ich daran dachte, dass Frauen hier viel weniger Rechte haben als in Deutschland.

Einmal hat Matthias uns die Kehrseite von dem Prunk und den hohen, prächtigen, glänzenden Gebäuden gezeigt: Er ist mit uns in die Gegenden gefahren, wo die Arbeiter wohnen, und hat uns von Weitem gezeigt, wie es da aussieht, und hat uns auch erklärt, dass sie zusammengepfercht zu sechst oder mehr in einem kleinen Zimmer leben, ja, dass sie wirklich ausgenutzt werden. Ich fand es schon sehr ernüchternd zu sehen, dass dieser Reichtum, Schein und Protz auf den Schultern von Menschen ausgetragen wird, die echt unter üblen Bedingungen leben und arbeiten müssen. Das ist ja im Prinzip modernes Sklaventum, und das so kaschiert in diesen

Vierteln. Das fand ich schon ziemlich traurig und ein Kontrast zu dem, was wir sonst von Katar gehört haben: wie gut es den Einheimischen geht, und dass sie viel vom Staat bekommen.

Wir waren an Ostern bei Marianne und Matthias, und ich weiß noch, dass ich ziemlich viele Lindt-Ostereier mitgebracht und dann für alle Kinder versteckt habe. Aber dafür war es natürlich eigentlich zu heiß! Alles ist geschmolzen! Die Kinder hatten aber trotzdem ihre Freude beim Suchen, das fand ich süß.

Natürlich wollen wir unserem Besuch unsere geliebte Wüste zeigen. Da trifft es sich gut, dass sie über Ostern bei uns sind, denn unsere Freunde von den Färöer-Inseln haben eine ganz besondere Idee: In Erinnerung an das Passahfest wollen wir gemeinsam ein ganzes Lamm grillen und essen.

Ein Lamm am Stück zu kaufen ist in Katar nicht schwer. Ob im Supermarkt oder bei einem kleinen Metzgerladen: An vielen Verkaufsstellen hängen Reihen von kochbereiten Lämmern.

Zu Hause bereiten die Männer das Festessen vor: Das Fleisch wird von allen Seiten mit Öl bestrichen, dazu kommen Salz, Knoblauch und Rosmarin. Schicht über Schicht Alufolie kommt dann drumherum, viele Lagen sind nötig.

Mittags ist alles bereit, und wir machen uns auf den Weg in die Wüste. Wie so oft ziehen wir einen voll beladenen Hänger hinter uns her – bepackt mit Quads und alten Paletten für das Lagerfeuer. Dieses Mal haben wir auch das eingewickelte Lamm mit dabei. Wir entscheiden uns für den Weg über die Dünen, denn dieses Kitzeln im Bauch macht nicht nur den Autofahrern riesigen Spaß. Doch wir haben uns wohl überschätzt: Unser Auto ist mit dem Anhänger zu schwer, wir bleiben immer wieder stecken.

Unsere färöischen Freunde haben zum Glück ein großes, schweres Auto. Immer wieder müssen sie uns mit einem Seil rausziehen. «Na ja», sagt meine Freundin Mirjam, «solange es nur *euer* Auto ist, das feststeckt. Das bekommen wir hin. Richtig schlimm wäre es, wenn *unser* Auto stecken bleiben würde. Das würden wir wohl nie mehr freibekommen!»

Oh nein, kaum gesagt, ist es schon so weit: Hogni steckt mit dem Auto fest. Mit jedem Druck auf das Gaspedal graben sich die Reifen tiefer in den Sand. Unser Auto kann dieses schwere Gefährt unmöglich rausziehen. Es beginnt ein verzweifeltes Graben: In einer Reihe knien wir zusammen mit unseren Besuchern auf beiden Seiten des Autos und buddeln, was das Zeug hält. Stunden vergehen, und es scheint hoffnungslos. Inzwischen beginnt es zu dämmern! Wir haben außerdem alle Hunger und freuen uns auf unser Lamm, das erst noch gegrillt werden muss. Es ist weit und breit niemand zu sehen, der uns helfen könnte. Ich glaube, die meisten von uns beten im Stillen.

Neben dem Beten werden in kreativer Weise alle möglichen Vorschläge umgesetzt. Nach ausgiebigem Buddeln kommt jemand auf die Idee, die Fußmatten aus den Autos vor die eingesunkenen Reifen zu legen. Und da ein Auto allein das schwere Gefährt nicht in Bewegung setzen kann, ziehen schließlich zwei Autos gleichzeitig an dem großen Fahrzeug.

Schließlich ist das Auto tatsächlich frei! Halleluja! Was für eine Erleichterung! Endlich können wir zu unserem Lagerplatz fahren. Es ist inzwischen viel später als geplant, und die Sonne verschwindet.

Alle mit anpacken! Wir stecken fest in der Wüste ...

Darum wird schnell ein Loch gegraben, genau passend zum Lamm. In das Loch kommen Kohlen. Sobald sie glühen, wird das große Alufolienpaket daraufgelegt.

Nun heißt es warten, bis das Fleisch gar ist. Schon nach kurzer Zeit liegt ein angenehmer Duft von gebratenem Lamm in der Luft. Ein Brutzeln ist zu hören. Das silberne Päckchen wird immer wieder sorgfältig gewendet. Ab und zu wird ein Eckchen der Folie abgeschält, um zu überprüfen, ob das Fleisch gar ist.

Als es so weit ist, ist das Essen ein Genuss! Vergessen sind die Sorgen der Anfahrt. Dieser Ausflug ist wunderschön, auch wenn manches anders gekommen ist, als geplant.

Für mich ist der Höhepunkt dieses Ausflugs unser kleiner Karfreitag-Gottesdienst, den wir feiern, während das Fleisch brät. Rund um ein prasselndes Lagerfeuer und unter einem schönen Sternenhimmel denken wir an das Passahlamm und danken Jesus dafür, dass er am Kreuz sein Leben für uns gegeben hat.

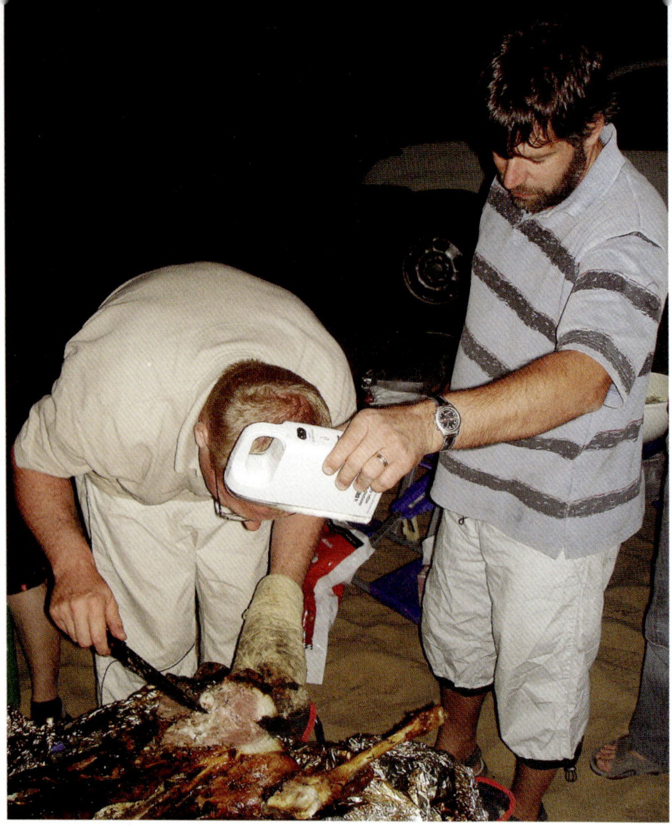

Lamm vom Wüstengrill

قطر

Wie schön, alte Freunde bei uns zu Besuch zu haben! Mir tun vor allem die Gespräche gut – auch und gerade, weil sie nicht an der Oberfläche bleiben: Nach einem Gespräch über Erziehung konfrontiert mich meine Freundin Bettina mit einer unbequemen Wahrheit. Sie sagt es zwar sehr liebevoll, aber trotzdem ist es im ersten Moment schmerzhaft zu hören: «Du sprichst schlecht über andere, Marianne.» Wir hatten über Erziehung gesprochen, und ich hatte andere Familien als Beispiele dafür benutzt, wie es auf keinen Fall gemacht werden sollte …

Dieses Gespräch bleibt für mich unvergessen. Immer wenn ich seither in Gefahr gerate, schlecht über andere zu reden, muss ich daran denken. Ach, wie habe ich mich geschämt ... Und trotzdem: Ich denke, es ist etwas sehr Kostbares, wenn Freunde oder Freundinnen einander unbequeme Wahrheiten liebevoll sagen können.

Lagerfeuerromantik in der Wüste

Wir fühlen uns mit unseren Besuchern in dieser Zeit durch viele gemeinsame Erlebnisse verbunden. An einem Tag finden wir außerhalb der Stadt eine Kamelherde. Die Kinder dürfen sich auf die Kamele setzen und sogar Kamelmilch probieren. Ein besonderer Höhepunkt soll danach eine Übernachtung in der Wüste sein. An diesem Tag haben die Familien, die sonst mit uns in die Wüste gehen, allerdings keine Zeit.

Nach der üblichen Suche finden wir den perfekten Platz: Etwas erhöht auf einer Düne haben wir von unserem Lagerplatz aus eine gute Sicht. Wir bauen die Zelte auf, verstauen unsere Schlafsäcke, grillen und setzen uns anschließend mit vollen Bäuchen ans Feuer. Es gibt Kaffee und sogar eine Shisha-Pfeife. Legt man den Kopf zurück, sieht man hier, fern von den ganzen Lichtern der Stadt, unzählige Sterne.

Auf einer benachbarten Düne lärmt eine andere Gruppe, aber nichts Anderes stört diese stille, friedliche Idylle.

Wir wundern uns, als etwas später die andere Gruppe – es sind Einheimische – alles zusammenpackt und geht, doch wir freuen uns auch über die willkommene Ruhe. Das erste Kind schläft ein und wird ins Zelt getragen, andere folgen. Die Ruhe und die Gespräche tun gut.

Dann kommt ein Wind auf. Zuerst ist es lustig zu sehen, wie die Funken aus dem Feuer springen und vom Wind weit weggetragen werden. Diese Lichtfunken scheinen auf dem Sand tanzend davonzueilen. Glut bleibt liegen, verteilt sich über die Sanddünen und erlischt wieder.

Anfangs ist das ein wunderschönes Schauspiel: diese herrlichen Lichtspuren und -flecke. Doch dann wird der Wind stärker. Und stärker. Innerhalb von Minuten gibt es nur noch Wind. Es ist unglaublich – wie in einem Katastrophenfilm.

Diese große Kraft des Windes, das kann man nicht beschreiben. Nichts ist sicher. Nichts steht mehr fest. Der Plastiktisch und die Stühle werden weggefegt, und wir jagen hinterher. Das Zelt ist ganz schief und wird durchgeschüttelt – schnell die schlafenden Kinder aus dem Zelt retten! Der ganze Rauch wird dort hinein geweht, hoffentlich ersticken sie nicht!

Es ist unmöglich, die Zelte richtig abzubauen. Nachdem die sechs kleinen Kinder in ein Auto verstaut wurden, kämpfen die Erwachsenen gemeinsam gegen den Wind an. Wir packen die Zelte zusammen, wo immer wir sie zu fassen bekommen, und schnüren sie mitsamt Inhalt auf den Anhänger. Der Tisch wird schnell auseinandergebaut, aber als die Tischbeine auf dem Hänger sind, ist die Tischplatte nicht mehr zu finden. Irgendwo liegt sie unter einem Haufen neu herbeigewehten Sandes begraben, und alle Versuche, sie zu finden, sind vergeblich. Es ist ein unerbittlicher Kampf gegen eine Naturgewalt. So etwas haben wir noch nie erlebt.

Wir sehen zwischendurch nach den Kindern im Auto, die zwischen drei und elf Jahre alt sind. Sie haben sich nahe aneinandergedrängt und beten eindringlich um Bewahrung und Schutz. In aller hektischen Verzweiflung ist es berührend, ihren kindlichen Glauben zu sehen.

Die Teenager hingegen genießen den Sturm geradezu: Die Sandkörner piksen auf der Haut wie tausend feine Nadeln. Sie lassen sich vom Wind tragen und rennen um die Wette. Zusammen mit dem Wind sind sie mindestens doppelt so schnell wie sonst. Und was für eine Freude es ist, zusammen mit dem Wind ganz weit zu springen!

Als endlich alles – außer unserer zugewehten Tischplatte – verpackt und verschnürt ist, müssen wir den Weg zurück zur Straße finden. Zum Glück haben wir ein Navigationsgerät dabei, denn wir sehen so gut wie gar nichts mehr.

Es wird noch viel gebetet in dieser Nacht. Wir kommen nur im Schritttempo voran, aber endlich finden wir die befestigte Straße wieder. Gott sei Dank. Auch hier hat der Sturm gewütet. Absperrungen und andere Teile von Baustellen liegen auf der Straße. Zuhause sehen wir bei einem Nachbarhaus, dass das Gerüst runtergefegt wurde.

Beim Duschen haben wir später den Eindruck, wir hätten die halbe Wüste an unserem Körper heimgetragen. In jeder noch so kleinen Hautritze steckt Sand. Die Ohren sind voller Sand, die Augen, die Nase. Noch Tage danach finden wir an unerwarteten Körperstellen Spuren von unserem sandigen Abenteuer.

Auch wenn es mit unserer Übernachtung nicht geklappt hat, hat sich dieses Erlebnis doch tief in unser Gedächtnis eingegraben.

Kleiner arabischer Sprachführer
Tafaddl / tafaddli (*ta-fad-del / ta-fad-dli*) –
Bitteschön! (m/w) (Wenn etwas überreicht wird
oder jemand willkommen geheißen wird)

19. Erneuerung – innen und außen

Dubai, Vereinigte Arabische Emirate & Doha, Katar
Mai 2007

Inzwischen leben wir fast zwei Jahre in Katar. Trotz aller schönen Erlebnisse und wertvollen Menschen, die unser Leben bereichern, fühle ich mich oft kraftlos und ausgelaugt. Wir haben immerhin sechs Kinder im Alter von nun vier bis fast neunzehn Jahren!

Sarina ist zurückhaltend und ängstlich, sie fühlt sich bei mir am sichersten. Jonas und Joel können zwar schön miteinander spielen, doch gefühlt scheint das Streiten zu überwiegen. Unsere Teenager sind meist auf Achse, und obwohl Thias schon Auto fährt, wird das Mama-Taxi oft benötigt. An manchen Tagen versammeln sich zudem alle Freunde der Kinder bei uns, denn unsere Quads sind ein beliebtes Spielzeug. Nicht zuletzt führen wir 2007 viele stundenlange Gespräche über Beziehungs- und Glaubensfragen.

Ich bin so dankbar, dass meine Kinder mir vertrauen und mit ihren Fragen zu mir kommen ... Es ist einfach das Gesamtpaket, das mich erschöpft.

Und dann neige ich dazu, mir hohe Ziele zu setzen. Eine Priorität ist definitiv: Arabisch lernen. Ich übe mit einem guten Kurs, den ich auf eigene Faust durcharbeiten möchte. Die schwierige Sprache mit ihrem eigenen Alphabet zu meistern, ist mir ein großes Anliegen. Aber es wird mir alles zu viel. Und als Matthias dann auch noch äußert, dass ich zu wenig Zeit für ihn habe, weiß ich einfach nicht, wie ich alles noch unter einen Hut bringen soll.

Für mich selbst und auch für mein Glaubensleben bleibt kaum Zeit und wenig Ruhe. Doch es gibt einen Lichtblick am Horizont: Ich habe ein paar Tage Auszeit in Aussicht – eine Frauenkonferenz in Dubai. Es wird auch das erste Mal sein, dass ich ohne Sarina verreise, aber ich bete und hoffe, dass alles gut geht.

Meine Hoffnungen werden nicht enttäuscht, das Wochenende in Dubai ist für mich lebensverändernd. Ich weiß nichts mehr von den Vorträgen oder Gesprächen, aber irgendetwas verändert sich in diesen Tagen grundlegend in mir. In meinem Tagebuch setze ich die Überschrift «Erlösung» über diese Tage.

Dabei sind die äußeren Umstände alles andere als rosig: Diese große Konferenz mit vielleicht 500 oder 600 Frauen findet in einem stattlichen Hotel statt. Viele der Teilnehmerinnen leben als Ausländerinnen in Dubai, andere sind aus Nachbarländern angereist. Ich teile mir ein Zimmer mit drei weiteren Frauen aus unserer Gemeinde in Doha. Als ich das Zimmer sehe, bin ich schockiert: Es gibt nur zwei Betten. Und nur zwei Zudecken. Wie ein Ehepaar sollen sich jeweils zwei Frauen ein schmales Bett und eine einzige Decke teilen! Das kann ich mir absolut nicht vorstellen. Die anderen Frauen bemerken mein Befremden, und wir bestellen für mich ein Zustellbett. Puh, da bin ich erleichtert!

Aber ich kann trotzdem in den beiden Nächten kaum schlafen. Zwei der Frauen flüstern in der ersten Nacht in ihrem kuscheligen Bett fast die ganze Nacht hindurch, und ich will nichts sagen, weil ich nicht noch mehr Ansprüche stellen will. Doch so habe ich wenigstens viel – sehr viel – Zeit, die Predigt des Abends auf mich wirken zu lassen ...

Mit Unmengen an Kaffee gelingt auch der nächste Tag gut. Die Rednerin, Anne Graham Lotz, ist eine Tochter Billy Grahams. Wie gesagt, ich erinnere mich nicht mehr so genau an die Vorträge selbst, aber es herrscht eine besondere Atmosphäre. Wir erfahren, dass die Veranstaltung von vielen Menschen umbetet wird, und das ist zu spüren. Ich fühle mich nach diesen Tagen wie ein neuer Mensch. Neu belebt. Und ich nehme den festen Vorsatz mit, früh aufzustehen und wieder mehr Zeit mit Gott zu verbringen. Auch wenn mein Alltag stressig ist: Ich brauche diese Zeit. Sie ist überlebensnotwendig.

Neben einer neuen Sehnsucht, Zeit mit Gott zu verbringen und einer neu erwachten Lebensfreude, verändert sich noch etwas anderes durch diese Tage: Die Frauen in meinem Zimmer sind alle bewusst nach Katar gezogen, weil sie dort Menschen von ihrem Glauben erzählen wollen. Diesen Wunsch haben Matthias und ich auch von ganzem Herzen. Die Frauen sind sehr offen dafür, dass wir an ihren Treffen teilnehmen.

Matthias und mich unterscheidet aber etwas von den meisten Missionaren im Land: Fast alle haben das vorrangige

Ziel, dass Einheimische zum Glauben kommen. Das ist ihre einzige Vision, und sie wollen ihre Zeit nicht in andere Aktivitäten und Menschen investieren. Das können Matthias und ich nicht so sehen, denn gerade die Ärmsten im Land, die eingewanderten Arbeiter, liegen uns sehr am Herzen. Wir möchten überall da von unserem Glauben erzählen, wo wir Menschen begegnen, die Fragen haben.

Und dann gibt es noch eine äußere Veränderung bei mir: Ich hätte schon lange mal wieder zum Friseur gemusst, hatte aber vor der Konferenz keine Zeit. Es ist auch immer schwierig beim Friseur, da die Damen dort kein Englisch verstehen. Ich bin nach diesen Tagen in Dubai so verrückt, dass ich etwas wage, das gar nicht zu mir passt: Ich gehe zusammen mit Evin zu ihrem Friseur und gebe ihr freie Hand. Sie soll mit den Damen ausmachen, was mit meinen Haaren geschehen soll, und ich werde mich von dem Ergebnis überraschen lassen. Ich sollte wohl dazu sagen, dass das arabische Schönheitsideal sich stark von meinem eher schlichten Stil unterscheidet. So habe ich meine Freundin bis jetzt, trotz ihres Drängens, nicht an meine Augenbrauen gelassen. Ich will jedes kleine Härchen meiner Brauen behalten!

Beim Besuch eines Friseurs betreten Männer und Frauen in Katar jeweils eine ganz andere Welt. Für die Männer gibt es unzählige winzige Läden, fälschlicherweise oft «Saloon» genannt. Dieses englische Wort bezeichnet ja eigentlich eine Bar im Wilden Westen. Was ein Buchstabe alles ausmacht, eigentlich ist ja «Salon» gemeint!

Auf jeden Fall wird Service in diesen kleinen, schmuddeligen Läden großgeschrieben: Es gibt etwas zum Trinken und viel mehr als einen bloßen Haarschnitt. Auf Wunsch wird das Gesicht des Kunden massiert, der Bart eingecremt, rasiert und mit Pflegeölen behandelt, und natürlich

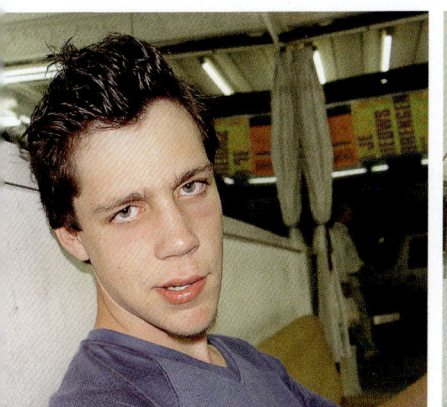
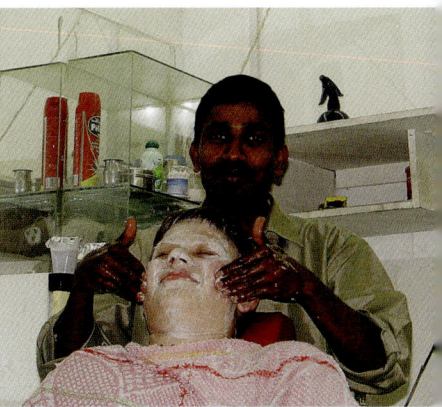

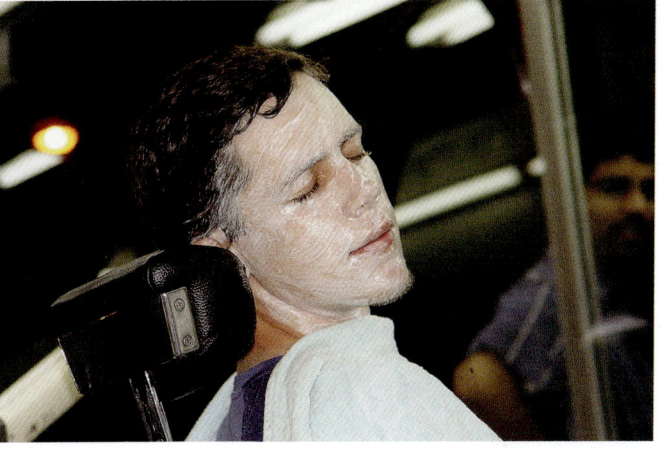

Unsere Jungs im «Saloon»

werden auch die Haare geschnitten. Durch die großen Fenster können Passanten alles beobachten. Der Preis ist auch unschlagbar, alles zusammen kostet nur ein paar Euro.

Ganz anders sind die Schönheitssalons der Damen, und das betrifft nicht nur den Preis: Hinter hohen Mauern, oft in großen Privathäusern, betreten Frauen eine schillernde Welt, die Eleganz atmet. Hier sind Männer nicht erlaubt, und es gibt keinen Weg für sie, auch nur einen Blick auf diese Damen-Verwöhn-Welt zu werfen.

Evin und ich betreten also dieses duftende Universum. Denn das ist das Erste, das auffällt: In der Luft vermischen sich die verschiedensten Düfte auf aufdringliche Weise.

Ich werde zur Schlachtbank geführt. – Nein, ich meine natürlich zu einem bequemen Friseurstuhl, aber mittlerweile bin ich fast starr vor Angst angesichts meiner Mutprobe. Die nette Dame fragt mich, was ich wünsche – zumindest vermute ich, dass sie das fragt, denn so viel Arabisch verstehe ich nicht. Ich lasse Evin sprechen.

Beide Frauen reden, gestikulieren, überlegen, schätzen wohl Haarlängen und Behandlungspläne ab, bis sie zu einem Ergebnis kommen und das Werk beginnen kann. Ich habe keine Ahnung, was sie ausgemacht haben! Nach und nach zeigt sich, was sie vorhaben: Ich bekomme einen ganz anderen Haarschnitt, meine Haare werden geglättet und gefärbt. Der Farbton ist etwas heller, und Strähnchen sind auch dabei. Die ganze Behandlung dauert, ohne Pausen, fast vier Stunden!

Als ich nachher in den Spiegel schaue, erkenne ich mich nicht wieder. Gar nicht. Überhaupt nicht. Ich bin zu einer anderen Person geworden! Als ich später meine Familie in einem Restaurant treffe, ist auch ihr Erstaunen sehr groß. Meine eigenen Kinder erkennen mich nicht, als ich auf den Tisch zugehe. Die ganze Mahlzeit über starren sie mich an. Matthias ist begeistert.

Für mich passt es auch gut in diesem Moment, denn seit der Konferenz fühle ich mich wie ein neuer Mensch, und das darf nach außen hin sichtbar werden. Allerdings bin ich auch froh, als nach Monaten alles rausgewachsen ist, denn der chemische Geruch und das strohige Gefühl meiner Haare stören mich dann doch sehr.

*Ein paar Tage nach dem Friseur-Besuch erkennt
mich meine Tochter wieder.*

Matthias Arbeitsvertrag gilt für zwölf Monate. Jedes Jahr
im Juni vereinbaren beide Vertragspartner, ob sie ihr Über-
einkommen für ein weiteres Jahr verlängern oder nicht.
Im ersten Jahr gab es da keine Probleme, aber jetzt im
zweiten Jahr bekommt Matthias einen Brief von seinem
Chef ausgehändigt mit einem überarbeiteten Vertrag: Sein
Gehalt soll um über 25 % gekürzt werden! Einfach so. Und
natürlich soll er weiterhin dieselbe Arbeit tun.

Wir sind sehr aufgewühlt. In den letzten Monaten haben
wir die ersehnten Zusagen bekommen, dass unsere Kinder die bessere Schule besuchen können, und Thias hat
sogar einen Studienplatz an einer sehr guten Universität
im Land. Es hat alles so perfekt ausgesehen. Wir haben

uns gut eingelebt und sind von Herzen dankbar, dass wir unseren Kindern diese Möglichkeiten bieten können. Aber mit dem gekürzten Lohn werden wir die Schul- und Studiengebühren nicht bezahlen können.

Verzweifelt fragen wir uns: Ist es jetzt an der Zeit, zurück nach Deutschland zu gehen? Ist das jetzt Gottes Weg für uns?

Wir rechnen alles durch. Wir überlegen, was das Minimum ist, das wir zum Leben brauchen. Wir suchen nach Möglichkeiten, Geld zu sparen. Wir merken, dass wir durchaus mit weniger Geld auskommen können, wenn wir auf einiges verzichten, aber trotzdem würde der Betrag, den Matthias' Chef ihm anbietet, nicht reichen.

Trotz aller Sorgen und schlaflosen Nächte begleitet mich das Gefühl, dass Gott mich tröstet. Ich spüre in mir seine Zusage, dass alles gut werden wird.

Mit dem Leben auf zwei Kontinenten kommt noch eine andere Komponente in unser Leben, die wir vorher nicht bedacht hatten: Die Kinder haben fast zwei Monate Schulferien und wollen in dieser Zeit in Deutschland sein, Matthias hat aber im Sommer nur etwa drei Wochen frei. Das bedeutet, dass wir einen Großteil des Sommers getrennt verbringen.

Wir nehmen natürlich trotzdem am Leben des anderen teil. Fast jeden Abend telefonieren wir lange. Aber von Tag zu Tag fühlt sich das merkwürdiger an. Es ist so schwer, eine Fernbeziehung zu führen, auch wenn es nur für wenige Wochen im Jahr ist. Es kommt schnell eine Unsicherheit auf, ein leises Zweifeln am anderen.

Für mich sind die Tage in Deutschland übervoll, denn ich bin nicht nur allein für die Kinder zuständig, es kommen zusätzlich viele Termine und Besuche dazu. Für Matthias ist es aber oft so, dass er sich abends nach der Arbeit einsam fühlt und reden möchte. Es ist nicht immer einfach, diese zwei Welten unter einen Hut zu bringen.

Kleiner arabischer Sprachführer
Jadid *(dscha-dihd)* – neu

20. Erste Sturmwolken

Doha, Katar
August – Dezember 2007

Und schon beginnt unser drittes Jahr in Katar. Sarina ist nach wie vor bei mir zu Hause, vier unserer Kinder haben nun endlich einen Platz an derselben Schule bekommen – an der wunderschön ausgestatten Vorzeigeschule des Landes –, und Thias, unser Ältester, studiert an einer amerikanischen Universität, die im Land eine Zweigstelle hat. Damit scheint alles perfekt zu sein.

Aber weit gefehlt. Unser Leben verkompliziert sich von Tag zu Tag. Die Verhandlungen über Matthias' Lohn ziehen sich immer noch hin, und dass nun seit drei Monaten! Sicher ist, dass der Lohn stark gekürzt werden wird, aber wie auf einem Basar gehen die Beträge hin und her. Unsere größte Sorge ist mittlerweile die Jahresmiete für das Haus. In Katar werden Mieten jährlich bezahlt. Unsere Miete, die von Matthias' Arbeitgeber bezahlt werden soll, ist inzwischen über-, über, -überfällig. Über. Fällig.

Wir bekommen Mitte September einen Brief, in dem wir zur sofortigen Zahlung aufgefordert werden. Ansonsten müssten wir das Haus räumen. Der Brief gibt uns drei Tage Zeit.

Es ist für Matthias sehr schwer, seinen Chef überhaupt einmal zu erwischen. Herr Mustafa ist, wenn, dann immer nur kurz in der Firma. Und wenn er da ist, sitzt er in seinem Büro und ist «busy», beschäftigt.

Wir befinden uns in einem unfreiwilligen Stillstand. Es gibt nichts, das wir tun können. Wir fragen uns erneut, ob Gott uns auf diese Weise zeigen will, dass es Zeit ist, zurück nach Deutschland zu gehen.

Wenn ich mir das ausmale, merke ich, wie sehr ich das Leben hier inzwischen liebe. Und gerade jetzt sollen wir gehen, wo unsere Kinder endlich in Schule und Universität angekommen sind, die Sprache verstehen, Freunde gefunden haben?

Der Tag, an dem wir unser Haus eigentlich verlassen müssten, kommt und geht. Zum Glück werden wir nicht mit Gewalt vertrieben.

Ich ringe mit Gott. Nachts, wenn ich schlafen sollte. Ich bettle und flehe, dass er eingreift. Ich wünsche mir, dass Matthias mehr Initiative zeigt, seinem Chef hinterherläuft. Aber mein Mann scheint aufgegeben zu haben. Er beschäftigt sich gedanklich viel mit alternativen Geschäftsideen oder Arbeitsmöglichkeiten. Dazu ist er immer wieder mal gereizt und schlecht gelaunt.

Beten. Warten. Beten. Warten. Und der Alltag geht weiter. Es fällt schwer, zu vertrauen. Und zu warten. Warum greift Gott nicht endlich ein? Es wäre doch für ihn ein Leichtes. Wir wollen hier doch eigentlich nicht nur das Leben genießen, wir wollen ihm doch mit unserem Leben dienen.

Immer wieder wird Matthias vertröstet. Es dauert lange, bis er schließlich seinem Chef persönlich gegenübersitzt. Was für ein Unterschied, wenn man an die erste Anwerbephase denkt! Doch auch das persönliche Gespräch bringt nicht viel. Sein Chef ist zwar sehr zuvorkommend. Er verspricht, sich um alles zu kümmern, alles zu bezahlen. Aber es sind leider alles nur leere Worte.

In dieser schwierigen Zeit umbeten uns unsere neuen Freunde. Was hätten wir ohne sie getan? Verschiedene Menschen rufen an, sagen uns, dass sie eindringlich für uns beten, bieten uns Geld an. Wir sind in unserer Not nicht allein.

Ich glaube an die Kraft des Gebets.

Doch die Anspannung bleibt unser ständiger Begleiter. Als Familie leben wir in einer Zwischenwelt. Es ist mühsam, sich auf den ganz normalen Alltag einzulassen, wenn im Hintergrund der Gedanke mitläuft: *Wie lange noch? Müssen wir bald wieder wegziehen? Lohnt es sich überhaupt noch, in unser Leben hier zu investieren?*

Bei jedem Gemeindetreffen wird für uns gebetet, werden wir umbetet. Ein Bibelvers in meinem Tagebuch tröstet mich zusätzlich: «Immer wieder muss ich es mir sagen: Vertrau auf Gott, dann findest du Ruhe!» (Psalm 62,6; GNB) Diese Ruhe kommt und geht.

Etwa zwei Wochen nach dem Tag, an dem wir hätten ausziehen müssen, ist die Miete nach wie vor nicht bezahlt. Matthias' Lohn ist immer noch nicht ausgehandelt. Nach einer fast schlaflosen Nacht und vielen Tränen werfe ich Matthias zornig alles an den Kopf. Ich ärgere mich über seine Passivität, und das sage ich ihm.

Später entschuldige ich mich für meinen Ausbruch, aber auch Matthias bittet mich am Abend um Verzeihung: Er versucht jetzt wieder aktiv seinen Chef zu erreichen und macht sich auch über seine Bewerbungsunterlagen Gedanken, um bei einer anderen Firma eine Stelle zu finden. Wir sprechen offen über die ganze Situation, und Matthias erzählt mir, dass er im Geschäftsalltag manchmal lügen muss und wie ihm das zu schaffen macht. Am liebsten würde er die Firma verlassen und woanders neu anfangen. Unser Streit ist für ihn auch der Auslöser, Gott erneut zu suchen, wegen der Situation zu beten.

Mir geht nach diesem Gespräch nach, welche große Macht meine Worte haben. Ich wundere mich darüber und erschrecke auch. Das ist eine große Verantwortung, und ich hoffe und bete, dass meine Worte anderen zum Guten dienen, nicht zum Schlechten.

Bereits am nächsten Tag ruft Matthias mit der erlösenden Nachricht an: Wir bleiben. Er hat an diesem Tag ein gutes Gespräch mit seinem Chef, der beteuert, Matthias sei für ihn weniger ein Angestellter als vielmehr ein Familienmitglied. Nun ja. Auf jeden Fall werden sie sich endlich bezüglich des Lohns einig. Vor allem aber bekommt Matthias an diesem Tag das Geld für die Miete und auch seinen Lohn. Alles an einem Tag! Damit hätten wir nicht gerechnet. Gott ist gut!

Matthias erhält sein Gehalt, wenn überhaupt, bar ausgezahlt: in Katar-Riyal und Euro.

In dieser Zeit darf ich noch etwas ganz Besonderes erleben: Meine muslimische Herzensfreundin entscheidet sich dafür, Jesus ihr Leben anzuvertrauen. Unsere Familien treffen sich abends in einem Park. Die Männer reden über Geschäfte, und wir tauschen uns über den Glauben aus. Evin sagt mir, dass sie eigentlich schon seit Monaten im Herzen beschlossen hat, Jesus nachzufolgen, aber dass sie sich nicht getraut hat, etwas zu sagen. Sie wartet auf ein besonderes Erlebnis. Wie gerne hätte sie einen eindrücklichen Traum von Jesus.

Sie hat schon allein gebetet und ihr Leben Jesus gegeben, und wir beten auch noch mal zusammen. Danach sagt sie: «Und? Was ist jetzt anders?» Sie wünscht sich ein Zeichen, dass ihre Sünden wirklich vergeben sind und sie sicher ist vor dem ewigen Verlorensein. Dieses sofortige Zeichen bleibt aus, aber der Keim ihres Glaubens an die Rettung durch Jesus Christus wird dadurch nicht erstickt.

Matthias macht viele Geschäftsreisen, mal nach Europa, mal im Mittleren Osten. Nach einer zweitägigen Reise zur Autoausstellung in Dubai hat er etwas Interessantes, nein, Erschütterndes zu berichten:

Am Abend ruft ihn ein Mitarbeiter an, der aus Ägypten stammt und auch mitgereist ist. Er hat sich eine besondere Überraschung für Matthias ausgedacht. Er habe zwei Prostituierte besorgt, erzählt er Matthias freudig, für jeden eine!

Waaas?!

Matthias lehnt ab, doch der Mitarbeiter ruft ihn immer wieder an, drängt ihn, dazuzukommen. Beide seien schon bezahlt, es wäre doch eine Verschwendung, jetzt nicht zu kommen.

Ich weiß nicht, was genau in Matthias vorgegangen ist, ob dieses Angebot eine große Versuchung für ihn war. Die Anrufe gingen so weit, dass die Damen selbst anriefen und eine Bitte um gemeinsame Zeit ins Telefon hauchten.

Matthias konnte standhalten, und sein Mitarbeiter musste sich allein mit den beiden Damen beschäftigen. Danke, Gott, für diese Bewahrung!

Einen besonders schönen Freitag erleben wir in dieser Zeit gemeinsam mit Freunden in der Wüste – auf der Suche nach Sandrosen! Diese Kristallgebilde gibt es nur an wenigen Orten der Erde. Einer unserer Freunde kennt eine Stelle, an der diese Gipsrosen in der Erde verborgen liegen. Es macht den Kindern sehr viel Spaß, tiefe Löcher zu graben, und wie groß ist die Freude, als sie am Ende tatsächlich mehrere dieser Schätze entdecken. Zu Hause werden die Sandrosen liebevoll gesäubert und dienen als Erinnerung an einen herrlichen Tag mit Freunden in diesem beeindruckenden kleinen Land.

Sarina präsentiert stolz die Sandrose, die sie gefunden hat.

Nathanael, damals 17 Jahre alt, erzählt

Spaß mit dem Quad

Es war Wochenende und Abdulmunim, mein Klassenkamerad, war zu Besuch. Es lag Aufregung in der Luft, da zwei der lokalen Fußballmannschaften an dem Tag ein Pokalspiel hatten. Mit nicht allzu vielen Freizeitbeschäftigungen in Katar war ein Fußballspiel immer eine willkommene Abwechslung, besonders am Wochenende.

Am späten Abend, als das Spiel vorbei war, fuhren Abdulmunim und ich mit unserem Quad zur Hauptstraße, um zu sehen, welches Team gewonnen hatte. Es ist nämlich gang und gäbe für Fans eines siegreichen Teams, anschließend in den Straßen zu feiern.

Oft fuhren die Fans bei solchen Triumphzügen mit wildem Gehupe in ihren – farblich dem Team angepassten – Land Cruisern die Straßen auf und ab, Schals, Fahnen, Trikots und andere Fanartikel aus Fenstern und Schiebedächern haltend. Nicht selten gab es bei solchen «Paraden» auch mehr zu sehen als nur die Farben des Siegerteams. Ganz ähnlich war es heute:

Als wir ankamen, hatte sich am Straßenrand bereits eine Menschenmasse gebildet. Die Fans ließen nicht lange auf sich warten. Die ersten Geländewagen fuhren gerade in den Verkehrskreis am Straßenanfang ein und beschleunigten, um Geschwindigkeit zu gewinnen.

Kurz bevor sie den Verkehrskreis verließen, schlugen sie das Lenkrad scharf ein, um das Auto aufzustellen und auf den zwei linken Rädern die Straße entlangzufahren, wie ich es mittlerweile schon so oft gesehen hatte. Sobald die zwei rechten Reifen in der Luft frei durchdrehten, kletterten begeisterte Fans aus den nun oben liegenden

Fenstern und dem Schiebedach, um ihre Schals im Fahrtwind wehen zu lassen.

Für das nötige Ambiente sorgten Begleitfahrzeuge, die
kurz langsamer fuhren, um die Reifen durchdrehen zu
lassen und stechenden weißen Rauch in die Luft abzu-
geben, oder um mit heulenden Motoren «Donuts» auf
den Asphalt zu brennen: Kreise, die das Fahrzeug hinter-
lässt, wenn es sich im Kreis dreht.

Sobald der Wagen, der nur auf zwei Reifen fuhr, am
Ende der Straße angekommen war, fuhr er in den dortigen
Kreisverkehr ein, um das Manöver auf der gegenüber-
liegenden Straßenseite zu wiederholen, welche natürlich
auch mit Zuschauern in weißen «Thawbs» und «Kufiyas»,
also, Kopftüchern, gesäumt war.

So ging es Auto um Auto eine ganze Zeit lang, begleitet
von tönenden Hupen, quietschenden Bremsen, rauchen-
den Reifen und stinkenden Kupplungen. Das Siegerteam
musste wohl ziemlich hoch gewonnen haben – das Aus-
maß des Spektakels machte es klar erkennbar.

Nach ungefähr zwanzig Minuten passiven Zusehens
ergriff diese Euphorie auch mich, obwohl ich nie ein besonders begeisterter Fußballfan war. Kurz entschlossen
setzte ich mich auf mein Quad, um auch ein paar Donuts
zu drehen. Da ich noch keinen Führerschein hatte, traute
ich mich allerdings nicht auf die Hauptstraße, sondern
begnügte mich stattdessen damit, meine Kreise auf dem
geschotterten Straßenrad zu drehen.

In meinem jugendlichen Leichtsinn war mir allerdings
nicht bewusst, wie weit Schotter fliegen kann, wenn er
von einem aggressiven Zweitaktmotor umhergeschleu-
dert wird … Noch weniger war mir bewusst, wie nah ich
mich an den geparkten Fahrzeugen der versammelten
Zuschauer befand.

Mein konzentriertes Kreisfahren wurde von plötzlichem Schreien und Hupen unterbrochen. Als ich kurz aufblickte, sah ich, wie ein schwarzer Jeep Wrangler direkt auf mich zufuhr. Der Jeep machte keine Anstalten, langsamer zu werden, sondern wurde sogar noch schneller. Der Fahrer musste wohl verrückt sein?! Sah er mich denn nicht? Aber immerhin war der ganze Abend ja ein ziemlich verrücktes Schauspiel. Wahrscheinlich wollte er mich zu einem Rennen herausfordern. Also gut!

Statt einen weiteren Donut zu drehen, schnellte ich geschickt aus der Linkskurve und schoss über die Bordstein-Begrenzung in eine der angrenzenden Nebenstraßen. Ich schaute kurz zurück und sah, wie der neue Jeep, ohne zu bremsen, auch über den Bordstein sauste. Oh weh, die armen Federn. Was dachte der sich nur? Ich raste von einer Straße zur nächsten und bog in jede Gasse, die ich in unserer Nachbarschaft kannte; immer dicht gefolgt von dem Jeep. Der Fahrer war wohl sehr entschlossen, das Rennen zu gewinnen.

Mir wurde schnell klar, dass ich ihn wohl nicht abhängen können würde. Zwar war ich auf dem Quad wendiger und hatte in den kleinen Seitenstraßen einen klaren Vorteil, aber er war um einiges schneller als ich und fuhr wie ein Besessener über Stock und Stein, ohne Rücksicht auf Verluste oder sein neues Auto. Es würde auf ein Unentschieden hinauslaufen, also beschloss ich, zurück zur Hauptstraße zu fahren, wo ich Abdulmunim alleingelassen hatte.

Als ich sehr selbstzufrieden auf Abdulmunim zufuhr, begrüßte er mich mit fuchtelnden Armen.

Der Jeep war mir immer noch auf den Fersen. Ich hatte noch nicht ganz angehalten, als der Jeep Fahrer hinter mir beschleunigte, mich überholte und das Auto direkt vor mir rumriss, sodass ich gezwungen war, anzuhalten. Der Fahrer sprang aus dem Auto, stürmte auf mich zu – und schlug wie wild auf meinen Kopf ein! Gott sei Dank trug ich einen Motorradhelm und spürte nichts von seinem Wutausbruch. Ich war zwar schockiert, aber auch leicht amüsiert, als der wütende Mann mit schmerzverzogener Miene seine Hand zurückzog. In diesem Moment kam Abdulmunim angerannt und zog den Mann zurück, der bereits zu einer zweiten Attacke angesetzt hatte. Abdulmunim, der ursprünglich aus Syrien kommt, redete eindringlich auf Arabisch auf den Mann ein, und was auch immer er sagte, es schien den Mann momentan zu besänftigen. Warum war er nur so sauer?!

Es dauerte eine ganze Weile, bis Abdulmunim den wütenden Mann beruhigt hatte, und noch eine ganze Weile länger, bis ich verstand, was passiert war: Scheinbar war ich so damit beschäftigt gewesen, Donuts im Schotter zu drehen, dass ich nicht bemerkt hatte, wie nicht wenige dieser Schottersteine gegen die Seite des neuen Jeeps schlugen, der am Straßenrand geparkt war. Der Mann wollte kein Rennen mit mir fahren, sondern mich verfolgen, damit ich zur Rechenschaft gezogen werden konnte. Immerhin würde er einige Dellen entfernen lassen und höchstwahrscheinlich auch das Auto neu lackieren müssen.

Bis heute weiß ich nicht genau, wie Abdulmunim den Jeep-Fahrer zur Ruhe gebracht hat. Er hat mir anschließend nur erzählt, dass er dem Mann gesagt hat, dass mein Vater eine Autowerkstatt hat und wir alle Schäden in seiner Werkstatt kostenlos reparieren lassen könnten. Was auch immer er dem Mann sonst noch gesagt hat: Es zeigte nach einer Weile Wirkung, und der aufgebrachte Mann ließ uns schließlich gehen – allerdings nicht, ohne vorher darauf zu bestehen, meinen Vater zu kontaktieren. Soweit ich weiß, kam er aber nie in die Werkstatt, um die Schäden reparieren zu lassen.

Thannys wilde Fahrten auf dem Quad

Kleiner arabischer Sprachführer
Mushkila *(musch-ki-la)* – Problem,
oder: Es gibt ein Problem.

Teil III:

Getragen

21. Was man besser nicht mitnimmt

Doha, Katar
Januar – Juni 2008

Nach einer kurzen, aber guten Weihnachtszeit in der Heimat geht es Anfang Januar wieder zurück nach Katar. Die letzten Tage vor dem Abflug sind immer hektisch: Anrufe von Freunden, die uns ein letztes Mal sehen wollen, der Versuch, das Haus ordentlich zu hinterlassen, Einkäufe, um die Koffer mit deutschen Leckereien zu füllen, packen, packen, packen. Nie passt alles, was wir so gerne mitnehmen würden, in die Koffer. – Nun ja. Ehrlich gesagt ... vielleicht bin vor allem *ich* es, die die ganzen deutschen Lebensmittel mitnehmen will ...

Noch Jahre später erzählen sich unsere erwachsenen Kinder mit viel Gelächter ihre «traumatischen Flugreisen-Geschichten» aus dieser Zeit: die missbilligenden Blicke der Stewardessen und anderen Passagiere, wenn wir mit unserem Handgepäck ins Flugzeug kamen; die Versuche, sämtliche zehn bis zwanzig Handgepäckstücke (wir sind immerhin eine große Familie!) in den oberen Klappfächern des Flugzeugs zu verstauen; das Staunen der netten Personen, die ihre Hilfe anbieten, doch dann keuchend den schweren Handgepäckkoffer kaum hochheben können; die schmerzenden Finger noch Tage nach dem Flug von den einschnürenden Griffen schwerer Taschen ... Ach, lassen wir das Thema lieber.

Bei dieser Reise sitzen wir auf jeden Fall endlich – nach Packstress und fast schlaflosen Nächten – völlig erschöpft, aber doch zuversichtlich, im Flugzeug. Es ist mal wieder sehr knapp gewesen, wir sind wohl die letzten Passagiere, die eingestiegen sind. Doch alles ist gut gegangen, sogar die Koffer, die alle ein paar Kilo zu viel wiegen, wurden anstandslos angenommen. Die zwanzig Kilo Handgepäck pro Person sind alle auch verstaut. Ja, wir sitzen im Flieger und wundern uns jetzt, wie wohl alle Passagiere, warum sich der Abflug verzögert.

Und dann stellen wir fest, dass es an uns liegt.

Eine Stewardess kommt zielstrebig auf uns zu.

«Sind Sie Matthias Müller?»

«Äh, ja?»

«Kommen Sie bitte mit. Es gibt ein Problem mit Ihrem Gepäck.»

Wir beobachten, wie Matthias das Flugzeug verlässt. Wir sind alle völlig ratlos. So etwas haben wir noch nie erlebt. Ich habe Angst. *Werden wir jetzt ohne ihn fliegen? Was ist nur los?*

Wie gut, dass wir beten können! Und das machen wir alle. Schon bald kommt Matthias zurück. Er wirkt gestresst und verstört. Er beugt sich zu Thanny und tuschelt kurz mit ihm, und dann verschwinden beide.

Ich verstehe immer noch nicht, was los ist, und platze fast vor Angst und Neugier. Nach langem Warten kommen beide zurück, und wir können, Gott sei Dank, mit Verspätung starten.

Später erfahren wir: Thanny hatte ein Butterflymesser im Gepäck. Unser Sohn, der besondere Messer über alles liebt, hatte dieses Exemplar von seinem Cousin geschenkt bekommen. Er wusste nicht, dass der Besitz illegal ist. Das gute Stück wird einbehalten. Ihm droht eine Strafanzeige, aber nach vielem Verhandeln mit der Flughafenpolizei darf doch die ganze Familie fliegen. Ich bin so erleichtert.

Im Sommer muss Thanny zu einer Anhörung auf die Polizeiwache. Es kann sein, heißt es, dass er eine Geldstrafe bekommt oder Sozialstunden abarbeiten muss, aber letztlich wird die Angelegenheit doch fallengelassen. Das Messer wird ihm allerdings nicht zurückgegeben.

Unser Sohn Thanny alias «Der Messer-Schmuggler» (2008)

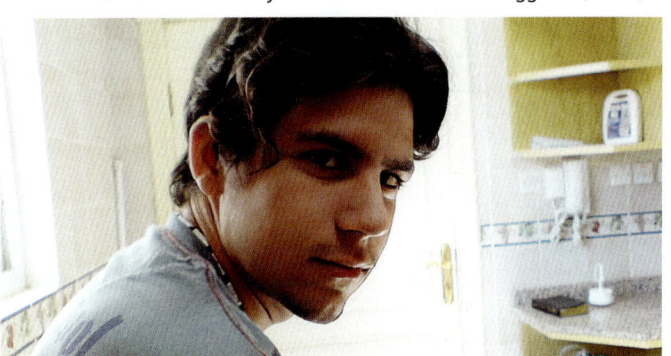

> **Kleiner arabischer Sprachführer**
> Mafi mushkila *(ma-fi musch-ki-la)* – Kein Problem

22. Vorsorge einmal anders

Ein lang gehegter Wunsch wird endlich wahr: Wir erwarten unser siebtes Kind! Ich bin 41 und damit schon längst eine Risikoschwangere, aber das stört mich gar nicht. Ich hatte schon lange Sehnsucht nach einem weiteren Kind, und ich freue mich riesig, dass Gott uns noch eines seiner Wunder anvertraut. Denn genau so sehe ich jedes unserer Kinder: als ein Wunder und riesiges Geschenk. Natürlich ist das Leben stressig mit einem Haus voller Nachwuchs, aber das ist es allemal wert.

Interessant sind die Reaktionen unserer Kinder: Thias ist inzwischen 19 und hat schon seit über einem Jahr eine Freundin. Er meint, er habe erwartet, dass die nächsten in unserer Familie, die Eltern werden, er oder seine Geschwister sein würden. Nathanael, unser 17-Jähriger, hat große Zweifel, ob das gutgehen wird. Er meint, dass wir jetzt schon zu alt sind, um noch mal ein Kleinkind zu erziehen. Janek ist 15. Er möchte unbedingt bei der Geburt dabei sein. Jonas freut sich wohl am meisten. Er ist inzwischen fast zwölf und liebt Babys. Er hüpft den ganzen

Abend voller Freude herum. Joel mit seinen neun Jahren sieht aus, als würde er überlegen, wem er diese spannende Neuigkeit erzählen könnte. Und die 4-jährige Sarina ist sich sicher, dass sie das Baby versorgen wird. Sie wünscht sich unbedingt ein Mädchen.

Ich selbst darf nun die aufregende Welt der katarischen Vorsorge-Untersuchungen erleben: In Katar werden eigentlich alle Gesundheits-Angelegenheiten direkt im Krankenhaus behandelt. Es gibt daneben allerdings – statt freien Arztpraxen – kleinere Gesundheitsstationen in den einzelnen Wohngebieten, «health centres» genannt. Dort möchte ich mich nun so bald wie möglich untersuchen lassen, denn auch wenn ich gerne das Risiko einer späten Schwangerschaft auf mich nehme, möchte ich auf keinen Fall, dass meinem kleinen Schatz etwas fehlt.

Wegen einer Schilddrüsenunterfunktion habe ich Bedenken, dass meine Medikamente vielleicht angepasst werden müssen. Ich möchte also vor allem, dass mein Blut untersucht wird.

Die Gesundheitsstation ist mit dem Auto nur zehn Minuten entfernt. Es werden keine Termine vergeben, also fahre ich im Februar einfach auf gut Glück einmal hin. Der Besuch ist verrückt und verwirrend.

Ich betrete einen ungemütlichen großen Raum, in dem die Farben Weiß und Grau vorherrschen. Am Eingang befindet sich eine Theke, an der man eine Nummer ziehen kann, mitten im Raum steht eine große Ansammlung von kalten Metallstühlen, die in mehreren Reihen aufgestellt sind. Sie sind alle so ausgerichtet, dass die Sitzenden einen großen Bildschirm sehen können, auf dem die Nummern angezeigt werden. Von diesem Eingangsbereich aus gehen viele Türen ab.

Der Raum ist voll, laut und chaotisch. Fast nur einheimische Frauen. Eine Masse von weiten, schwarzen Gewändern.

Viele sitzen auf den Stühlen und sind mit ihren Handys beschäftigt. Andere drängeln sich an den Tresen, um ihr Anliegen zu erklären. Sie wollen nicht warten, bis ihre Nummer drankommt. Sie haben, zumindest aus ihrer Sicht, ein dringendes Problem, das sofort behandelt werden muss.

Ich komme mit meiner Nummer bald dran, habe aber keine Ahnung, welche Tür ich wählen soll. Nach längerer Suche finde ich schließlich das richtige Zimmer. Ich mache einen Schwangerschaftstest. Positiv. Die Arzthelferin überreicht mir eine Tüte voller Tabletten: Folsäure, aber in einer sehr hohen Dosis. Und das ist erst mal alles. Ich soll am Nachmittag wiederkommen.

Da ist das Gedränge noch größer. Die Frauen drücken und schubsen. Jede will als Erste eine Nummer ziehen. Es ist eine Stimmung wie im Supermarkt zu Corona-Zeiten, wenn jeder sich die letzte Klopapierpackung schnappen will.

Als ich schließlich mit meiner Nummer ins Sprechzimmer kann, wird mir ein langer Fragenkatalog ausgehändigt. Ich fülle geduldig das lange Formular mit Fragen zu früheren Schwangerschaften, medizinischen Problemen und ähnlichem aus und warte gespannt. Aha, ich soll morgen wiederkommen.

Am nächsten Tag bin ich gleich in der Früh wieder da. Doch nur auf mein Drängen hin wird eine Blutuntersuchung genehmigt. – Nur genehmigt, sonst nichts. Aber: Die erste Hürde ist geschafft. Mehr wird an diesem Tag nicht gemacht. Ich soll in drei Tagen wieder kommen.

Wer hätte gedacht, dass es so schwer ist, von einer Nadel gepikst zu werden!

Drei Tage später werde ich zum ersten Mal untersucht. Dazu habe ich ein Gespräch mit zwei Ärztinnen, einem Arzt und einer Krankenschwester. Bei der Unterredung werde ich über alles aufgeklärt; von der richtigen Ernährung bis hin zu Sex in der Schwangerschaft. Danach untersucht mich ein verlegener Doktor, und abschließend sagt mir die Ärztin, dass ich in meinem Alter besser keine Kinder mehr bekommen sollte, wegen der potenziellen Gefahr, die das für Mutter und Kind bedeutet.

Eine knappe Woche später bin ich wieder da. Heute soll ich meine Blutergebnisse bekommen, auf die ich sehr warte. Es dauert zwei Stunden, bis die Zuständigen sie tatsächlich finden. Erleichtert erfahre ich, dass alles in Ordnung ist.

Inzwischen bin ich mit der Gesundheitsstation schon sehr vertraut. Doch das ganze Gedrängel ist mir weiterhin unangenehm. Die wartenden Frauen, die möglichst schnell drankommen wollen, stöhnen sehr, um ihr Leiden deutlich zu machen. Jede ist sich selbst die Nächste. Sie drängeln sich mit großer Hartnäckigkeit vor, denn niemand möchte das befürchtete Wort «bukra» hören: «morgen».

Doch ich freue mich sehr auf die Ultraschalluntersuchung, die ein paar Tage später stattfinden soll. Ja, für jede einzelne Untersuchung gibt es einen neuen Termin.

Gespannt bin ich am Tag der Untersuchung pünktlich da, aber es dauert eine Stunde, bis ich untersucht werde. Ich brauche eine Patientennummer des staatlichen Krankenhauses, erfahre ich, aber so etwas habe ich nicht, da dies meine ersten Erfahrungen mit dem katarischen Gesundheitssystem sind. Es geht lange hin und her, und mit Gebet und Hartnäckigkeit klappt es schließlich.

Die Untersuchung ist allerdings eine große Enttäuschung: Nicht nur, dass ich mir insgeheim Zwillinge gewünscht habe, die ich nicht bekommen werde – die Untersuchung ist auch ganz anders als in Deutschland: Eine unfreundliche Frau fährt ein oder zwei Minuten mit dem Ultraschallgerät über meinen Bauch, dabei ist der Bildschirm so gedreht,

HC

Health Centre : *West-Bay - Health-Centre*

Name : *Marrianne Muller.*

P.H.C. No. : *Visitor - 104743 - 1201*

W.H. No. : —

Age : *41 yrs.*

Nationality : *Germany* Tel. No. : *4110726*

Das Deckblatt meines insgesamt siebten Mutterpasses

dass ich keinen Blick auf mein Kind werfen kann. Als ich mich ein bisschen aufrichte, um einen schnellen Blick zu erhaschen, werde ich angeschnauzt.

Nachher fragt Sarina gespannt, ob ich sehen konnte, ob es ein Mädchen oder Junge ist. Ich verneine. Für sie ist der Fall klar: «Ach so, weil das Baby eine Unterhose anhat?»

Ich rufe auch meine Frauenärztin in Deutschland an, denn ich habe wenig Vertrauen in das Gesundheitssystem in Katar. Sie berät mich gerne, aber etwas macht mich bei diesem Anruf sehr traurig: Ich höre bei ihr den Gedanken heraus: «Noch ein Kind? – Musste das wirklich sein?»

Wie anders, wie schön, ist dieser Aspekt in Katar. Jeder, dem wir von dem Kind erzählen, freut sich von Herzen. Sie wissen, dass Kinder ein Segen sind. Gerade die Nachbarin, mit der ich morgens oft laufe, ist voller überschwänglicher Freude angesichts meiner Nachricht. Ich bin so dankbar für diese Mitfreude und das Wertschätzen von Familie und Kindern in dieser Kultur.

> **Kleiner arabischer Sprachführer**
> Madri *(ma-dri)* – Ich weiß nicht.

23. Eine Hochzeitsfeier – nur für Frauen

An einem Freitag Anfang Februar 2008 darf ich etwas ganz Besonderes erleben: Meine Nachbarin nimmt mich mit zu einer Hochzeit.

Nun ist es hier ja so, dass Männer und Frauen bei einer Hochzeit getrennt feiern. Matthias hat das schon erlebt. Während sich die Männer auf Sitzpolstern inmitten eines freien wüstenartigen Platzes wohlfühlen, bei einem Essen, das sie mit hochgekrempelten Ärmeln und den Fingern essen, ist die Feier für Frauen sehr elegant.

Schon lange vorher mache ich mir Gedanken darüber, was ich anziehen soll. Ich versuche mich zu schminken, was gar nicht so einfach ist, da ich da völlig unerfahren bin. Aber es gelingt wohl einigermaßen, denn als ich bereit bin, ist das Staunen meiner Familie groß.

Das Fest beginnt recht spät: gegen neun Uhr abends. Wir fahren zu einem unscheinbaren Gebäude und betreten einen Empfangsbereich. Dort legen alle ihre Abayas

ab, und auch alle elektronischen Geräte werden eingesammelt. Ein Handy oder eine Kamera mitzunehmen,
ist nicht erlaubt, denn hier präsentieren sich die Damen
ohne schwarze Hülle – und das darf auf keinen Fall festgehalten werden.

Ich bin recht eingeschüchtert. Was kommt auf mich zu?
Werde ich mich richtig verhalten?

Meine Nachbarin führt mich zu einem schön geschmück-
ten Tisch, und wir nehmen Platz. Ich lasse meinen Blick
durch den Saal schweifen: Vorne auf einem Podest ist ein
glitzernder Thron aufgerichtet. Dort wird später die Braut
Platz nehmen, wird mir gesagt. Trotz der späten Stunde
sind noch viele Plätze leer, wir sind wohl etwas zu früh
gekommen.

In einem solchen Saal wird die Braut thronen.

In der Mitte des Raums ist eine freie Fläche, und rings-
herum stehen Tische mit weißen Decken, auf denen üppige Blumengestecke drapiert wurden. Um jeden Tisch
herum stehen sechs bis acht Stühle, die mit seidig weißen
Hussen ummantelt sind.

Die Musik. Es gibt kein Entkommen vor dieser lauten
aufdringlichen Musik. Arabische Klänge, Basstöne, verzweifelte Liebesballaden. Laut. Es ist mir sehr peinlich,
dass jedes Mal, wenn meine liebe Freundin mir etwas von
den Bräuchen erklären will, ich zuerst einmal mit einem
lauten «Hä?» antworten muss, weil ich kein Wort verstehe.

Ich bin hungrig gekommen. Immerhin bin ich schwanger,
und ich habe aus Vorfreude auf ein Festmahl heute kaum
etwas gegessen. Aber trotz später Stunde gibt es kein lecke-
res Abendessen. Stattdessen laufen Bedienstete unablässig
um die Tische und reichen den Gästen frische Säfte und
kalorienreiche Süßigkeiten. So geht es Stunde um Stunde.
Alle Damen sitzen an ihren Tischen, knabbern am süßen
Backwerk und schreien sich Gesprächsfetzen ins Ohr.

Ein bisschen Bewegung kommt schließlich in die Gesellschaft, als die Braut endlich erscheint. Sie marschiert
müden Schrittes nach vorn zu ihrem Thron. Dort sitzt
sie dann fast bewegungslos für den Rest der Feier. Eine
Kamera, die einzige im Raum, ist auf sie gerichtet, sodass
alle Gäste sie per Übertragung gut auf einer Leinwand
sehen können.

Ich wundere mich: Nicht nur ist ihr Gesicht mit so vielen Lagen Schminke bedeckt, dass sie gar nicht mehr wie
ein echter Mensch aussieht, sondern sie sieht auch todun-
glücklich aus. Mein mitfühlendes Herz ist gleich besorgt.
Mit Sicherheit geht es hier um eine ungewollte Vermäh-
lung, denke ich. Wie kann sie an ihrer Hochzeit so drein-
schauen? Warum strahlt sie an ihrem Tag nicht vor Freude?

Verwirrt, und natürlich angesichts der Musik so laut ich kann, frage ich meine Freundin: «Warum ist sie so traurig?»

«Oh», antwortet diese, «sie *muss* so schauen. Würde sie aussehen, als wäre sie voller Vorfreude, wäre das eine Schande. Es darf auf keinen Fall so erscheinen, als würde sie sich auf die geschlechtliche Beziehung in der Ehe freuen, sonst würde sie als loses Mädchen angesehen werden.»

Oh. Okay. Merkwürdig.

Nach einer Weile kommt die Party richtig in Gang. Auf der freien Fläche tanzen die jungen Mädchen. Während die Frauen im Alltag gut verhüllt sind, zeigen ihre Partykleider sehr viel Figur.

Um die tanzenden Mädchen sitzen zahlreiche Frauen im mittleren Alter. Sie beobachten die jungen Damen sehr genau und tuscheln miteinander. Aisha erklärt mir: «Diese Frauen suchen eine Braut für ihre Söhne. Sie sehen sich diese Mädchen an und überlegen, welche sie als Schwiegertochter haben wollen.»

Eine Weile später geht ein Raunen durch den großen Raum: Alle eilen hastig zur Garderobe. Abayas und Kopftücher werden geholt. Die Frauen hüllen sich blitzschnell ein. Auf einmal verwandelt sich diese bunte, grelle Welt in ein Meer von Schwarz. Fragend blicke ich Aisha an.

«Der Bräutigam kommt!»

Und dann ist sein Eintreten zu hören. Begleitet von den dumpfen Klängen vieler Trommeln, betritt er mit seinem Vater den Raum. Alle sehen staunend zu, wie er zu seiner Braut hinaufspaziert und sich neben sie setzt. Sein Besuch währt aber nur kurz. Nach einigen Augenblicken, in denen das Paar von einem professionellen Fotografen abgelichtet wird, zieht der Bräutigam von dannen. Die Hüllen fallen wieder, und es wird ausgelassen weitergefeiert.

Wie Aisha mir später erzählt, gibt es das Essen erst am Schluss der Feier. So lange warten wir leider nicht, also verpasse ich das große Buffet und gehe hungrig nach Hause. Es ist immerhin schon nach Mitternacht!

Kleiner arabischer Sprachführer
Jamil / jamila *(dscha-mihl / dscha-mih-la)* –
schön, hübsch (m/w)

24. Die Hilfe

War mir vorher schon alles zu viel – so ist es das jetzt mit dieser späten Schwangerschaft erst recht. Ich brauche wirklich Hilfe. Die Hausarbeit ist um einiges aufwändiger als in Deutschland: Die Wohnfläche ist größer, und es dringt andauernd Staub ins Haus. Nach einer stürmischen Nacht sind immer alle Möbel und Flächen mit einer Schicht Sand bedeckt.

Als wir erfahren, dass wir jemanden aus dem Ausland einstellen und ins Land bringen können, entscheiden wir uns für diesen Weg. Wir haben mehrere Menschen aus Nepal kennen- und schätzengelernt und planen, die Ehefrau eines Arbeiters einzustellen – dann ist ihnen und uns geholfen.

Auf unsere Zeitungsannonce bekommen wir sehr viele Rückmeldungen. Eine Frau scheint genau zu unserer Familie zu passen: Obwohl sie noch jung ist, habe sie schon viele Erfahrungen gesammelt, sagt uns ihr Mann. Außerdem kocht und liest sie gern. Das scheint alles perfekt zu uns zu passen. Matthias beantragt für sie ein Visum, und wir warten gespannt.

Mitte Februar ist es endlich so weit. Matthias geht zum verabredeten Zeitpunkt zum Flughafen, wartet mehrere Stunden – und kommt allein wieder zurück nach Hause. Um Mitternacht dann der Anruf ihres Mannes: Jetzt sei sie da. Matthias fährt also zurück zum Flughafen. Ich bleibe bei den Kindern, warte aber sehr gespannt auf seinen ersten Eindruck von unserer neuen Mitbewohnerin. Sie ist klein und zierlich, sagt Matthias, und sieht aus, als wäre sie erst zwölf Jahre alt. Sie spricht und versteht überhaupt kein Englisch, was eine große Enttäuschung ist. Aber, versichert ihr Mann, sie kann doch eine Fremdsprache! Und er fragt, ob wir Hindi sprechen? Nun, da bin ich mal gespannt.

Als ich Muna morgens sehe, wundere ich mich über den Glitzersticker auf ihrer Stirn. Ob das etwas mit ihrer Religion zu tun hat? Sie und ihr Mann wollen in Munas Zimmer frühstücken, einem kleinen Raum in einem Nebengebäude. Doch was sollen sie frühstücken? Ihr Mann ist sich nicht so sicher, ob unsere Speisen für sie geeignet sind. Er möchte unseren Reis sehen. Ich reiche ihm den Behälter, und er überprüft unseren Reis sehr genau. Dazu greift er beherzt in meinen Behälter und lässt den Reis durch seine Finger rieseln. Das finde ich nicht besonders hygienisch!

Ihren ersten Tag möchte Muna mit ihrem Mann verbringen, und das verstehen wir, denn sie waren eine ganze Weile getrennt. Am Abend kommt es aber zu einem ersten Disput: Wir sind nicht davon ausgegangen, dass auch er bei uns einziehen will, doch er sagt, seine Frau sei wie ein Baby, sie würde nachts weinen, wenn sie allein ist. Jedes Geräusch, zum Beispiel von einer streunenden Katze, mache ihr Angst. Wir finden schließlich einen Kompromiss: Am Wochenende darf er bei uns wohnen, damit sie ihren freien Tag miteinander verbringen können, doch unter der Woche nicht.

Er ist aber noch nicht fertig. Nun beanstandet er das Bett, die Decke und die Kissen. Da müssten wir bitte schon etwas anderes anschaffen. Muna und ihr Mann haben außerdem jetzt Hunger und wollen gerne Reis essen ...

Der nächste Tag ist Munas erster Arbeitstag. Ich freue mich so sehr über die Hilfe im Haushalt. Ich hole mein Putzzeug und zeige ihr, wie ich die Böden wische. Sie legt dann auch los, allerdings sehr vorsichtig und zart, als wolle sie den Boden nur sanft streicheln. Trotzdem, ich bin dankbar, dass ich nicht alles allein machen muss.

Später möchte sie gerne einkaufen. Ich steige ins Auto und warte. Sie steht vor dem Fahrzeug und hat keine Ahnung, wie sie einsteigen soll. Sie ist sicher noch nicht oft mit einem Auto gefahren.

Am Abend zeigt sich dann ihre Leidenschaft: Sie kocht sich ihr eigenes geruchsintensives Abendessen, und das dauert stundenlang. Sie macht viele verschiedene Gerichte, dabei telefoniert sie ausführlich mit ihrem Mann.

Muna kocht typisch nepalesisch: mit sehr vielen Gewürzen.

Am nächsten Tag muss ich ins Gesundheitszentrum. Ich bitte Muna, in der Zeit zu putzen und die Küchenschränke auszuwischen. Als ich zurückkomme, hat sie nichts davon erledigt, ist aber schon eifrig dabei, ihre Gerichte zu kochen. Nach einer langen Mittagspause beginnt sie halbherzig mit der Arbeit, aber dann muss sie doch wieder telefonieren. Anschließend wieder kochen, denn es ist Wochenende, und ihr Mann kommt. Der Mann ist nicht zufrieden mit dem neuen Bettzeug, das wir gekauft haben und regt sich darüber auf. Ihren freien Tag verbringt Muna dann mit ihrem Mann, was für mich eine Erleichterung ist.

Wir gewöhnen uns aneinander, und es läuft mit der Zeit etwas besser, aber bei allem ist Muna sehr unselbständig und hilflos. Im Grunde genommen kostet mich dieses Arbeitsverhältnis mehr Kraft, als es Erleichterung bringt. Wir überlegen jetzt schon, ob es nicht besser wäre, eine andere der vielen Bewerberinnen einzustellen.

Es stellt sich bald heraus, dass Muna auch tagsüber Angst hat und nicht allein zu Hause bleiben will. Es gibt Tage, die ganz gut laufen, an denen ich für ihre Hilfe dankbar bin. Aber meistens ist sie nur mit ihren Sachen beschäftigt: Jeden Tag kocht sie mehrmals über einen längeren Zeitraum ihre nepalesischen Mahlzeiten. In den ersten Wochen der Schwangerschaft machen mir diese Curry-Düfte furchtbar zu schaffen. Muna scheint bei allem anderen, außer dem Kochen von Gerichten für sich und ihren Mann, vollkommen unmotiviert zu sein. Auch die Kinder sind alles andere als begeistert.

Ich schlafe nachts schlecht, weil ich mir Gedanken über die Situation mache: Ich sehe keine Zukunft für diese Arbeitsbeziehung, aber andererseits möchten wir sie nicht einfach abschieben. Ich bitte Gott, dass er uns deutlich zeigt, was wir tun sollen.

Am Vormittag arbeite ich nach dieser unruhigen Nacht in meinem kleinen Büro. Anfangs höre ich noch, wie Muna putzt, aber dann ist es sehr lange still. Ich schaue nach und sehe, dass sie auf dem Sofa liegt und gemütlich schläft. Schon bald nach ihrem Nickerchen beginnt sie dann, ihr aufwändiges Mittagessen zu kochen. Anschließend gönnt sie sich ihre lange Mittagspause. Und nach einer kurzen «Arbeitspause», in der sie widerwillig draußen kehrt, startet sie damit, ihr Abendessen zu kochen.

Der Eingangsbereich zeigt schon ein wenig die Dimensionen: Große Flächen sind im Haus zu putzen!

Auch in den nächsten Tagen wird klar, dass Muna kein echtes Interesse daran hat, für uns zu arbeiten. Matthias redet mit ihr und ihrem Mann. Sie stellen Forderungen und sind nicht mehr mit dem ausgehandelten Lohn einverstanden. Wenn wir auf ihre Wünsche nicht eingehen, wird sie zurückgehen, droht ihr Mann. Nun, das scheint mir eine deutliche Antwort auf mein Gebet zu sein! Matthias stimmt schnell zu und leitet alles Nötige in die Wege.

Nach ein paar Tagen haben es sich die beiden anders überlegt. Sie will nun doch bleiben. Aber für uns ist dieses Kapitel abgeschlossen.

Im April reist unsere neue Maid an. Auch sie ist die Ehefrau eines Mannes, der bereits in Katar lebt. Er freut sich über die Möglichkeit, seine Frau bei sich zu haben, und wir uns natürlich über die Mithilfe. Was wir besonders schön finden: David und seine Frau Abigail sind Christen. Auf der Heimfahrt vom Flughafen betet das glückliche, wiedervereinte Paar im Auto.

Abi ist schon allein äußerlich ganz anders als unsere erste Haushaltshilfe: Statt eines schmächtigen Mädchens steht eine rundliche, strahlende Frau vor uns, die anpacken kann. Wir freuen uns darüber, denn sie hat bestimmt mehr Erfahrung als unsere erste Maid, denken wir.

Doch wir stellen schnell fest, dass auch Abi aus einer ganz anderen Welt kommt als wir! Am ersten Tag führen wir sie und ihren Mann durchs Haus. Als wir ihr unseren großen, silberglänzenden Kühlschrank zeigen, zuckt sie erschrocken zurück. Sie traut sich lange Zeit nicht, dieses Gerät anzufassen. Da sie kaum Englisch spricht, zeigt sie uns gestenreich was das Problem ist: Sie ist fest davon überzeugt, dass das ganze Gerät unter Strom steht.

Ja, das mit dem Strom ist vermutlich etwas Neues für sie. An einem Tag kommt Matthias gerade dazu, als sie ihre metallene Haarnadel in die Steckdose stecken will. Die Steckdosen hier haben drei Löcher, das oberste ist ein Schutzkontakt. Wir können unsere deutschen Stecker benutzen, wenn wir die Sicherung in diesem obersten Loch herunterdrücken. Vielleicht hat sie das beobachtet und ist so auf die Idee gekommen, ihre Haarnadel in eins der anderen Löcher zu stecken? Zum Glück konnte Matthias sie rechtzeitig warnen!

Ich bin trotz allem dankbar für die Unterstützung, denn meine späte Schwangerschaft kostet mich viel Kraft. Abi ist auch meistens sehr fleißig. An manchen Tagen ist das jedoch schon fast anstrengend, denn sie scheint sich ihren eigenen Plan im Kopf zurechtgelegt zu haben: Einer der ersten Punkte, die Abi morgens abarbeitet, ist unser Schlafzimmer. Wenn wir länger schlafen, kann es also vorkommen, dass sie in aller Früh mit ihrem Putzzeug ins Schlafzimmer stürmt. Und das geschieht in der Regel ausgerechnet freitags, an unserem Ruhetag.

Und dann gibt es noch etwas, das für mich lange Zeit ein Rätsel ist: Unsere Bettwäschegarnituren verschwinden. Ich habe bald keine frischen Bezüge mehr im Schrank! Anfangs hatte ich Abi gezeigt, wie die Kissen und Decken bezogen werden. In unserem Schlafzimmer mache ich das selbst, die Betten der Kinder bezieht sie. Inzwischen wurde die Bettwäsche schon einige Male gewechselt, aber ich habe nie die dreckigen Bezüge finden können! Meine Frage danach versteht sie nicht.

Eines Tages habe ich einen Einfall: Ich schaue nach, und tatsächlich! Ich mache den Reißverschluss des Bettbezugs auf und finde sämtliche verschwundene Teile. Wie eine russische Matrjoschka verbirgt sich unter dem obersten Bettbezug ein weiterer, darunter noch einer, und immer so weiter. Mehrere Schichten Bettwäsche!

Abi fühlt sich bei uns sehr schnell wie zu Hause. Ich kenne ihre Kultur nicht so gut, darum störe ich mich an Eigenarten, die ich als Grenzüberschreitung empfinde. In der Welt, aus der sie kommt, sind diese Dinge wahrscheinlich normal, aber zu der Zeit habe ich nicht die Reife, das zu verstehen.

An einem Tag komme ich heim, mache die Haustür auf und sehe, dass sie im Schneidersitz auf dem Teppich vor der Haustür sitzt. In ihren Händen ist mein Strickzeug. Eifrig strickt sie an meinen angefangenen Socken weiter. Mit so etwas habe ich nicht gerechnet! Sie bekommt dann ihr eigenes Strickzeug, das ist mir dann doch lieber als ein geteiltes.

Was aber am meisten auffällt, ist Abis Hunger. Da die Familie mein Essen am liebsten isst, koche ich weiterhin, während sie vor allem für das Saubermachen des Hauses zuständig ist. Ihr schmeckt mein Essen anscheinend auch: Die Portionen, die ich normalerweise mache, reichen bei Weitem nicht mehr. Sie allein schafft oft so viel wie zwei oder drei andere. Manchmal ärgert mich das, vor allem, wenn ich etwas zurücklege für Matthias oder eins der Kinder, die erst später heimkommen. Diese Portionen verschwinden öfter. Ein anderes Mal isst sie allein die Hälfte des Fleisches, das eigentlich für die ganze Familie gedacht war. So sehr wir sie einbeziehen wollen – im Alltag nervt das doch, denn es scheint nie genug da zu sein.

Zumindest drückt sie sehr deutlich ihre Zufriedenheit und Dankbarkeit für die Mahlzeiten aus: Wenn wir mit dem Essen fertig sind und noch zusammensitzen, beginnt sie den Tisch abzuräumen. Dabei läuft sie langsam um den Tisch herum und rülpst dabei sehr laut und deutlich. Wie wir später erfahren, ist das ein ganz normaler, ja höflicher Weg der Nepalesen, ihre Freude über eine gute Mahlzeit auszudrücken.

Besonders merkwürdig ist Abis Begeisterung für Sarinas Spielzeug. Sarina ist zu diesem Zeitpunkt knapp fünf Jahre alt, das heißt, so gern Abi mit Sarinas Fahrrad fährt – es ist zu klein für sie! Leider hält auch Sarinas kleine Plastikrutsche Abis Gewicht nicht aus und geht kaputt.

Als ich im Sommer in Deutschland bin, ruft mich Matthias eines Tages aufgeregt an. Da er weniger Urlaub hat, ist er in Doha geblieben. An einem Freitagmorgen fährt er Abi zu ihrem Mann. Sie wollen gemeinsam einen Gottesdienst besuchen. Als Matthias während der Fahrt in den Rückspiegel schaut, stutzt er: Abi sitzt strahlend auf der Rückbank. Sie hat sich für den Ausflug hübsch gemacht, doch die schöne Goldkette, die ihren Hals ziert, kommt Matthias sehr bekannt vor. Sie erinnert ihn an eine Kette, die er mir zum Geburtstag geschenkt hat!

Er möchte ihr kein Unrecht tun. Vielleicht hat sie ausgerechnet genau dasselbe Schmuckstück? Aber am nächsten Freitag erlebt er dasselbe: Wieder fährt er Abi zu ihrem Mann, und dieses Mal trägt sie ein anderes Schmuckstück, das Matthias bekannt vorkommt. Als er zu Hause ist, bittet er mich aufgeregt, nachzuschauen, ob ich meine Kette mit nach Deutschland genommen habe. Ich schicke ihm Bilder von meinem Schmuck, er sieht in Doha in meiner Nachttischschublade nach: Meine Kette ist tatsächlich verschwunden. Was mich dabei vielleicht am meisten verletzt, ist das Wissen, dass sie durch meine Schubladen und Sachen geht.

Am Abend stellt Matthias Abi und ihren Mann zur Rede. Sie streitet alles ab, doch ihr Mann besteht darauf, dass sie ihre Handtasche leert. Es finden sich darin mehrere meiner Schmuckstücke, dazu einige andere Kleinigkeiten der Familienmitglieder. Unter Tränen gibt sie schließlich alles zu. Ihr Mann scheint aufrichtig entsetzt zu sein. Sie beteuert, wie leid es ihr tut, und gibt alles zurück. Abi bleibt bei uns, aber es fällt mir nach diesem Vorfall schwer, ihr zu vertrauen.

Kleiner arabischer Sprachführer
Maleish *(mal-le-isch)* – Macht nichts! (Kann aber auch «Es tut mir leid» bedeuten.)

25. Drei Toiletten für 250 Männer

Wenn die Männer, die für Matthias arbeiten, sich beschweren, dass es mal wieder kein Wasser in ihrer Unterkunft gibt, oder dass alle Toiletten verstopft sind, macht er sich manches Mal selbst vor Ort ein Bild von der Situation.

Zuerst hat er ja auf seinen Chef gehört, der meinte, die Männer würden übertreiben und seien einfach unzufrieden. Doch dann will Matthias sich selbst überzeugen. Er sieht sich die Unterkunft dieser Männer an und ist entsetzt: Das Wasser kommt aus einem rostigen Wassertank, der früher auf einem Lastwagen montiert war und benutzt wurde, um Wasser zu transportieren. Dieses Wasser wird in das Camp geleitet, damit die Männer es für die Toilettenspülung, zum Waschen, Kochen und Trinken gebrauchen können. Der große Deckel ist offen, und Matthias schaut hinein. Entsetzt zuckt er zurück: Auf der Wasseroberfläche schwimmt eine tote Ratte!

Ein weiterer Schock sind die Toiletten: 250 Männer teilen sich zwölf Toiletten, doch von diesen funktionieren nur drei. Die Wasserspülung geht nicht, alles ist verschmutzt, die Türen sind kaputt, und die ekelhafte Baracke verströmt einen abscheulichen Geruch.

Als Matthias mir von seinen Eindrücken erzählt, sagt er, in Deutschland würde man noch nicht einmal Tiere so behandeln.

Wir sind nun fast drei Jahre in Katar und fragen uns, wie Gott uns hier gebrauchen kann. Als wir von Freunden hören, dass sie den armen Männern in ihren elenden Massenunterkünften – «Camps» genannt – dienen möchten, wissen wir: Das ist es. Das ist genau die Aufgabe, für die wir uns einsetzen wollen. Aus einem ersten Besuch wird eine regelmäßige Sache. Meistens geht nur Matthias mit unseren ältesten Kindern, und ich bleibe mit den Kleinen zu Hause. Aber ich bin auch ein paar Mal dabei, und wenn ich nicht mitkann, höre ich mir gerne ihre Berichte an. Was wir hier erleben, offenbart eine ganz andere Seite dieses reichen Landes, etwas, das die wenigsten Menschen mitbekommen – eine verborgene Seite Katars, von der mehr Menschen erfahren sollten.

Die Autos sind gepackt und startbereit. Eine Handvoll Männer aus unserer Gemeinde trifft sich mit einigen nepalesischen Männern aus den Camps, die sich als Pastoren ihrer Landsleute verstehen. Diese nepalesischen Pastoren wünschen sich von ganzem Herzen, dass ihre Landsleute in dieser tristen Umgebung Hoffnung durch den Glauben an Jesus Christus finden. Sie setzen sich unermüdlich für dieses Ziel ein. Sie sind es auch, die die Camps kennen und die planen, in welche Unterkünfte die Hilfs-Teams gehen.

Sie dolmetschen und kümmern sich nach den Einsätzen um die Seelsorge derjenigen, die Jesus kennenlernen wollen.

Es geht also los. Die Behausungen liegen weit außerhalb der Stadt, umgeben von Wüste, von nichts als Sand und Geröll. Dazu Dreck und Abfall.

Eine schlichte Mauer sperrt diesen Bereich von der Außenwelt ab. Ein verschlossenes Tor. Ein mürrischer Wächter, mit dem verhandelt werden muss, da er keine Fremden in diese Welt hineinlassen will.

Ein Wächter bewacht das Tor zum Camp.

Ist diese erste Hürde überwunden, geht es vorbei an unzähligen Reihen von geparkten Bussen. Die Vielzahl der Fahrzeuge macht deutlich, wie viele Menschen hier auf engem Raum untergebracht sind. Die abgewirtschafteten Fahrzeuge bringen die Männer täglich zu den Baustellen oder anderen Arbeitsplätzen und zurück.

Hinter den Bussen befindet sich die eigentliche Unterkunft: langgestreckte zwei- oder dreigeschossige Häuser. Frischgewaschene Wäsche hängt an Leinen auf den Balkonen.

*Die trocknende Wäsche bildet einen bunten Gegensatz
zur tristen Fassade des Camps.*

Dann geht es hinein in die eigentliche Unterkunft – falls
diese Baracken die Bezeichnung «Unterkunft» überhaupt
verdienen. Der Geruch sticht in die Nase: Ungewaschene
Körper sowie Toiletten- und Essensdämpfe vermischen
sich zu einem unangenehmen Gestank. Hier leben Hunderte, in manchen Camps gar Tausende Männer zusammen.
Die Waschgelegenheiten und Toiletten sind primitiv und
oft kaputt, und sie reichen bei Weitem nicht aus für die
Anzahl der Bewohner. In einem ehemaligen Bad stehen
zwei Kochstellen. Hier bereiten sich die Männer Tee und
kleine Gerichte zu, Reis und Linsenbrei. Alles in diesem
Raum ist klebrig und verfleckt: der Boden, die Wände,
die Kochstellen.

Das klingt alles sehr bedrückend, doch überraschenderweise sind überall fröhlich strahlende Männer zu sehen.

Die prekären sanitären Verhältnisse und der Platzmangel im Camp machen uns betroffen.

Einer sitzt im schmalen Flur und lässt sich von einem anderen die Haare schneiden. Ein anderer hebt schwere Gewichte. Seine Freunde stehen beeindruckt um ihn herum und staunen. In den Ecken stehen Grüppchen zusammen und reden. Ein paar kommen erst jetzt von der Arbeit.

Die weißen Männer, die aus den Autos steigen, sind für die Camp-Bewohner eine große Attraktion. Hier, fern von allem Leben, ist natürlich jede Abwechslung willkommen. Aber für diese einfachen Arbeiter ist es etwas ganz Besonderes, dass Menschen aus einer ganz anderen «Klasse» zu ihnen kommen, um Zeit mit ihnen zu verbringen.

Kisten werden aus den Autos getragen und in das Camp gebracht. Schnell sind Scharen von Menschen da. Die meisten weißen Männer sind mindestens einen Kopf größer als die Männer aus Nepal, die sie umringen.

In den Kisten befinden sich Tüten voller Lebensmittel und Hygieneartikel. Dazu gibt es kleine Bücher und Traktate, die den christlichen Glauben erklären. Alle nehmen die Gaben dankbar an, und obwohl diese Männer so bedürftig sind, verläuft die Ausgabe recht ordentlich. Es gibt nicht viel Geschubse oder Gedränge. Aber sehr viel staunende Dankbarkeit. Es ist leider nie genug da …

Egal, wie viele Hilfsgüter wir mitbringen: Es ist nie genug da für alle.

Obwohl der Andrang groß ist, bleibt die Stimmung positiv.

Als Nächstes bieten die nepalesischen Pastoren Gebet an. Jeder darf kommen und sein Anliegen mitteilen, und sowohl die Pastoren als auch die weißen Helfer umgeben diese armen Menschen mit Gebet.

Es ist so viel Verzweiflung aus den Anliegen dieser Männer herauszuhören: Viele haben Schmerzen oder Verletzungen, aber keine Krankenversicherung. Sie müssen trotzdem jeden Tag auf ihrer Arbeitsstelle erscheinen, sonst riskieren sie, ihren mageren Lohn von umgerechnet 100 bis 200 Euro im Monat zu verlieren – der aber oft nicht oder sehr verspätet ausbezahlt wird.

Andere leiden unter Albträumen oder seelischen und sogar dämonischen Belastungen. Einige drückt die Sorge um Angehörige in der Heimat. Es ist für die Arbeiter eine große Last, wenn sie gekommen sind, um ihre Familien in der Heimat zu unterstützen, und jetzt kein Geld schicken können, da sie selbst nicht bezahlt werden.

Matthias und unsere Söhne erleben vieles, das ihren Glauben auf unvergessliche Weise prägt. Es geschehen unglaubliche Wunder: Ein Mann, der sich nur noch humpelnd fortbewegen kann, bittet um Gebet. Obwohl er große Schmerzen hat, muss er tagtäglich zur Arbeit. Nachdem zwei Männer für ihn gebetet haben, rennt er die Treppen im Gebäude jubelnd hoch und runter, immer wieder. Er kann vor lauter Freude gar nicht mehr aufhören. Die Schmerzen sind verschwunden.

Ein anderer kann seinen Arm nicht mehr bewegen. Beim Beten kribbelt es, und danach kann er den Arm wieder benutzen. Zum Beweis schnappt er sich die Gewichte, mit denen ein anderer sein Krafttraining gemacht hat, und stemmt sie hoch und runter.

Einer fragt zweifelnd, ob die Pastoren nur ihnen hier helfen können? Ihn drückt die Sorge um seine Familie in Nepal. Seine Kinder sind krank und werden sterben, wenn sie nicht teure Medikamente bekommen. Aber das Geld für die Behandlung fehlt, und er hat auch nichts, was er ihnen schicken könnte. Inbrünstig beten die Männer für die Heilung der Kinder.

Tage später ruft der Mann staunend an. Seine Stimme überschlägt sich vor Freude, die mitgeteilt werden muss:

Seine Kinder sind wieder gesund, erzählt er, ganz ohne Medizin. Und zwar seit genau dem Moment, in dem gebetet wurde, wie ihm seine Frau berichtet hat.

Ein Mann, der von bösen Träumen geplagt wird, steht vor unserem Freund Joel. Auch er bittet um Gebet. Zu gerne wäre er frei von den negativen Gedanken, die ihn so sehr belasten. Joel bemerkt ein Amulett, das der Mann um seinen Hals trägt. «Was ist das?» – «Das brauche ich.» – «Du musst es loslassen. Wenn du dich an andere Götter bindest, kann Jesus dir nicht helfen.» Traurig geht der Mann fort und beobachtet das Gebet aus der Ferne. Nach einiger Zeit kommt er zurück. «Gut, ich bin bereit. Ich kann so nicht mehr weiterleben.» Er reißt sich das Amulett vom Hals und gibt es Joel, der es in einem weiten Bogen über die Mauern des Komplexes wirft. Dann betet er für diesen Mann, der endlich die ersehnte Freiheit erhält.

Ein Höhepunkt ist der Kino-Abend im Camp: Das Team lädt die weißen Plastikstühle unserer Gemeinde auf einen Hänger. Beamer, Boxen und Leinwand werden ebenfalls mitgenommen. Unmengen von Popcorn werden zubereitet und in kleine Papiertüten gefüllt. Und dann geht es los.

Auf einem freien Platz im Camp wird das Open-Air-Kino errichtet. Die Leinwand wird aufgestellt, der Anhänger mit dem Beamer platziert, und auf einem langen Tisch baut das Team die Snacks auf: Limo, Popcorn, Sandwiches – alles, was es für einen gemütlichen Filmabend braucht.

Die Stuhlreihen füllen sich. Auf der Leinwand läuft ein Jesus-Film. Das Besondere daran ist, dass diese nepalesischen Männer den Film in ihrer Muttersprache sehen können. Wie schön ist es, diesen belasteten Männern mit dieser Botschaft einen Lichtblick in ihre triste Umgebung zu bringen!

Matthias erzählt

Jesus-Film

In Doha wachsen die Wolkenkratzer wie Pilze aus dem Boden. Immer neue Designs und immer höhere Gebäude. Ganz Doha ist wie eine riesige Baustelle.

Die Katarer sind stolz auf ihre immer weiter wachsende Skyline und die neu entstehenden Einkaufszentren. Leider vergessen sie sehr oft, dass es all die Arbeiter aus Nepal, Pakistan, Ägypten, Bangladesch und so weiter sind, die diese prachtvollen Bauwerke errichten, und dass es sie viel Arbeit und Schweiß kostet – und manchmal auch ihr Leben.

Sie arbeiten sechs bis sieben Tage die Woche oft zwölf Stunden am Tag bei Temperaturen von bis zu fünfzig Grad im Schatten.

Wir erfahren, dass einige Leute aus unserer Gemeinde wöchentlich diese Arbeiter in ihren Camps besuchen, um Zeit mit ihnen zu verbringen, sich ihre Geschichten anzuhören und zu helfen, wo es geht.

Unsere Familie schließt sich dieser Gruppe an, und so bekommen wir einen tiefen Einblick in den modernen Sklavenhandel, der in Katar tagein, tagaus passiert.

Nach dem ersten Einsatz sind wir sehr betroffen, ja sogar geschockt.

Circa eine Stunde vor jedem Besuch im Camp treffen wir uns, um alles zu besprechen und vor allem um Gott um Bewahrung zu bitten für unser Team und auch für die Arbeiter, die wir treffen werden.

Ein bis zwei Tage vor jedem Einsatz kaufen wir in der Großmarkthalle Bananen, Orangen, Äpfel oder ähnliches Obst – meistens für 100–250 Leute, je nach Camp.

Außerdem besorgen wir auch verschiedene Hygieneartikel wie Einwegrasierer, Seife, Deoroller, Zahnbürsten und so weiter. Nach dem Einkauf packen fleißige Hände alles in Tüten, damit es beim Austeilen später etwas einfacher ist. Auch unsere Kinder und die Kinder unserer Freunde helfen begeistert mit.

Nachdem für die Verpflegung gesorgt ist, wollen wir den Arbeitern auch etwas zum Lesen geben, und so organisieren wir Bibeln in ihrer jeweiligen Sprache.

Nach der Besprechung und dem Gebet fahren wir mit zwei bis drei vollgepackten Fahrzeugen zum ausgesuchten Camp. Die meisten befinden sich im abgelegenen Industriegebiet vor Doha, das teilweise an die Slums in Dritte-Welt-Ländern erinnert. Andere Camps sind noch weiter weg gelegen, in der Wüste, irgendwo im Niemandsland.

Nach mehreren Wochen Einsatz haben einige von uns die Idee, in einem der abgelegensten Camps eine Movie-Night mit Kino-Atmosphäre zu organisieren. Alle im Team sind begeistert, und schon laufen die Vorbereitungen auf Hochtouren. Während einige sich mehr Gedanken über die Leinwand, Soundanlage, Beamer, Stühle und so weiter machen, organisieren andere bergeweise Popcorn und andere Leckereien, inclusive Getränke.

Endlich ist es so weit. Dieses Mal benötigen wir ein größeres Team als sonst, da wir ja auch einiges mehr vorbereiten müssen. Nach unserem Team-Meeting und Gebet geht's los in Richtung Industriegebiet, dann noch weiter in die Wüste an einer stinkenden Kläranlage vorbei, um kurz danach das weit abgelegene Camp zu erreichen. Es ist ein großes eingezäuntes Gelände, das an einen Schrott- und Schuttplatz erinnert, und mittendrin stehen mehrere alte Baracken und Container, die die Arbeiter ihr Zuhause nennen.

Nach kurzer Begrüßung und Erklärung unseres Besuchs kann das Aufbauen der Stühle, Leinwand, des Beamers und der Soundanlage beginnen. Die meisten Arbeiter schauen gespannt zu, aber einige helfen auch sofort mit, und so sind wir doch recht schnell fertig.

Die Leinwand ist aufgebaut: Der Kinoabend im Camp kann beginnen.

Nach kurzem Sound- und Beamer-Check kann es endlich losgehen. Alle sitzen gespannt und erwartungsvoll auf den Stühlen. Einer unserer nepalesischen Brüder heißt alle herzlich willkommen und erklärt kurz das Programm für den Abend und warum wir hier sind. Die Freude unter den Arbeitern über eine so außergewöhnliche Abwechslung in ihrem Alltag ist schon vor dem Film deutlich zu spüren.

Wir zeigen einen Jesus-Film, und alle blicken gespannt auf die Leinwand. Auch für die meisten aus unserem Team ist es das erste Mal, dass sie den Film in nepalesischer Sprache sehen. Es herrscht eine besondere Stimmung, und wir freuen uns, dass alle sich ganz dem Film widmen.

Als die letzte Szene vorbei ist, setzt lebhafter Applaus ein, und man kann die Begeisterung spüren. Der Leiter des Teams gibt eine kurze Erklärung und Zusammenfassung des Films, die durch unseren nepalesischen Bruder übersetzt wird.

Kinoreihen, gefüllt mit Campbewohnern

Im Anschluss ergeben sich angeregte Gespräche über das Gesehene. Einige erzählen uns aber auch von ihren eigenen Geschichten und Sorgen. Mehrere Gebetsgruppen entstehen, und wir spüren die Gegenwart Gottes in diesem Camp. Auch an diesem Abend haben wir einige Kisten Bibeln dabei, und viele nehmen gerne ein Exemplar entgegen.

Gegen Mitternacht ist dann alles wieder eingepackt und auf dem Anhänger und in den Autos verstaut. Wir verabschieden uns und lassen viele fröhliche Gesichter und winkende Hände zurück.

Wir sind erfüllt von Dankbarkeit für diesen Abend und preisen Gott für die Bewahrung, für seine Gegenwart und dafür, dass diese Menschen durch die Geschichte von Jesus angesprochen wurden.

Es ist stockdunkel hier draußen in der Wüste, und wir versuchen, unseren Weg zurück in die Zivilisation zu finden. Wir sind ungefähr zehn Minuten gefahren, als plötzlich, wie aus dem Nichts, zwei Scheinwerfer auftauchen und mit hoher Geschwindigkeit auf uns zukommen. Wer ist denn zu dieser Uhrzeit noch an solch einem verlassenen Ort unterwegs? Durch den aufgewirbelten Staub und die dunkle Nacht können wir nicht viel von dem vorbeirasendem Land-Cruiser erkennen. Aber eins merken alle sofort: Das war kein ziviles Fahrzeug.

Wir wissen, dass unsere Arbeit in den Camps nicht gern gesehen wird. Hat jemand vielleicht mitbekommen, was wir heute Abend dort getan haben?

Wir erhöhen unsere Geschwindigkeit so gut wie möglich und schauen ständig im Rückspiegel, ob das vorbeigeraste Fahrzeug umdreht und uns verfolgt. Einige fangen an zu beten, und endlich erreichen wir nach einer gefühlten Ewigkeit die Hauptstraße zurück ins Industriegebiet. Wir biegen mehrmals links und dann wieder rechts ab und stellen erleichtert fest, dass uns niemand verfolgt hat.

Das war Aufregung pur, aber es war ein sehr schöner und segensreicher Abend, den wir so schnell nicht vergessen werden.

«Danke lieber Vater für deine Güte und Treue, für die Bewahrung und deine Liebe für die Menschen, in diesem Camp!»

An einem Abend wollen die nepalesischen Pastoren uns, ihren westlichen Freunden, etwas zeigen. Sie steigen zu uns ins Auto und erklären den Weg zu einem abgelegenen

Ort. Es geht immer weiter aus der Stadt heraus, ins Industriegebiet. Inmitten von Dreck und Abfällen werden die Autos geparkt. Ein kurzer Fußmarsch hindurch zwischen mehreren großen, heruntergekommenen Warenlagern beginnt: Es riecht hier nicht gut. Der Ort hat eine ekelerregende, unangenehme Atmosphäre. Man kann sich richtig vorstellen, wie sich hier nachts die Ratten bekämpfen.

Und dann schließt einer der Pastoren eine Tür auf. Was für eine Überraschung! Hinter der unscheinbaren Tür befindet sich eine vollkommen andere Welt: Ein liebevoll eingerichteter großer Raum lädt zur Anbetung Gottes ein. Auf dem Boden: ein strahlend weißer Teppich. Vorne auf der Bühne steht ein großes Kreuz als Siegeszeichen. Gitarren stehen bereit. Das Inventar ist einfach, aber es ist zu spüren, wie viel Liebe in die Einrichtung dieses Raums gesteckt wurde. Man kann sich leicht vorstellen, wie hier arme Menschen ihr Letztes gegeben haben, um Gott damit zu ehren. Und damit sie einen Platz haben, um gemeinsam diesen großen Gott anzubeten. Weil es auf Erden nichts Besseres gibt! Das verstehen diese mittellosen Menschen viel besser als wir.

Hier feiern unsere nepalesischen Geschwister ihren Gottesdienst.

Kleiner arabischer Sprachführer
Ta'al *(ta-ahl)* – Komm!

---

26. Eine schwere Entscheidung

Erschöpft lasse ich mich auf den kalten Metallstuhl im Wartebereich sinken. Morgens ist es mit sechs Kindern immer hektisch. Als ich endlich im Auto sitze, ist die Zeit knapp bemessen bis zu meinem Termin im Hamad-Hospital, dem wichtigsten öffentlichen Krankenhaus der Stadt.

Die bisherigen Vorsorgeuntersuchungen haben immer in einer kleinen nahegelegenen Gesundheitsstation stattgefunden. Doch jetzt, etwa eine Woche vor dem Geburtstermin, ist mein Blutdruck zu hoch, und ich soll im Krankenhaus untersucht werden.

Ich gehe grundsätzlich nicht gerne ins Krankenhaus, aber hier fällt es mir noch viel schwerer. In unserer ersten Zeit in Katar haben wir oft gehört, wie Bekannte über eine erschütternde Geschichte sprachen, die damals geschehen ist: Eine befreundete Frau aus der Schweiz musste wegen einer Blinddarmentzündung ins Krankenhaus. Die Operation verlief ohne Probleme, aber danach ging es ihr zusehends schlechter. Die Krankenschwestern nahmen das Problem nicht ernst. Es war schließlich Wochenende. Die Patientin und ihre Familie wurden vertröstet, nach dem Wochenende sei der Arzt wieder da. Aber sie hätte *sofort* Hilfe gebraucht. Sie starb an einer Blutvergiftung und hinterließ ihren Mann und drei kleine Kinder.

Diese Geschichte prägt meine Einstellung zur Gesundheitsversorgung in diesem aufstrebenden Staat. Mit den Einnahmen vom Öl will das Land in rasantem Tempo die Entwicklung von fünfzig Jahren nachholen. Das ist aber nicht so einfach. Beispielsweise werden moderne Krankenhäuser mit raffinierten technischen Geräten ausgestattet, aber das ausländische Personal verfügt nicht immer über die notwendigen Kenntnisse, sie auch zu bedienen. Sicher gibt es auch gute Ärzte und Krankenschwestern, aber es fällt mir schwer, ihnen zu vertrauen.

Am Krankenhaus angekommen, drehe ich auf dem überfüllten Parkplatz eine Runde nach der anderen. Allein schon quer durch die Stadt zu einem unbekannten Ziel zu fahren, ist stressig. Zudem mache ich mir immer lange, bevor ich losfahre, Gedanken über die Parkmöglichkeiten. Ich fahre nicht so aggressiv wie die anderen Autofahrer, sodass ich sofort in eine freie Lücke preschen könnte. Dazu komme ich äußerst ungern zu spät. Vermutlich schießt mein Blutdruck vor lauter Aufregung gerade wieder in die Höhe. Ich bete immer wieder um Hilfe, und schließlich fährt jemand vor mir raus. Ich bin Gott so dankbar.

Im Aufnahmebereich der Frauenklinik gibt es eine lange Schlange. Mir bleibt nichts anderes übrig, als mich hinten anzustellen. Nur langsam geht es voran. Als ich schließlich vorne angekommen bin und der Frau am Schalter mein Anliegen vorbringe, meint sie, ich sei hier falsch. Sie schickt mich zu einer anderen Abteilung, in der ich mich erneut anstellen muss.

Aber auch die nächste Mitarbeiterin meint, ich sei hier bei ihr am verkehrten Ort ...

Nach einigen weiteren Versuchen ist es so weit. Endlich bin ich an der richtigen Stelle. Aber nun gibt es ein neues Problem: Da Matthias arbeiten muss, bin ich allein gekommen. «Wo ist Ihr Mann?», fragt die Frau hinter dem Tresen.

«Es ist *mein* Termin. Mein Mann ist nicht dabei», sage ich, um das Missverständnis aufzuklären.

«Gut, aber wo ist sein Ausweis?», gibt die Frau zurück.

«Warum sein Ausweis? *Ich* bin schwanger, nicht er.»

«Sie brauchen zumindest seinen Ausweis. Sonst können wir Sie nicht untersuchen.»

Wir diskutieren, aber es hilft alles nichts. Ich befürchte schon, dass ich umsonst gekommen bin. Schließlich einigen wir uns darauf, dass Matthias seinen Ausweis zum Krankenhaus faxt. Zum Glück kann ich ihn schnell erreichen. Es dauert lange, bis schließlich alle Formulare ausgefüllt sind und ich im Wartebereich Platz nehmen darf. Hätte ich gewusst, dass alles so lang dauert, hätte ich mir nicht so viele Sorgen machen müssen, zu spät zu kommen!

Erlebnisse wie diese erinnern mich daran, welche Rolle Frauen in der arabischen Gesellschaft einnehmen. Eine Veränderung bahnt sich an, aber in vielen Bereichen dürfen sie immer noch nicht selbst über ihr Leben bestimmen. Sie werden nicht als eigenständige Personen wahrgenommen. Immer muss ein Anderer für sie die Verantwortung übernehmen, entweder der Ehemann, der Vater oder ein Bruder. Selbst ein minderjähriger Sohn kann für seine Mutter entscheiden. Das ist so schwer zu verkraften, wenn man ein eigenständiges Leben gewohnt war!

Bei der Voruntersuchung ist mein Blutdruck natürlich viel zu hoch. Kein Wunder – nach dem langen, aufreibenden Warten und den Schwierigkeiten bei der Anmeldung! Wegen des Ergebnisses werde ich vorgezogen und komme gleich ins Behandlungszimmer. Nach einer kurzen Untersuchung meint die Ärztin gelassen: «Sie bleiben heute gleich hier. Wir geben Ihnen etwas für Ihren Blutdruck, und morgen haben Sie schon Ihr Kind.»

«Ich habe noch gar keine Wehen. Und der Termin ist erst in einer Woche!», wende ich ein.

«Mit den Medikamenten ist Ihr Blutdruck morgen im normalen Bereich, und wir können die Geburt einleiten.»

«Nein!», rufe ich panisch, «Ich bleibe auf keinen Fall!»

Die Ärztin redet auf mich ein. Für sie ist klar, an ihrer Entscheidung ist nicht zu rütteln. Das ist aber das Allerletzte, was ich will. Natürlich kann ich kaum abwarten, mein Baby im Arm zu halten – aber nicht so. Meine sechs Kinder sind alle auf natürliche Weise zur Welt gekommen, ohne dass die Geburt eingeleitet wurde; die letzten vier sogar zu Hause. Ich bin überzeugt, dass eine natürliche Geburt am besten für Mutter und Kind ist.

Auch dieses Mal wünsche ich mir eine Hausgeburt, aber das ist in Katar nicht so einfach. Über viele Generationen hinweg kamen auch hier Kinder zu Hause zur Welt. Trotz eines modernen Gesundheitssystems zögerten Frauen, mit dieser Tradition zu brechen und zur Entbindung ins Krankenhaus zu gehen. Da es bei Hausgeburten manchmal Komplikationen gab, wurde von der Regierung beschlossen, dass alle Kinder im Krankenhaus zur Welt kommen müssen. Seit diesem Gesetz ist eine Hausgeburt in Katar illegal.

Wir hatten uns vorsichtig umgehört und von einer kanadischen Hebamme erfahren: Als «Freundin» könne sie im Bedarfsfall «zufällig» vor Ort sein und gegen Bezahlung helfen. Das ist unser Plan.

Aber nun sitze ich vor einer Ärztin, die fest darauf besteht, dass ich sofort ins Krankenhaus aufgenommen werden muss.

Sie überprüfen wieder meinen Blutdruck. Wenn er inzwischen niedriger ist, meinen sie, kann ich vielleicht gehen. Aber er ist noch weiter gestiegen. Eigentlich kein Wunder, denn innerlich bin ich vollkommen aufgewühlt.

Ich bitte um etwas Bedenkzeit. So liege ich auf meiner schmalen Liege und rufe verzweifelt Matthias an. Er verspricht, unsere Freunde zu bitten, dass sie für Weisheit und die richtige Entscheidung beten.

Es ist nicht so einfach, das Richtige zu tun. Wenn die Ärztin recht hat, setze ich mit meiner Weigerung, morgen zu entbinden, das Leben meines geliebten Kindes aufs Spiel. Ich hatte mir die Geburt zwar ganz anders vorgestellt, will aber nicht auf Kosten unseres Kindes meinen Willen durchsetzen.

Andererseits vermute ich, dass die Ärztin kein Interesse daran hat, dass das Kind auf natürlichem Weg zur Welt kommt. Aus ihrer Sicht wäre es leichtsinnig, die wunderbaren, modernen medizinischen Möglichkeiten nicht zu nutzen.

Vertraue mir. Das sind die Worte, die mich schon seit Wochen begleiten. In jeder schweren Situation, bei allen Ängsten und Fragen, hallen diese Worte in meinem Kopf wider: *Vertraue mir.*

In mir wächst die Überzeugung, dass ich nicht bleiben soll. Fassungslos starrt die Ärztin mich an, als ich ihr meinen Entschluss erkläre. Sie holt eine Kollegin dazu, und beide reden auf mich ein. Sie wollen mir Angst machen, dass ich mein Kind verlieren könnte. Ich sei schuld, wenn mein Baby sterbe. Aber ich habe die innere Gewissheit, dass es in Ordnung ist, zu gehen. Schließlich gibt sie mir widerwillig einen Zettel zum Unterschreiben. Auf eigene Verantwortung hin gehe ich nach Hause.

Daheim könnte ich vor Freude durch das Haus tanzen. Ich danke Gott von Herzen für das, was ich als Befreiung empfinde.

Die damals fünfjährige Sarina bekommt von den Problemen ihrer Mutter mit dem katarischen Gesundheitssystem natürlich nicht sehr viel mit. Sie beschäftigten gerade andere Sorgen:

Sarina erzählt

Ich bin als einzige meiner Geschwister in Katar in den Kindergarten bzw. die Vorschule gegangen. Zu Beginn habe ich mich gesträubt, denn in den Ferien, bevor es losgehen sollte, haben wir den US-Film «Matilda» geschaut, und darin gibt es eine Szene, in der ein kleines Mädchen in der Schule an ihren geflochtenen Zöpfen durch die Luft gewirbelt wird. Darum hatte ich Angst, in den Kindergarten zu gehen, weil ich überzeugt war, dass es im echten Leben auch so sein wird. Von meinen Befürchtungen habe ich aber niemandem etwas erzählt. Als es schließlich so weit war, bin ich nie mit Zöpfen gegangen, weil ich mir so sicher war, dass ich dann in Gefahr schwebe. Die ersten paar Tage ist Mama bei mir geblieben, und danach hat sie mir jeden Tag Geschenke nach dem Kindergarten mitgebracht als Belohnung, und dann ging's eigentlich. Aber am Anfang habe ich jeden Tag geweint, und wenn man jetzt mein Fotoalbum aus der Kindergartenzeit anschaut, sieht man mich in der ersten Hälfte davon mit rotem Gesicht und nassen Augen.

Als es mir im Kindergarten besser ging und es schließlich auch Spaß gemacht hat, hinzugehen, ist etwas passiert: Wir mussten immer mit unserer Arbeit nach vorne zum Schreibtisch der Vorschullehrerin kommen und sie ihr zeigen. Ich war an diesem Tag eine der letzten, die abgaben, also lag auf ihrem Schreibtisch schon ein großer Stapel mit Papieren von all den anderen Kindern. Ich stand also in der Schlange, ganz am Ende, und ich weiß noch genau, wie ich meine Füße immer so zur Seite gedreht habe, dass ich nur auf der Außenkante stand. Das mache ich heute immer noch so, wenn ich mich unsicher fühle.

Und dann war ich endlich dran.

Die Lehrerin war gerade weg, um irgendetwas zu holen, und ich habe da an ihrem Schreibtisch gewartet. Und dann habe ich auf einmal das Gleichgewicht verloren, bin sozusagen vor lauter Kippeln umgekippt. Als ich probierte, mich am Schreibtisch festzuhalten, habe ich dabei den Kaffee der Lehrerin über den ganzen Schreibtisch und damit über die Blätter der anderen Kinder verschüttet! Die Arbeit

Warum Sarina lange keine geflochtenen Zöpfe in der Vorschule wollte, wurde uns erst später klar …

269

von allen war ruiniert, und ich habe angefangen zu heulen, weil ich mir sicher war, dass jetzt mein «Matilda-Moment» kommt.

Aber unsere Lehrerin reagierte ganz anders: Sie sah sofort, dass ich regelrecht zitterte vor Furcht, beruhigte mich ganz lieb und meinte, alles sei halb so schlimm, sie habe sich die Blätter schon angesehen und alles in ihrem Kopf abgespeichert. Das hat auch den Rest der Kinder beruhigt, und gemeinsam machten wir uns danach daran, den Kaffee aufzuwischen.

Kleiner arabischer Sprachführer

Mumkin *(mumm-ken)* – möglich, es ist möglich

27. Home Delivery

Ungeduldig warte ich die nächsten Tage darauf, dass die Geburt endlich losgeht. Es sind immer mal wieder Wehen da, aber nichts deutet auf eine Geburt hin. Die ersten Tage versuche ich mich zu schonen und viel zu liegen, aber da der Blutdruck trotzdem hoch bleibt, gebe ich es auf und mache ganz normal meinen Haushalt. Die Sorgen bleiben. Habe ich die richtige Entscheidung getroffen? Setze ich das Leben unseres Kindes aufs Spiel?

Und dann, zehn Tage später, geht es abends endlich los: Die Wehen kommen regelmäßig, und die Abstände werden immer kürzer. Wir rufen die Hebamme an, aber sie ist nicht zu erreichen. Jetzt kommt doch Panik auf. Damit haben wir nicht gerechnet. Ganz allein eine Geburt durchziehen? Schaffen wir das?

Aber dann werden die Wehen im Laufe der Nacht wieder schwächer. Zwischendurch kann ich sogar ein bisschen schlafen, und ich frage mich, ob es ein Fehlalarm war. Doch am nächsten Morgen geht es weiter, und wir können auch endlich die Hebamme erreichen.

Die Geburt zieht sich bis zum späten Nachmittag hin. Dass es so lange dauert, ist anstrengend. Und doch sind die langen Abstände zwischen den Wehen vermutlich genau das, was mein Körper braucht. Ich versuche, die Wehen anzutreiben, indem ich im breiten Treppenhaus unseres Hauses die Stufen hoch- und dann wieder runterlaufe. Immer wieder. Hoch und runter. Bei jeder Wehe bleibe ich stehen und warte, bis der Schmerz nachlässt. Meine fünfjährige Sarina begleitet mich bei jedem Schritt. Hoch und runter. Hoch und runter. «Mama, ich bin bei dir. Ich helfe dir», tröstet sie mich liebevoll.

Die Wehen werden stärker, der Muttermund ist geöffnet. Bald wird das Baby da sein! Wir fragen die Kinder, ob sie bei der Geburt dabei sein wollen. Das wollen sie unbedingt. So stehen sie alle sechs um das Bett herum, als zuerst nur ein Schopf heller Haare zu sehen ist. Dann kommt der Kopf, mit der Hand an die Backe gepresst. Es sieht aus, als würde unsere Tochter gerade telefonieren. Schließlich ist unser wunderschönes Baby ganz da.

Wir sind alle sehr berührt. Eine Geburt ist immer ein großes, unbegreifliches Wunder. Es ist auch etwas Besonderes, das als ganze Familie zu erleben. Schon Minuten nach der Geburt schicken die Kinder begeisterte SMS an Verwandte und Freunde und versuchen, die Großeltern über Skype zu erreichen. Jeder will das Baby halten.

Unser kleines Mädchen bekommt den Namen Jasmina. Matthias schlägt vor, dass wir als Familie Gott danken, was mich sehr freut. Gemeinsam danken wir Gott, dass alles gut gegangen ist und dass Gott uns diesen Schatz anvertraut hat.

Aber ein großer Schritt steht uns noch bevor: Wir müssen unser Neugeborenes im Krankenhaus vorstellen. Matthias drängt darauf, dass ich mich erst erhole und auf den nächsten Morgen warte. Aber ich will es hinter mich bringen. Wir brauchen schließlich unbedingt eine Geburtsurkunde, um einen Reisepass zu bekommen. Sonst können wir mit unserem Baby das Land nicht verlassen.

Willkommen, Jasmina!

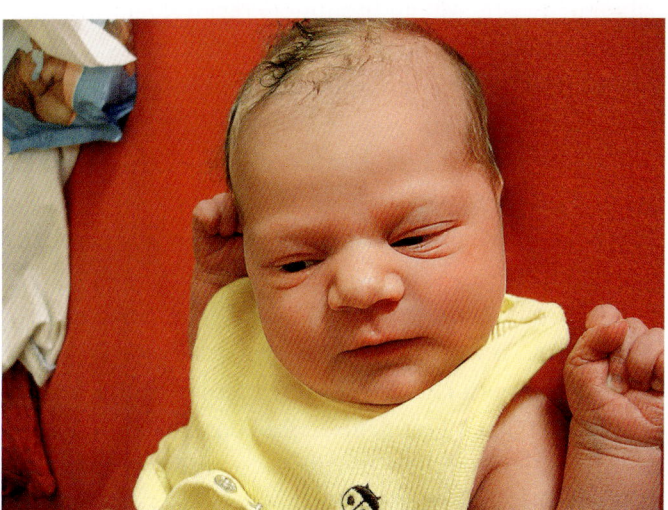

Es fällt mir nicht leicht, so kurz nach der Geburt zum Krankenhaus zu gehen. Ich fühle mich schwach, müde und total
ausgehungert. Aber ich tröste mich mit dem Gedanken,
wie schön es sein wird, den Abend und die Nacht mit unserem Neugeborenen zu genießen. Dann haben wir endlich
Zeit, die perfekten Finger und Zehen zu bewundern und
über den zarten Flaum am Kopf zu streicheln. Das ist das
Schöne bei einer Hausgeburt – das Baby kommt in einer
ruhigen, vertrauten Umgebung zur Welt. Das ist für Mutter und Kind etwas Einmaliges.

Wir verlassen unser Haus in der Abenddämmerung. Es
ist gerade Ramadan, jener besonders wichtige Monat im
muslimischen Kalender. Dreißig Tage lang darf von Son-
nenaufgang bis Sonnenuntergang weder gegessen noch
getrunken werden. Aber Muslime hungern, wie ich schon
erzählt habe, nicht, denn fast die ganze Nacht hindurch
wird geschlemmt. Die Notaufnahmen der Krankenhäuser
haben in diesem Monat besonders regen Zulauf: Die Patienten leiden unter Magenbeschwerden, weil sie zu viel
gegessen haben. Vielen muss der schmerzende Magen
ausgepumpt werden.

Wir gehen zur Notaufnahme des Hamad-Hospitals. Da
wir nicht wissen, wie lange es dauern wird, nehmen wir
zusätzlich zum Baby auch noch unsere Jüngsten Joel und
Sarina mit.

In der Aufnahme sitzt eine Frau träge und gelangweilt
hinter dem Tresen. Inzwischen sind es nur noch wenige
Minuten bis zum Höhepunkt des Tages, dem Fastenbrechen. Kurz vor der Festmahlzeit drehen sich die Gedanken
der Menschen vor allem um die bevorstehende Mahlzeit,
da bleibt nicht viel Kraft für anderes.

Matthias geht mit Jasmina auf dem Arm zu der Frau. Zuerst beachtet sie ihn nicht. Er sagt: «Wir kommen mit unserem Baby. Wir wollen sie registrieren lassen. Sie wurde zu Hause geboren. Home delivery.»

Man kann Hausgeburten auch mit dem üblicheren «home birth» übersetzen, in unserem Mix der Kulturen und Sprachen haben wir allerdings von «home delivery» gesprochen.

Mühsam hebt die Frau die Augen vom Display ihres Handys und sieht ihn an. Dann schaut sie überrascht auf das Neugeborene und fragt: «Welche Klinik?»

«Keine Klinik», sagt Matthias. «Sie ist zu Hause geboren.»

«Welche Klinik?» wiederholt sie ungeduldig.

«Sie wurde zu Hause geboren. Home delivery! Wir wollen sie registrieren lassen.»

Langsam dämmert der Frau, was hier los ist. Sie schaut zuerst ihn an, dann mich und das Baby.

«Home delivery?», fragt sie fassungslos.

«Ja, sie wurde zu Hause geboren, und nun sind wir hier, um die Dokumente zu holen.»

Die Augen der Frau weiten sich. Entsetzt beginnt sie laut zu rufen: «Home delivery! Home delivery! Home delivery!» Sie läuft los, holt andere herbei, und ruft dabei immer noch: «Home delivery!»

Die ganze Situation ist verrückt und komisch zugleich: Den Begriff «home delivery» hört man in Katar zwar oft, aber nicht in diesem Zusammenhang. Er wird gebraucht, wenn zum Beispiel ein Lieferbote mit dem Motorrad das Abendessen zu einem nach Hause bringt. Darum passt dieser Ruf gut zum jetzigen Fastenbrechen. Ihr aufgeregter Ruf klingt, als würde sie die ganze Station zur gemeinsamen Mahlzeit zusammenrufen.

Eine Schwester eilt zu Matthias und streckt die Arme aus. «Gib mir das Baby!», fordert sie streng.

«Nein!», ruft er entsetzt. «Es ist *mein* Baby!»

Inzwischen sind wir von fünf oder sechs Schwestern in pastellfarbenen Kitteln umringt. Was ist denn hier auf einmal los? Aus einem verschlafenen Vorzimmer ist ein wuselnder Marktplatz geworden. Es wimmelt von Frauen, die alle irgendetwas von mir und meinem Baby wollen. Ich habe keine Ahnung, was passiert, und das alles macht mir große Angst.

Einige der Krankenschwestern werden jetzt energisch. Ich soll mitkommen und mein Baby mitbringen. Sie fassen mich am Arm und deuten auf die geschlossene Tür: «Come! Come!», fordern sie mich zum Mitkommen auf.

Ich deute Matthias an, dass er mich begleiten soll. Das, was auf mich zukommt, das schaffe ich auf keinen Fall allein!

Die Schwestern bemerken es und machen eine abwehrende Geste, als sie mich zur Tür ziehen. Sie schauen Matthias streng an und meinen: «No men allowed!» – Zutritt für Männer verboten!

Ich sehe Matthias flehend an und wiederhole immer wieder leise: «Ich habe Angst.» Ich habe keine Ahnung, was mich erwartet. Ich fühle mich wie eine Gefangene, die abgeführt wird. Ich werfe einen Blick zurück zu Matthias und den Kindern und verschwinde mit meinem Baby hinter eine Tür, die hinter mir fest verschlossen wird.

Die aufdringlichen Schwestern in ihren rosafarbenen Kitteln drängen sich um mich. Sie wollen mir unbedingt mein Baby abnehmen. Ich drücke mein Mädchen fest an mich und wehre mich wie eine Löwenmutter. Ihnen wird klar, dass sie bei so einer hartnäckigen Frau nicht weiterkommen. Sie zeigen mir einen Inkubator. In diesen Brutkasten soll ich mein Baby hineinlegen, damit ich mich hinlegen kann und sie mich untersuchen können. Dieses wunderbare kleine Wesen ist erst vor wenigen Stunden aus mir herausgekommen. Nein! Ich weigere mich. Ich werde sie hier nicht loslassen, dazu fehlt mir das Vertrauen.

Wie eine kaputte Schallplatte mit einem Sprung sagen sie immer wieder: «Sie müssen im Krankenhaus bleiben, Sie und Ihr Baby. Mindestens 24 Stunden müssen Sie hierbleiben.» Voller Panik setze ich entgegen: «Nein, wir werden *nicht* bleiben. Auf keinen Fall!» Ich fühle mich wie eine Gefangene.

Die Damen merken, dass mit so einer irren Frau nicht zu verhandeln ist. Wir einigen uns schließlich darauf, dass ich mich zwar auf die Liege lege, mein Mädchen aber dabei auf meinem Bauch behalten darf. Doch dann wird umentschieden: Ich soll in ein anderes Zimmer gehen. Als ich aufstehe, ruft die Frauenschar entsetzt: «Da ist Blut! Sie bluten ja! Sie müssen unbedingt hier bleiben.» Ich verstehe die Welt nicht mehr, ich bin ja wohl nicht die erste Gebärende, die auf diese Station kommt. «Natürlich blute ich. Ich habe doch gerade ein Kind entbunden!»

Im zweiten Zimmer soll ich mein Baby ausziehen und auf die Waage legen. Inzwischen wissen sie, dass ich nicht von der Seite meiner Kleinen weichen werde. Sie wird gewogen und untersucht, dabei bleibe ich an ihrer Seite und streichle sie. Besonders sorgfältig betrachten sie den Bauchnabel. Sie wollen noch ein bisschen abschneiden, stellen dann aber fest, dass er dafür zu kurz ist.

Nun soll ich zurück ins erste Zimmer und mich erneut auf die Liege legen. Jasmina behalte ich an meiner Seite. Ein Arzt kommt herein und drückt auf meinem Bauch herum. Danach wird sehr grob mein Unterleib untersucht. Ich sage mehrmals, dass es wehtut, aber das wird nicht gehört. Der Arzt will mir eine Infusion legen. Das ist ja nicht meine erste Geburt, Jasmina ist mein siebtes Kind. Ich habe noch nie nach einer Geburt eine Infusion gebraucht. Was soll das?

Ich frage, warum, und da wird mir gesagt, weil ich so viel Blut verliere. Ich erkläre dem Arzt, dass es mein siebtes Kind ist und es mir gut geht.

Er schaut mich nur verwundert an. Dieser Doktor ist es anscheinend nicht gewohnt, dass seinen Anweisungen widersprochen wird. Die Schar von indischen Krankenschwestern schüttelt den Kopf und trällert im Chor: «Not willing! Not willing!», was so viel heißt wie: «Diese Frau ist einfach nur verrückt und will keine Hilfe annehmen.» Ich bin ja erleichtert, dass sie es inzwischen verstanden haben!

Danach geht es zurück ins andere Zimmer zu einer weiteren Untersuchung meines Babys. Anschließend erklärt mir die Kinderärztin, wie wichtig es ist, im Krankenhaus zu bleiben. Als sie merkt, dass sie bei mir auf taube Ohren stößt, möchte sie zumindest, dass ich einer Impfung Jasminas zustimme. Penetrant redet sie immer weiter auf mich ein. Vitamin K und Tetanus, das wäre unabdingbar. Zum Glück weiß ich von der Hebamme, dass Vitamin K nicht nötig ist, da das Kind langsam geboren wurde. Der Grund, warum sie unbedingt Tetanus impfen wollen, ist, weil die Schere, mit der die Nabelschnur geschnitten wurde, ihrer Meinung nach nicht steril gewesen sein kann.

Wir diskutieren also eine Weile über die Schere. Da ich mich inzwischen so allein und schwach fühle, wittere ich hier eine Chance.

«Ob die Schere steril war? Holen Sie doch bitte meinen Mann und fragen Sie ihn! Er hat die Nabelschnur durchgeschnitten.»

«Er weiß doch nicht, wie das geht. Ist er etwa ein Doktor?»

«Nein, aber er war bei der Geburt der anderen sechs Kinder dabei. Er hat das schon einige Mal gemacht und weiß, worauf es ankommt.»

Schade. Meinen Mann holen sie nicht dazu, diese Hoffnung erfüllt sich nicht. Ich muss weiter allein kämpfen. Immer wieder sagen sie, dass die Schere nicht steril gewesen sein könne und dass das Kind geimpft werden müsse. Ich erwidere, nicht ohne Stolz, dass wir aus Deutschland sind und dort alles Nötige tun werden. Sie fragen spöttisch, ob wir denn morgen fliegen würden? «Wie, wenn wir keine Geburtsurkunde haben? Wie können wir da einen Pass für sie bekommen?» Leute, ich will doch nur, dass ihr bestätigt, dass ich ein Kind bekommen habe, damit wir die Formalitäten erledigen können!

Als ich sage, dass unser Kinderarzt in Deutschland unser Mädchen impfen wird, fragt die hiesige Kinderärztin: «Wie heißt dieser Doktor?» – «Doktor Meyer! Kennen Sie ihn?», gebe ich patzig zurück. Da sieht sie mich nur verwundert an. Sie geht dann mit mir raus zu Matthias und beschwert sich bei ihm, ich würde nicht mit mir reden lassen, und dass *er* mir doch sagen soll, wie wichtig die Impfung sei.

Nach langem Hin und Her gibt sie schließlich auf. Ich lasse meinen neugeborenen Schatz bei Matthias und gehe mit ihr zurück in den verschlossenen Bereich, damit unsere Entlassungspapiere ausgefüllt werden.

Fünf Schwestern braucht es, um die vielen Formulare zusammenzustellen. Ich muss schließlich einen ganzen Stapel Blätter unterschreiben, die klarstellen, dass wir auf alle Gefahren hingewiesen worden sind, jegliche Hilfe verweigert haben und auf eigenes Risiko gehen.

Dann drücken sie mir einen Telefonhörer in die Hand. Eine amerikanische Sozialarbeiterin ist am anderen Ende. Es ist wohl der letzte Versuch, mich zur Vernunft zu bringen. Diese Frau versteht mein Anliegen gut, trotzdem müsse das Gespräch mindestens zwei Minuten dauern, sagt sie. Sie versucht also halbherzig, mich umzustimmen, danach plaudern wir, bis die Zeit um ist.

Nach dem Telefonat sagen mir die Schwestern noch, dass ich nun vielleicht keine Geburtsurkunde bekommen werde, da ich die Impfungen verweigert habe. Sie drücken mir nur einen einzigen Zettel in die Hand – dabei habe ich so viele Zettel unterschrieben! Auf diesem Blatt steht, dass ich mit einem weiblichen Kind gekommen bin, das zu Hause geboren wurde, und dass ich eine Aufnahme im Krankenhaus und alle Behandlungen verweigert hätte.

Ich frage: «Wo bekomme ich nun eine Geburtsurkunde?»

«Keine Ahnung, aber wenn Sie im Krankenhaus bleiben, geht das alles automatisch.»

Ich will nur noch heim!

Erleichtert gehen wir. Die Geburtsurkunde, das soll eine Sorge für einen anderen Tag sein. Heute genießen wir es einfach, unseren neuen kleinen Schatz im Familienkreis kennenzulernen. Und als Jasmina und ich schließlich allein im Bett liegen, kann ich sie endlich in aller Ruhe betrachten. Bewundern. Sie ist so klein und so vollkommen. Zart und einfach wunderschön. Ein wahnsinnig großes und kostbares Geschenk. Danke Gott, dass wir alles gut überstanden haben.

Wie gut, dass ich in diesen glücklichen Abendstunden nicht weiß, welches Drama uns noch bevorsteht.

Kleiner arabischer Sprachführer
Mabruuk! *(ma-bruuk)* – Herzlichen Glückwunsch!

شـــهادة طبيـــة
MEDICAL CERTIFICATE

```
HC01434463        WH      A+
Marianne Griebling Muller
DOB: 29/05/1966   F   German
KIN  : Husband - MATTHIAS
Telephone : 6091065
Last Visit :              4110726
Date      : 27/09/2008 18:29
```

Name: .... الاســم

Pt.No. .... رقـــم

Age: .... العمــر

Sex: .... الجنس

Date of Admission: .... تاريخ الدخول:

or .... او

Out Patient Visit : *E R 29/9/0 8* .... حضور المريض العيادة الخارجية:

Date of Discharge: .... تاريخ الترخيص:

Diagnosis: .... التشخيص:

Home delivery . female baby
Patient not welling for treatment
& admission including baby vaccination.
. Home against medical advice

Remarks ☐ Fit for Duty   ملحوظة : ☐ صالح للعمل

☐ Unfit for ____ days   ☐ غيرصالح للعمل

☐ Against Medical Advice   ☐ دون أذن طبي

████████████

Nurse   Medical Officer   Patient

961785

Ich muss unterschreiben, dass ich entgegen ärztlichen Rats
das Krankenhaus verlasse ...

28. Das blonde Baby am Straßenrand

Doha, Katar
Oktober 2008

Gleich am nächsten Tag scheitert der erste Versuch, eine Geburtsurkunde für unseren Schatz zu bekommen: Gemeinsam mit einem Freund aus der Gemeinde geht Matthias voller Hoffnung mit unserem Zettel aus dem Krankenhaus zum Gesundheitsministerium. Dort steht er allerdings vor verschlossener Tür. Da in wenigen Tagen die Eid-Feiertage beginnen, ist das Ministerium schon geschlossen.

Jemand erzählt uns von einem anderen Fall, in dem es sechzig Tage gedauert hat, eine Geburtsurkunde zu bekommen! Das macht uns Angst, denn wir möchten ja über Weihnachten nach Deutschland fliegen. Ohne Geburtsurkunde bekommen wir keinen Pass und sitzen hier fest.

Wir kommen auf die Idee, Dr. Malik um Hilfe zu bitten, jenen ersten Katarer, den Matthias damals bei seinem

Arbeitgeber in Deutschland kennengelernt hat. Er kommt nicht nur aus einer einflussreichen Familie, sondern er und viele andere in seiner Familie sind Ärzte. Wenn jemand uns helfen kann – dann er. Obwohl der Kontakt zu ihm abgebrochen ist, seitdem wir in Katar leben, ruft Matthias ihn an. Dr. Malik sagt, dass er jemanden kennt, der uns helfen kann. So warten wir ungeduldig, aber doch hoffnungsvoll, die Feiertage ab.

Doch dann hören wir nichts mehr von Herrn Malik.

Wir wollen nicht mehr warten. Nach den Feiertagen steht Matthias erneut vor dem imposanten Ministeriums-Gebäude. Dieses «Ministry of Public Health» ist für die Ausstellung von Geburtsurkunden zuständig. Matthias weiß zunächst nicht, wohin er gehen soll, aber er fragt sich durch, bis er in ein kleines Büro geschickt wird. Dort erklärt er sein Anliegen und zeigt die Bestätigung des Krankenhauses vor. Er bekommt ein langes Formular ausgehändigt, das er ausfüllen soll. Als alles erledigt ist, geht er mit dem Gefühl nach Hause, endlich etwas erreicht zu haben. Aber es geschieht ... nichts.

Nach ein paar Tagen hakt Matthias nach, wo nun die Geburtsurkunde bleibt. Der uninteressierte Angestellte im Empfangsraum sieht ihn nur fragend an. Dann schickt er Matthias in ein anderes Stockwerk. Der dortige Mitarbeiter sei für einen Fall wie diesen zuständig. Auch hier darf Matthias erneut einen Antrag ausfüllen.

Aber wieder geschieht daraufhin nichts.

Fast jeden Tag spricht Matthias in diesem Gebäude vor. Er wird von einem Raum zum nächsten geschickt. Keiner möchte ihn enttäuschen, aber trotzdem kann oder will ihm auch niemand helfen. Das Ganze erinnert mittlerweile stark an den Film «Asterix erobert Rom», wo die Helden eine «Formalität verwaltungstechnischer Art» zu lösen haben und fast wahnsinnig werden, während sie für den «Passierschein A 38» von Schalter zu Schalter eilen …

Schließlich erfährt Matthias, dass eine wichtige Bestätigung fehlt, die nur das Krankenhaus ausstellen kann: eine gewisse «grüne Karte». Also macht er sich am nächsten Morgen auf zum Krankenhaus, wo man ihm die Karte jedoch nicht gibt. Wie wir später erfahren, handelt es sich dabei um einen Impfausweis. Da wir die Impfungen verweigert haben, fehlt uns dieses wichtige Dokument zur Registrierung von Jasminas Geburt.

Zurück im Ministerium trifft Matthias in einem Büro auf eine freundliche Dame aus Bahrain, die sich geduldig und verständnisvoll seine wortreichen Erklärungen anhört. Interessiert sieht sie sich unsere Familienfotos an. Sie sympathisiert mit unserer Notlage und verspricht, alles, was in ihrer Macht liegt, zu tun, um uns zu helfen. An diesem Tag haben wir das Gefühl, dass unsere inbrünstigen Gebete endlich erhört worden sind! Jasmina ist mittlerweile schon fast drei Wochen alt.

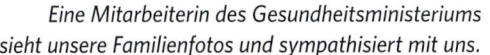

Eine Mitarbeiterin des Gesundheitsministeriums sieht unsere Familienfotos und sympathisiert mit uns.

Im Laufe der nächsten zwei Wochen schwindet unsere Hoffnung jedoch wieder. War diese nette Frau doch keine Gebetserhörung? Ist unser Fall zu schwer?

Nach einigen Besuchen und vielem Nachfragen erfährt Matthias, dass sich jede Woche ein Komitee trifft, das über Fälle wie unsere entscheidet. Bei seinem nächsten Zusammentreffen soll auch unser Fall entschieden werden. Ich frage mich, was es da zu entscheiden gibt?! Wir haben ein Baby bekommen und brauchen jetzt eine Geburtsurkunde als offizielle Bestätigung dieser Geburt.

Matthias erfährt, wann genau sich das Komitee treffen wird, und geht am Tag danach erneut zum Ministerium, um den Entscheid zu erfahren. Wie er es mittlerweile hasst, dieses Gebäude aufzusuchen! Jasmina, unser unregistrierter Schatz, ist mittlerweile schon über einen Monat alt.

Auch an diesem Tag kommt Matthias enttäuscht nach Hause. Das Komitee hat sich doch nicht getroffen, sie hatten keine Zeit. Er soll morgen wiederkommen.

Neuigkeiten gibt es auch am nächsten Tag keine. Matthias ruft noch einmal Dr. Malik an, der verspricht, im Innenministerium nachzufragen. Inzwischen stecken wir in einer Sackgasse. Es gehört zur arabischen Kultur, andere nicht zu enttäuschen. Darum macht uns jeder Mut, verspricht uns, zu helfen, weist uns zu einer neuen Tür, einer neuen Möglichkeit. Aber alle diese Wege führen ins Nichts. Wir sind im letzten Monat keinen Schritt weitergekommen. Da helfen auch die ganzen Vertröstungen nichts.

Zwischen Matthias und mir herrscht inzwischen eine gereizte Stimmung. Ich dränge ihn immer wieder dazu, nachzufragen, aber er hat keine Lust mehr. Neben dem Problem mit der fehlenden Geburtsurkunde sorgen wir uns ums Geld, da Matthias mal wieder nicht bezahlt wurde. Dazu kommen seine täglichen Schwierigkeiten am

Arbeitsplatz, und außerdem scheint es dieses Mal ernst zu sein: Wir sollen aus dem Haus ausziehen, da die Miete nach wie vor nicht oder viel zu spät bezahlt wird. Es kommt einfach alles zusammen. Ich wache nachts oft auf und mache mir große Sorgen. Wie soll alles weitergehen?

Fünf Wochen sind inzwischen vergangen. Matthias ruft wieder einmal im Amt an. Es gibt endlich etwas Neues, aber es ist eine schockierende Nachricht: Sie wollen die Geburtsurkunde *nicht* ausstellen! Es wird keine Geburtsurkunde für unseren Schatz geben. Bei aller Ungeduld und Verzweiflung haben wir nie daran gezweifelt, dass sich früher oder später alles klären würde. Wie kann dieses Komitee entscheiden, dass wir keine Geburtsurkunde bekommen?! Fassungslos fragt Matthias nach dem Grund. Wir haben unser neugeborenes Baby doch gleich nach der Geburt im Krankenhaus vorgestellt. Ihm wird darauf gesagt, dass damit nicht bewiesen ist, dass es tatsächlich *unser* Baby ist. Es könnte ja sein, so sagen sie, dass wir es am Straßenrand gefunden hätten!

Abgesehen davon, dass ich noch nie ein Baby allein am Straßenrand habe liegen sehen, ist es doch sehr unwahrscheinlich, dass hier in Katar ein hellhäutiges blondes Baby am Straßenrand liegen würde! Fast alle Menschen, die hier leben, haben eine dunkle Haut und schwarze Haare.

Ein Komitee hat also entschieden, dass unser Kind nicht uns gehört.

Matthias bittet wieder Dr. Malik um Hilfe, der eine neue Idee hat, wen er fragen könnte. Aber mir reicht es. Diese ganzen Ideen haben uns bisher nicht weitergeholfen. Bei einer Veranstaltung der deutschen Botschaft habe ich vor einiger Zeit eine Visitenkarte bekommen. Ich entscheide mich, dort anzurufen. So wie bisher kann es auf keinen Fall weitergehen. Ich bin so verzweifelt.

Ich erzähle dem netten Herrn am Telefon unsere Geschichte. Er ist sehr betroffen und sagt, so etwas habe er ja noch nie gehört! Es ist Montag. Wir vereinbaren für den übernächsten Tag, Mittwoch, einen Termin in der Botschaft.

In der Nacht liege ich lange wach. Die Gedanken und Sorgen, die am Tag einigermaßen erträglich sind, nehmen nachts immer riesige Ausmaße an. Ich liege also da und male mir die schrecklichsten Szenarien aus, in denen Jasmina mir abgenommen wird, weil ein Komitee entschieden hat, dass sie nicht mein Kind ist. Ich denke alles durch, überlege, wie ich mich wehren werde. An die Presse werde ich gehen. Das lasse ich mir nicht gefallen! Keiner wird mir mein geliebtes Kind wegnehmen! So rasen die angsterfüllten Gedanken, vermischt mit verzweifelten Gebeten, in dieser Nacht durch meinen Kopf.

Mein wunderbar geliebtes blondes Baby – das wir *nicht* am Straßenrand gefunden haben!

Ein Anruf meiner Mutter am nächsten Tag hilft auch nicht weiter: Sie meint, das Ganze wäre eventuell eine Strafe Gottes und dass wir nicht nach Katar hätten gehen sollen. – Nicht hilfreich.

Am Tag vor unserem Termin genieße ich die Zeit mit Jasmina noch viel mehr. Jeder Augenblick mit meinem «Straßenrand-Kind» erscheint mir unendlich kostbar.

Mittwochnachmittags sind wir dann in der Botschaft. Wir erzählen unsere Geschichte. Unser Gegenüber hört sich alles geduldig an. Er ist entsetzt und sagt sofort, dass er unsere Situation als eine Notlage sieht, in der die Botschaft uns unterstützen wird. Wir sind nach diesem Gespräch vorsichtig zuversichtlich. Zu oft wurden unsere Erwartungen enttäuscht.

Am nächsten Morgen ruft Matthias im Amt an und bekommt die überraschende Nachricht, dass unsere Geburtsurkunde heute fertig sein soll. So schnell und ganz ohne ein erneutes Zusammenkommen des Komitees? Ob das eine weitere nette Vertröstung ist?

Nein, es stimmt tatsächlich: Am Nachmittag kann Matthias das begehrte Dokument problemlos abholen. Nachdem er in verschiedenen Zimmern Stempel und Unterschriften gesammelt hat, überreicht ihm die nette Dame aus Bahrain die Urkunde mit den Worten: «German embassy, strong embassy, strong embassy! – Ihre Botschaft ist sehr stark! Nur ein Anruf! Es war nur ein Anruf nötig, und unser ganzes Haus wurde auf den Kopf gestellt. Das Komitee hat gestern nur wegen ihres Babys getagt. Alle sind deshalb zusammengekommen. Und dann waren wir alle den ganzen Tag über damit beschäftigt, diese Urkunde auszustellen. Herzlichen Glückwunsch!»

Wir sind unendlich erleichtert. Danke Gott! Und danke für das Vorrecht, in einem Land geboren zu sein, das sich für uns einsetzt und mächtig genug ist, seinen Bürgern zu helfen!

Aus «Müller» wird auf der Geburtsurkunde «Muller», und den zweiten Namen, Marie, haben sie gleich ganz weggelassen, aber egal. Das werden wir alles klären. – Wir haben jetzt endlich eine Geburtsurkunde für unseren blonden Schatz!

Endlich haben wir es schwarz auf weiß:
Jasmina ist offiziell geboren und registriert!

Die älteren Kinder bekamen den Stress der Eltern natürlich mit. Aber sie waren trotzdem Jugendliche und haben weiterhin viel Spaß und Blödsinn im Kopf gehabt:

Thias, damals 20 Jahre alt, erzählt

Thanny, Shelly-Belly und ich hatten uns zu jener Zeit mit ein paar Leuten aus der Jugendgruppe verabredet. Wir wollten zusammen einen Film anschauen und essen. An diesem Abend war ausgemacht, dass wir uns verkleiden – die Jungs als Mädels und die Mädels als Jungs. Thanny und ich haben es relativ weit getrieben: Wir trugen Abendkleider und Perücken, waren komplett glattrasiert und hatten uns auch beide eine relativ gute

«Oberweite» gebaut – mit großen reifen Orangen. Ich hatte ein schwarzes Abendkleid an und eine Perücke mit roten Haaren, und ich denke mal, wir waren ziemlich attraktiv und überzeugend als Frauen. Sheldon war auch verkleidet – als afrikanische Schönheit: Er hatte sich hinten ein paar Einlagen eingebaut, um einen voluminösen Hintern vorzutäuschen.

Irgendwann fuhren wir alle zusammen mit meinem Auto los, doch nach einer Weile ist mir aufgefallen, dass uns jemand hinterherfährt. Durch mehrere Kreisverkehre ist der an uns gehangen wie eine Klette. Es war ein «CID»-Auto, das steht für «Criminal Investigation Department», also für die Kriminalpolizei, und drinnen saßen ein paar Katarer in Kluft. Es war eindeutig, dass sie uns verfolgten, aber wir hatten keine Ahnung, wieso.

Nach einer wilden Verfolgungsjagd bin ich schließlich zwischen zwei Kreisverkehren in eine kleine Straße abgebogen – mit Handbremse und quietschenden Reifen –, und sie sind an uns vorbeigeschossen. Wir haben gedacht: Gut, endlich haben wir sie abgehängt! Es war nämlich schon ein bisschen Panik aufgekommen, denn die hatten uns die ganze Zeit aus dem Auto heraus so komisch taxiert.

Doch plötzlich waren sie wieder hinter uns! Ich weiß auch nicht, wie sie uns gefunden haben. Wir sind dann relativ schnell durch eine Wohngegend gerast und haben wieder versucht, sie abzuschütteln, aber: keine Chance.

Während der Fahrt warf ich schnell die Perücke ab, wurde die Orangen los und zog das Kleid ein bisschen runter. Ich hatte im Auto noch ein Jackett, das ich oben drübergezogen habe, sodass von dieser vorherigen «Frau» überhaupt nichts mehr zu erkennen war. Thanny und Sheldon nahmen auch während der Fahrt ihre Perücken runter.

Und dann, als sie immer nähergekommen sind, habe ich angehalten und das Fenster runtergekurbelt. Sie standen neben uns, haben rübergeschaut und waren ganz verdutzt, dass ich auf einmal nicht mehr wie eine Frau ausschaue! Für sie muss es so ausgesehen haben, als hätte sich ein Auto voller Frauen in ein Auto voller Männer verwandelt. Jedenfalls – ich hab sie angeschaut und nur gefragt: «Was für ein Problem habt ihr?»

Sie haben mich angeschaut, ganz verdutzt. Dann habe ich Gas gegeben und bin weitergefahren, und wir haben sie nicht mehr gesehen. Wir wissen bis heute nicht, was sie genau wollten – ob sie uns einfach nur sehr scharf fanden oder ob sie gedacht haben, wir treiben krumme Dinger oder so was?

Eine wichtige Geste im katarischen Alltag
Die Handinnenfläche zeigt nach oben,
die Fingerspitzen berühren sich wie
beim Abpflücken einer Frucht, dabei wird
die Hand leicht nach oben und unten bewegt.
Das bedeutet: «Warte!».

29. Ein Sturm braut sich zusammen

Doha, Katar
November 2008

Von Dietrich Bonhoeffer stammt der schöne Rat: «Wir müssen aus unseren Sorgen für den Anderen Gebete werden lassen.» In diesem turbulenten Jahr bewegt uns, neben eigenen Sorgen, das Schicksal von Bekannten:

Eine Familie mit vier Kindern, die uns sehr nahesteht, muss das Land verlassen. Sie leben schon sehr lange in Katar. Er ist ein preisgekrönter Basketballer und arbeitet als Trainer der Nationalmannschaft Katars. Doch eines Tages wird ihm gesagt, dass er mit seiner Familie das Land verlassen muss. Ohne Begründung. Alles Nachfragen hilft nichts. Innerhalb von nur zehn Tagen muss diese amerikanische Familie ihren ganzen Hausrat zusammenpacken und sich in eine unsichere Zukunft aufmachen.

Etwa zur selben Zeit muss auch ein kanadisches Paar gehen. Was beide gemeinsam haben, ist ihre missionarische und karitative Arbeit unter den Ärmsten in den Camps.

Mit diesen Landesverweisen geht ein Schock durch unsere christliche Gemeinde. Sie bringen etwas Merkwürdiges zum Vorschein: Angst.

Viele unserer Freunde sind gekommen, um sich in diesem Land ganz für Gott einzusetzen. Manche haben große Opfer gebracht, um hier zu leben.

Doch es gibt in Katar natürlich auch Vorzüge für uns, die wir aus dem Westen kommen: Oft ist das Gehalt höher, als es in der Heimat wäre. Die Kinder besuchen Privatschulen. Aktivitäten nach der Arbeit haben in diesem sonnigen Land ein Urlaubsfeeling.

Man gewöhnt sich leicht an dieses angenehme Leben. Und wenn das bedroht wird, wie es jetzt der Fall ist, entsteht Angst. Es werden Vorsichtsmaßnahmen ergriffen, so manche potenziell gefährliche Aktivität wird fallengelassen. Denn man möchte um jeden Preis im Land bleiben – vordergründig wegen des gesäten Samens: Was wird aus den Menschen, mit denen ich über den Glauben im Gespräch bin, wenn ich wegziehe?

Ich lerne in dieser Zeit: Es bleibt wichtig, immer neu nach Gottes Willen zu fragen, denn es besteht immer die Gefahr, dass man sich am Status quo festhält und nicht bereit ist, neu auf Gott zu hören.

So etwas kann zu der Angst führen, die ich gerade in unserem Umfeld erlebe und die mich enttäuscht. Die Arbeit unter den Camp-Bewohnern kommt allmählich zum Stillstand. Die Schlüsselpersonen müssen gehen, und die Zurückbleibenden sind nun deutlich vorsichtiger geworden. Es finden zwar noch vereinzelte Einsätze statt, aber die Gruppe der Freiwilligen ist merklich geschrumpft.

Neben den Sorgen um Freunde gibt es noch unsere persönliche Situation: Matthias' Vertrag wird ja jährlich neu ausgehandelt. Inzwischen scheint der Frust auf beiden Seiten – sowohl bei Matthias als auch bei seinem Chef – groß zu sein. Als im Sommer über die Verlängerung seines Vertrags gesprochen wurde, einigte man sich nach vielem Hin und Her darauf, dass Matthias bis Ende November arbeiten soll.

Und jetzt ist November 2008. Wir erfahren: Der Vertrag wird nicht verlängert. Wir möchten sehr gerne in Katar bleiben, aber die Kosten für unseren Lebensunterhalt sind sehr hoch, viel höher als in Deutschland. Matthias braucht einen neuen Job. Er hatte ja im Laufe der letzten Jahre unzählige erfolgversprechende Geschäftsideen: eine deutsche Bäckerei, ein Quad-Verleih, Werkzeugverkauf, ein deutscher Biergarten mit Oktoberfest-Flair ... Die Bandbreite der Ideen ist groß. Aber nun müssen die Träume konkret Gestalt annehmen, damit wir Miete und Schulgeld zahlen können, die zwei großen Posten.

Trotz der großen Erleichterung, dass unser wunderbares Baby jetzt offiziell zu uns gehört, liege ich immer wieder nachts wach und sorge mich. Wir sollen endgültig aus unserem Zuhause raus, da der Mietvertrag auf die Firma läuft, für die Matthias vielleicht bald nicht mehr arbeitet. Wir haben keine Rücklagen. Wir haben keine Ahnung, was die Zukunft bringt und wovon wir leben werden. Und das mit sieben Kindern.

Dann, in der letzten Novemberwoche, scheinen sich auf einmal alle Hindernisse aufzulösen: Matthias hat mehrere Treffen mit seinen zukünftigen Geschäftspartnern. Einer Firmengründung steht nun nichts mehr im Wege. Unter allen Ideen war klar, dass diese am meisten Erfolg verspricht: Matthias wird eine Werkstatt für Unfallinstandsetzung

Matthias im Kreis seiner Mitarbeiter und Kollegen
bei seiner offiziellen Verabschiedung am alten Arbeitsplatz

nach deutschem Standard eröffnen, vor allem für Autos aus Europa. Das ist hier eine Marktlücke.

Wir erleben jetzt fast jeden Tag Wunder, und das beflügelt uns: Bei einem Treffen mit einem Anwalt werden die letzten Formalitäten geklärt. Es fehlt nur noch das Startkapital, damit die neue Firma starten kann. Wenige Tage später bietet ein Freund an, uns die benötigten 200.000 katarische Riyal zu leihen. Das sind umgerechnet ungefähr 50.000 Euro. Wir sind außer uns vor Staunen.

Ein anderer Freund will den «Sponsorship», also die offizielle Bürgschaft, für uns übernehmen – das ist die Voraussetzung, damit wir im Land bleiben können. Ein anderer Freund schenkt uns ein Auto, da Matthias seinen Firmenwagen abgeben muss. In nur einer Woche lösen sich alle unsere Sorgen in Luft auf, und unsere Zukunft scheint gesichert zu sein.

Doch dann kommt er – jener schicksalhafte 30. November 2008: Matthias' letzter Arbeitstag ...

Kleiner arabischer Sprachführer
Khallas *(chal-las)* – Fertig! (Im Sinne von: Es ist aus, zu Ende, oder: Wir sind fertig.)

30. Inmitten von Scherben

Dezember 2008

In meinem Tagebuch steht über dem 29.11.2008 «Wunder» und über dem nächsten Tag «Zusammenbruch» …

Mit dem, was ich im Prolog dieses Buches beschreibe – Matthias' plötzliche Vorladung bei der Abschiebebehörde, die Nachricht, dass wir das Land auf der Stelle verlassen müssen –, brechen die ganzen Zukunftspläne unserer neunköpfigen Familie ausgerechnet am letzten Arbeitstag meines Mannes in sich zusammen.

Ob man nur für ein oder zwei Personen Sorge trägt oder für eine große Familie, ist ein großer Unterschied.

Und doch wissen wir, dass Gott über allem steht. Es fühlt sich in diesen Tagen bloß nicht so an. In einem Moment scheinen wir Gottes Wunder, Leitung und Fürsorge in Bezug auf unsere Zukunft zu erleben, und nur wenige Stunden später folgt ein Tag, an dem völlige Hoffnungslosigkeit und Aussichtslosigkeit herrschen.

Da sitzen wir also, inmitten der Scherben. Thias, unser ältester Sohn, studiert in Katar und ist total begeistert von seiner Universität. Sein «Sponsor», ohne den er nicht im Land bleiben kann, ist sein Vater. Was bedeutet also dieser Rausschmiss für Thias – wird er fertig studieren können?

Unser Zweitältester, Thanny, steht kurz vor dem Abitur. Wenn wir jetzt gehen, wird er vermutlich irgendwo das gesamte dazugehörige Zweijahresprogramm erneut machen müssen.

Davon abgesehen: Wir lieben es, hier zu leben! Wir haben tiefe Freundschaften geschlossen. Gerne verzichten wir auf einiges, wenn wir nur bei diesen geliebten Menschen bleiben können. Die Vorstellung, innerhalb von wenigen Tagen alles zusammenzupacken und zu gehen, ist für uns unerträglich.

Am Tag nach dem verheerenden Gespräch in der Abschiebebehörde sind Matthias und ich morgens schon früh auf. Wir können beide kaum schlafen, zu viele Gedanken gehen uns durch den Kopf.

Freunde aus der Gemeinde besuchen uns. Es ist so gut, in dieser Situation nicht allein zu sein.

Jetzt heißt es: warten. Der Antrag, wenigstens bis Schuljahresende im Land bleiben zu dürfen, läuft. Bis das entschieden ist, darf Matthias das Land nicht verlassen. Unser Flug ist schon gebucht, in wenigen Tagen wollten wir alle über Weihnachten nach Deutschland fliegen.

Am nächsten Tag hat Matthias Blut im Stuhl. Seine Mutter ist ja an Krebs gestorben, und die Angst, ebenfalls gefährdet zu sein, lodert immer unterschwellig in ihm. Matthias sagt, dass er sich wie Hiob fühlt: Alles hat sich gegen ihn verschworen. Seine ganze Zukunft steht auf dem Spiel. Alles ist dahin. Er legt sich hin und schläft erst mal. Insgesamt ist er apathisch und fatalistisch, was mich – bei allem Verständnis – stört. Ich möchte etwas tun und dafür kämpfen, dass wir wenigstens bis zum Schuljahresende bleiben können! Matthias dagegen will, so schnell es geht, das Land verlassen.

Warum zeigt Gott uns nicht, was wir tun sollen? Wir beten doch. Wo bleibt die Antwort?

Später telefoniert Matthias mit unseren Rettern, den netten Leuten von der deutschen Botschaft. Sie signalisieren aber eindeutig, dass sie in diesem Fall nichts tun können. Wenn das Innenministerium entscheidet, dass wir das Land verlassen müssen, sind ihnen die Hände gebunden. Matthias darf trotzdem zu einem Gespräch kommen, aber die Auskünfte machen uns eher noch hoffnungsloser: Der Mitarbeiter der Botschaft sagt, dass es immer wieder solche Fälle gäbe, da könne man erfahrungsgemäß nichts tun. Er kenne sogar Fälle, in denen unschuldige Menschen ins Gefängnis mussten, sagt er. Und dann gaben sie Unmengen für einen Prozess aus, den sie trotzdem verloren. Es ist also sinnlos, sich der Ausweisung zu widersetzen ...

Nach einem bewegenden Abend mit unseren Freunden – sehen wir sie zum letzten Mal? – fliege ich ein paar Tage später, wie geplant, mit den Kindern nach Deutschland. Wir wissen nicht, ob wir zurückkommen können. Matthias und Nathanael bleiben.

Am selben Tag hat Matthias abends eine Panikattacke. Thanny erzählt, dass er bei der Probe eines Krippenspiels ist, als Matthias ihn anruft und bittet, schnell wieder heimzukommen.

Thanny schreibt mir: «*Als ich abends zur Generalprobe für das Play gegangen bin, hat Papa mich kurz vorm Ende angerufen und gefragt, ob ich nach Hause kommen könnte, weil er sich nicht so gut fühlt ... Ich bin natürlich gleich nach Hause gerast,*

Krippenspiel auf Katarisch: Thanny ist bei der Probe zu diesem Weihnachtsplay, als er Matthias' Anruf erhält.

weil ich keine Ahnung hatte, was los war. Daheim hat er mir dann erzählt, dass er auf einmal ein total komisches Gefühl hatte und zittern musste. Er konnte es nicht wirklich beschreiben, aber er hat gesagt, es sei wie damals in Afrika mit der Malaria. Ich persönlich glaube, es ist mehr wie so eine Art Kreislaufzusammenbruch ... mit all dem Stress ... Ich weiß nicht genau, was es ist, aber ich weiß, dass beten nie schaden kann. Bitte macht euch keine Sorgen, er ist jetzt im Bett und schläft ein bisschen, und ich bin mir sicher, dass es danach viel besser sein wird. Betet aber trotzdem für ihn, dass er Ruhe finden kann und sich von all dem, was zurzeit abläuft, ein bisschen erholen kann.»

Es vergehen fast zwei Wochen, ohne dass Matthias etwas Neues erfährt. In Katar sind Feiertage. Das kennen wir schon, da geht nichts weiter. Wir können nur warten. Matthias geht es inzwischen etwas besser, aber er fühlt sich wie gelähmt. Meine Tage sind angefüllt mit Arztterminen, Amtsbesuchen und ähnlichem – das Übliche, das in Deutschland erledigt werden muss – und mit langen Telefonaten mit Matthias, der sich einsam fühlt.

Wir fragen uns, warum antwortet Gott nicht? Warum zeigt er uns nicht, was wir tun sollen? Er kennt doch die Zukunft, es wäre für ihn ein Leichtes, uns an seinem Wissen teilhaben zu lassen.

Sind all unsere Schwierigkeiten Angriffe des Teufels? Geschieht das, weil er nicht will, dass Gottes Wort unter den armen Arbeitern verkündigt wird? Und immer wieder die riesengroße Frage: Was ist Gottes Plan mit dem Ganzen?

In diesem Suchen nach Führung kommt man auf die merkwürdigsten Ideen. So schickt Microsoft Matthias auf einmal per Bildschirmschoner die Nachricht «Come to Bahrain», und wir fragen uns ernsthaft, ob das endlich Gottes Antwort ist. Wir sehnen uns so sehr danach, von Gott zu hören, aber wir stecken im Nebel der Ungewissheit fest.

Mitte Dezember 2008 erhält Matthias die erlösende Nachricht, dass wir bis zum Sommer 2009 in Katar bleiben dürfen. Das an sich ist schon ein Wunder und eine Gebetserhörung, denn unsere Freunde, denen Ähnliches passiert war, mussten innerhalb kürzester Zeit gehen. Für sie gab es keinen Aufschub. Es bleibt allerdings die große Frage, wovon wir in dieser Zeit leben sollen? Eine neue Firma zu gründen, macht natürlich keinen Sinn mehr.

Matthias hat eine Stelle in Aussicht, darum bleibt er zunächst in Doha, um sich bei dieser Firma vorzustellen. Er meint auch, dass wir umziehen sollten, um Geld zu sparen. Er findet ein Haus in Al Khor, einer kleinen Stadt etwa fünfzig Kilometer nördlich von Doha. Matthias ist von diesem Haus begeistert. Ich finde die Idee, für ein letztes halbes Jahr alles zusammenzupacken und umziehen zu müssen, schrecklich. Da nun nicht mehr die ehemalige und unzuverlässige Firma für die Mietzahlungen zuständig ist, könnten wir bestimmt bleiben, wenn wir selbst die Miete bezahlen, aber Matthias ist entschlossen, umzuziehen.

Unser neues «Haus auf Zeit» in Al Khor

Der Mann unserer Maid findet eine andere Stelle für sie. So kann sie im Land bleiben, auch nachdem wir gehen.

Matthias kommt über Weihnachten nach Deutschland und fliegt schon Ende Dezember zurück, um alles im bisherigen Haus zusammenzupacken. Wir sollen es schon Anfang Januar räumen. Wir bangen, ob sie ihn zurück ins Land lassen werden, aber alles geht gut.

In meinem Tagebuch steht am letzten Tag des Jahres: «Deshalb habt keine Angst vor der Zukunft! Es ist doch genug, wenn jeder Tag seine eigenen Lasten hat. Gott wird auch morgen für euch sorgen (Matthäus 6,34).»

Kleiner arabischer Sprachführer
Urid – *(u-rihd)* – Ich will, ich möchte…

---

31. Das neue kaputte Haus
am Meer

Al Khor, Katar
Januar bis Juni 2009

Anfang Januar sind wir zurück in Doha. Bei der Einreise geht alles gut – und danach müssen wir in wenigen Tagen ein großes Haus leerräumen. Wir packen und packen. Es nimmt kein Ende. Dass wir den vereinbarten Termin zur Schlüsselübergabe nicht werden einhalten können, ist abzusehen ... trotz etlicher Nachtschichten. Da alles so schnell geht, bleibt keine Zeit, Möbel zu verkaufen, aber unsere bisherige Habe passt nicht in das viel kleinere neue Haus.

Diese Tage sind einfach nur anstrengend. Wir sind erleichtert, als wir schließlich alles geschafft haben. Nun gilt es, die neue Stadt kennenzulernen.

Die Kinder erkunden begeistert die Gegend: Wir wohnen nun sehr nahe am Meer, das ist schön. Zum Fischmarkt kann man in wenigen Minuten laufen. Wie in Doha gibt es auch hier sehr viele streunende Katzen. Sie halten sich bevorzugt auf dem Fischmarkt auf. Dort ist auch Joel in jeder freien Minute zu finden. Mit wenig Geld und viel Charme und Verhandlungsgeschick bringt er uns immer wieder sehr frischen Fisch nach Hause.

Unser neuer Wohnort Al Khor am Meer

Wir genießen die Ruhe dieser Kleinstadt, weitab der stets vollen Straßen Dohas. Doch es gibt auch viele Nachteile: Die Kinder müssen jeden Tag zur Schule gebracht und wieder abgeholt werden – hin und zurück dauert das anderthalb Stunden. Auch alle Gemeindeaktivitäten und Besuche von Freunden sind nun komplizierter.

Unser kleines Haus ist neu erbaut, allerdings stand es über ein Jahr leer. Alles ist vollkommen eingestaubt und wegen der Meeresnähe jetzt schon verrostet. Wir lernen eine wichtige Lektion: Ziehe in Katar niemals in ein neu erbautes Haus! Es gibt so viele Probleme. Am mühsamsten ist, dass keine Telefonleitung verlegt wurde. So haben wir weder Telefon noch Internet.

Anfangs gehe ich fast jeden Tag zur Telefongesellschaft: «Bukra, inschallah!» – Morgen, so Gott will!, werde uns geholfen. Doch dieses Morgen kommt nie. Tage und Wochen vergehen mit immer neuen Vertröstungen. Eines Tages kommt endlich jemand zu unserem Haus. Endlich geschieht etwas! Wir werden gehört! Doch er sieht sich nur alles an und stellt fest, dass eine Telefonleitung erst verlegt werden muss. Und dann geht er wieder, ohne dass etwas getan wurde. Dabei war schon vorher klar, dass diese Leitung fehlt! – Eine aufregende neue Aktivität in unserer Familie ist ab jetzt also die Suche nach Stellen, an denen ein Internetsignal zu empfangen ist: In einer nahegelegenen Mall gibt es kostenloses Internet. Ich schreibe meine Mails zu Hause und verschwinde dann für ein paar Minuten, um sie wegzuschicken und neue Mails abzurufen.

Gerade jetzt möchten wir doch eigentlich erreichbar sein, denn wir wissen immer noch nicht, wie es weitergehen wird, was wir nach unserer halbjährigen Schonfrist tun sollen. Matthias schreibt Bewerbungen und sucht nach

Arbeitsstellen. Gerade in dieser Situation wäre es gut, schnell auf Nachrichten reagieren zu können.

Neben der fehlenden Telefonleitung gibt es noch Unmengen anderer nerviger Kleinigkeiten, die im neuen Haus nicht funktionieren: Im Bad läuft überall Wasser heraus, unter der Dusche, aus der Toilette, aus den Leitungen. Wir sind die Versuchskaninchen für dieses neu erbaute Haus. Und für mich mit Baby ist es sehr anstrengend, die endlosen Reihen von Kisten, die wir im alten Haus gefüllt haben, auszupacken. Es kommt mir vor wie eine Sisyphos-Aufgabe, denn schon bald muss alles ja wieder verpackt werden ... Aber im Alltag brauchen wir die Sachen. Beim überstürzten Auszug aus dem alten Haus war keine Zeit, zu überlegen, was wir im nächsten halben Jahr noch brauchen werden und was nicht.

Nach dem größten Stress des Umzugs verfällt Matthias in Lethargie. Er ist müde, aber auch antriebslos. Er hat ja keine Arbeit mehr, aber unsere laufenden Kosten sind sehr hoch. Dabei sind Lebensmittel noch der kleinere Posten, vor allem die hohen Schulgebühren fallen ins Gewicht. Ich ärgere mich, denn ich habe den Eindruck, er hat resigniert. Es frustriert mich, dass er so wenig unternimmt. Ich wünschte, er würde das Problem anpacken und nach einer Lösung suchen. Denn ich fühle mich mit Umzug, Baby und dem normalen Familienleben doch genauso überfordert.

An einem Abend haben wir eine Familiensitzung. Es ist schön, erwachsene Kinder zu haben, mit denen wir unsere Situation besprechen können. Wir tauschen Ideen für die Zukunft aus. Dabei stellen wir fest, dass all unsere Pläne, ein Einkommen zu haben, gescheitert sind. Es gab so viele Versuche, Arbeit aus eigener Kraft zu finden. Thias meint, wir sollten gehorsam sein und trotz des Rausschmiss' weiterhin den armen Menschen in den Camps dienen, dann würde

Gott für unser Einkommen sorgen. Dem stimmen wir zu, wir wollen diese wichtige Arbeit wieder aufnehmen und uns nicht jetzt aus Angst verkriechen und aufhören. Zum Schluss beten wir gemeinsam, dabei betet jeder aus der Familie in eigenen Worten. Ich denke: *Das hier, das ist der größte Segen: dass wir alle an unseren Vater im Himmel glauben und mit unserer Not gemeinsam zu ihm gehen können.*

Ich schreibe der Schule eine Nachricht, in der ich unsere Situation erkläre und um einen Nachlass bei den Schulgebühren bitte.

Matthias versucht Verschiedenes: Er arbeitet eine Weile als Aushilfe in einer Autowerkstatt und probiert anderes aus, aber nichts ist von Dauer. Doch dann findet er eine Marktlücke: Er bietet ein umfangreiches Serviceangebot rund ums Auto an. Die Kunden sind vor allem Freunde aus der Gemeinde, die seine Dienste großzügig belohnen. Konkret sieht das beispielsweise so aus, dass er Menschen beim Autokauf begleitet, um den Zustand eines gebrauchten Autos zu überprüfen. Außerdem macht er Öl- und Reifenwechsel. Oder: Wenn ein Auto zum TÜV oder zur Autowerkstatt muss, übernimmt Matthias das alles, denn das ist hier mühsam und zeitaufwändig.

Ja, Gott sorgt für uns, das erleben wir in dieser schweren Zeit. Wir können oft nur staunen: Im Gottesdienst steckt uns immer mal wieder jemand einen Umschlag mit Geld zu. In der Schule tun sich einige Kinder zusammen und sammeln Geld für uns. Wir sind von der Freundlichkeit und Großzügigkeit unserer Freunde überwältigt. Wir können es einfach nicht fassen, wie viele Menschen uns selbstlos unterstützen. Ich kann mir nicht vorstellen, dass wir das alles ohne Gott erlebt hätten.

In einem Gottesdienst wird ein vorher angekündigtes «love offering», eine Liebesgabe, eingesammelt. Das ist eine sehr schöne Sitte in christlichen Gemeinden, in denen Menschen in Not mit einer Kollekte unterstützt werden. Es ist merkwürdig, am *empfangenden* Ende dieser Kette zu sein. Und demütigend. Aber wir haben keine Wahl. Wir haben schon alle Ersparnisse der Kinder – mit ihrem Einverständnis natürlich – geliehen, und auch meine Mutter hat uns, soweit sie konnte, unterstützt. Wir wussten ja, dass dieses letzte halbe Jahr hart werden würde, wir sind aber sehr dankbar, dass unsere Kinder das Schuljahr zu Ende machen können.

In einer Mail schreibe ich einer Freundin: «Und wie ich mich fühle? Wie ein Kind, das seinem Vater vertraut und an seiner Hand geht, weil es selbst den Weg nicht kennt!»

Joel, damals 10 Jahre alt, erzählt

Ich weiß noch, wie ich damals in Al Khor so ziemlich jeden Tag nach der Schule mit dem Quad zum Fischmarkt gefahren bin. Es hat mir Spaß gemacht, mit den Leuten zu reden und zuzuschauen, wie sie arbeiten. Die Fischer, die hatten Holzboote, und sie sind da immer reingefahren und haben ihren Fang abgeliefert. Es gab dort auch eine Tankstelle, da haben sie alle ihren Diesel getankt. Ab und zu durfte ich die Boote tanken, und dafür haben sie mir immer ein bisschen Sprit ins Quad reingetan.

Auf diesem Fischmarkt habe ich auch einen Hai geschenkt bekommen, denn wenn ich dort war, habe ich die Leute überredet, dass sie mir Fische schenken. Ja, und da hat mir einer doch tatsächlich einen kleinen Hai geschenkt! Den habe ich dann stolz nach Hause genommen und ausgewaschen. Ich wollte ihn mir aufheben, wie so ein ausgestopftes Tier. Aber wie mache ich das am besten? Ich wollte ja nicht, dass er stinkt, darum habe ich ihn mit Deo eingesprüht und tüchtig mit Shampoo ausgewaschen. Es war bestimmt eine halbe Flasche Shampoo, die ich da reingeschüttet habe. Das habe ich dann einwirken lassen und wieder ausgewaschen. Aber dieser Hai hat dann immer noch gestunken! Daraufhin habe ich ganz viel Deo und Parfüm reingesprüht, und trotzdem hat er gestunken.

Im Persischen Golf hat man 59 verschiedene Hai-Arten identifiziert! Dieser unglückliche Bursche ist den Fischern ins Netz gegangen – und dann bei uns gelandet.

Am Abend ist dann Papa heimgekommen. Er hat den Hai gesehen und hat ihn paniert und als Abendessen zubereitet. Wir haben ihn gegessen, und ich weiß noch, wie sich Janek beschwert hat, dass der Fisch so nach Seife schmeckt ... Papa hat geschimpft und gesagt, er soll nicht so pingelig sein, das sei halt ein Hai, der schmecke eben ein bisschen anders. Ich habe dann lieber nichts gesagt vom Shampoo und dem Deo ...

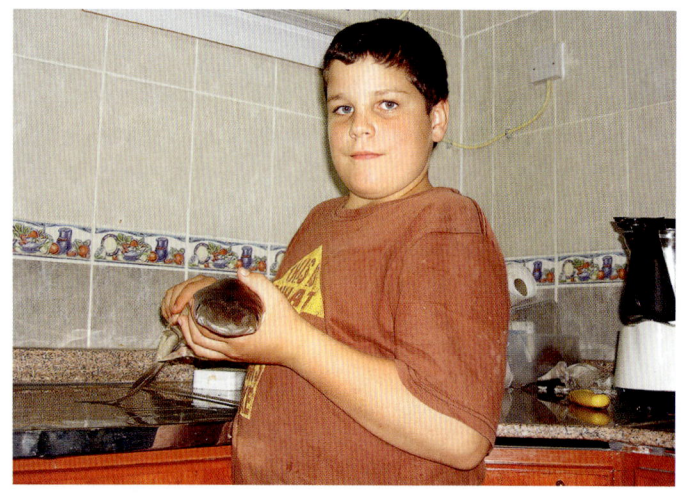

Stolz hebt Joel seinen geschenkten Hai in die Kamera.

Kleiner arabischer Sprachführer

Asif / asifa *(ah-sif / ah-si-fa)* –
Es tut mir leid! (m/w)

32. Gesegnet in allem Leid

Wie in unserer Familienzeit besprochen, nimmt die Arbeit in den Camps nun wieder einen größeren Raum in unserem Leben ein: Matthias und unsere drei Ältesten gehen jetzt mehrmals die Woche in verschiedene Camps, wir anderen packen kleine Tüten mit Obst, Toilettenartikeln und anderen Kleinigkeiten. In manchen Nächten habe ich Angst, dass meine Männer erwischt werden und Ärger bekommen. Da bete ich umso mehr.

Eindrücke unserer Camp-Einsätze 2009: Obstkisten-Packen, nepalesische Pastorenfreunde, Taufgottesdienste im Persischen Golf

Ich möchte unbedingt, dass wir wenigstens tatsächlich das nächste halbe Jahr bleiben können, damit Thanny die Schule abschließen kann. Es ist so schwer, darauf zu vertrauen, dass Gott den besten Plan hat und alles in seinen Händen hält.

Wir erleben viel Durchtragen, Fürsorge, liebevolles Umsorgen in dieser Zeit. Unsere Freunde sind eine riesengroße Unterstützung und Ermutigung. Und trotzdem sind diese Monate traurig: All das Vertraute und Geliebte in unserer neuen Heimat sehen wir jetzt durch die Augen des drohenden Abschieds.

Wir leben von Tag zu Tag. Von Tag zu Tag vertrauen wir, warten wir. Es ist wie eine Wanderung durch einen Wald, der komplett zugewachsen ist. Es ist dunkel, der Weg ist undurchdringlich. Ich kann nur wenige Schritte vor meinen Füßen sehen. Und doch lichten sich immer wieder einmal die Bäume, und die Sonne strahlt durch. Und sie strahlt wegen der Dunkelheit umso heller. Das ist ein Bild unseres Lebens in diesen letzten Monaten in Katar.

An einem Freitag gehen unsere Freunde, wie immer nach dem Gottesdienst, in ein Restaurant. Wir wollen nicht mit, wir können es uns nicht leisten. Natürlich sagen wir das keinem. Ein kleiner Rest Stolz ist bei allen Almosen, die wir bekommen, noch da. Aber unsere Kinder wollen unbedingt bei ihren Freunden sein, und alle gehen essen. Gut, wir vereinbaren im Auto, dass jeder nur das Nötigste bestellt: keine teuren Getränke oder Vorspeisen, und die Kleinen essen bei uns mit – damit wir noch Geld für die kommende Woche haben, nachdem die Rechnung bezahlt ist.

Wir genießen trotzdem die Zeit mit unseren Freunden, und wir werden satt. Es war eine gute Entscheidung, mitzugehen, denken wir. Matthias geht dann zur Kasse und bittet um die Rechnung.

«Es ist nichts mehr offen.»

«Nein, Sie irren sich», entgegnet Matthias und zeigt auf unseren Tisch. «Dort sitzen wir, und ich habe noch nicht bezahlt.»

Der Kassierer schaut nach unserem Tisch und sieht sich dann noch einmal genau an, welche Rechnungen im Restaurant offen sind.

«Nein, wirklich, es stimmt. Alles an diesem Tisch wurde bereits bezahlt.»

Matthias kann es nicht glauben. Dann denkt er, das müssen unsere Freunde gewesen sein. Er geht zurück zum Tisch und bedankt sich, sagt, das hätte doch nicht sein müssen. Was man halt alles in solch einer Situation aus Höflichkeit sagt. Die Freunde sehen ihn verwundert an.

«Was meinst du?»

«Ich wollte gerade für unsere Familie bezahlen, und die haben mir gesagt, es ist schon bezahlt. Das ist sehr lieb! Wer war es denn? Wer von euch hat für uns bezahlt?»

Unsere Freunde sehen sich ungläubig an. Langsam schütteln sie den Kopf. Alle sagen, dass sie nur für ihre eigene Familie bezahlt haben. Niemand hat für uns bezahlt.

Matthias geht zurück zum Kassierer. Bittet ihn, die Rechnungen erneut zu überprüfen. Es ist nichts offen. Alles ist bezahlt.

In dieser Zeit kommen wir auch in Kontakt mit Tom, einem Holländer, der schon lange im Mittleren Osten lebt und arbeitet. Er besucht uns, um uns über Möglichkeiten für unsere Zukunft zu informieren. Er kennt ein Projekt im Jemen, das uns fasziniert, und er erzählt uns viel davon. Wir reden auch über Saudi-Arabien, ein Land, das ihm sehr am Herzen liegt. Er hat dort sehr lange gelebt, bis er wegen seiner missionarischen Tätigkeit ins Gefängnis musste. Nach einem Monat im Gefängnis wurde er deportiert. Bei seiner Ausreise war er mit Handschellen an einen Polizisten gekettet. Wie vor langer Zeit Paulus nutzte er diese Gelegenheit, um seinem Bewacher von Jesus zu erzählen.

Toms Herz brennt für die vielen Menschen in Saudi-Arabien, die Jesus nicht kennen. Er schwärmt von Land und Leuten. Dann sieht er Matthias eindringlich an und sagt: «Ich liebe dieses Land. Trotz Gefängnis, trotz allem, was ich dort erleben musste. Aber ich darf niemals zurück. Würdest du für mich nach Saudi-Arabien gehen?»

Ende Februar scheinen sich zwei Türen für unsere Zukunft aufzutun: Da gibt es zum einen dieses humanitäre Projekt im Jemen, in dem arme Menschen in handwerklichen Berufen geschult werden; zum anderen tut sich ein Arbeitsangebot auf, das Einzige, das zurzeit für Matthias in Frage kommt. Doch die Arbeitsstelle ist ausgerechnet in Saudi-Arabien! Wir bitten Gott, uns zu führen, aber unser Herz zieht uns längst in den Jemen.

Die Entscheidung zieht sich hin. Einmal klingt es so, als würde Matthias in wenigen Tagen nach Saudi-Arabien zu einem Vorstellungsgespräch müssen, und dann hören wir wieder wochenlang nichts vom interessierten Arbeitgeber. Wie so oft im Mittleren Osten ziehen sich die Verhandlungen hin.

Wir sind un-ge-dul-dig! Uns bleiben nur noch wenige Monate, bis wir ausreisen müssen, und wir wollen endlich wissen, wo wir als Nächstes leben werden. Wir beschließen, im März in beide Länder zu reisen, damit wir uns besser entscheiden können. Ein Freund gibt uns sogar Geld für die Reise. «Das ist für eure Zukunft», sagt er mit einem liebevollen Blick. In der Gemeinde werden Sachspenden für den Jemen gesammelt, die wir mitnehmen sollen, um die Menschen in diesem armen Land zu unterstützen.

Doch es stellt sich heraus, dass ich kein Besuchsvisum für Saudi-Arabien bekommen werde, nur Matthias darf dorthin. Die Mails, die wir im März aus dem Jemen bekommen, sind ein noch größerer Schock: Dort spitzt sich die Lage gerade zu.

Schon oft haben wir gehört, dass der Jemen ein wildes Land ist: Jemeniten tragen ihre Waffen voller Stolz stets bei sich. Kalaschnikows können auf dem Markt gekauft werden. Und zum prächtigen Gewand gehört ein Säbel. Immer wieder hört man von Europäern und Amerikanern, die entführt und nur gegen Lösegeld wieder freigelassen werden. Das wissen wir alles, und wir haben uns darauf eingestellt, dass man dort Vorsichtsmaßnahmen treffen muss. Aber die Nachrichten, die wir nun erhalten, zeigen, dass es inzwischen nicht nur um normale Entführungen geht.

Unsere Bekannten in al-Mukalla schreiben, dass diese Gegend momentan das Ziel von Al-Qaida-Gruppen ist. Ein Anschlag sei in ihrer Umgebung schon geschehen. Sie selbst stehen unter permanentem Polizeischutz. Wir sollen auf keinen Fall wie geplant kommen.

Das wirft uns völlig aus der Bahn. Wir hatten uns so auf diese Reise gefreut. Wir waren uns sicher, dass wir beim Entdecken dieses Landes spüren würden, dass genau dort unser Platz ist. Ich bete und denke an einen Vers in der Bibel, in dem es heißt: «In der Liebe ist keine Furcht.» Ich will verantwortungsbewusst entscheiden, aber mich nicht von der Angst leiten lassen.

Aber für Matthias ist der Traum damit geplatzt. Er meint, es wäre viel zu gefährlich, diesen Weg weiter zu verfolgen. Ich dagegen will nicht aufgeben. Ich denke, diese unsichere Lage im Land wird sicher vorübergehen. Wir müssen einfach warten.

Zunächst reist Matthias also allein nach Saudi-Arabien. Er lernt die Firma kennen, die ihn einstellen will, und wie es so seine Art ist, versteht er es gut, sich zu verkaufen. Die Firma möchte ihn unbedingt haben.

Matthias' erste Eindrücke wecken allerdings alles andere als Begeisterung in mir: Alle Häuser sind mit hohen Mauern umgeben, ein Blick hinein in das Leben der anderen ist völlig unmöglich. Auf den Straßen sind fast nur Männer zu sehen. Die wenigen Frauen, die unterwegs sind, sind von oben bis unten schwarz verhüllt. Wir leben zwar schon in einem arabischen Land, aber Katar ist eher wie ein Urlaubsland. Vom strengen Islam ist wenig zu spüren. Ich kann mir unmöglich vorstellen, in einem Land zu leben, wo das islamische Recht konservativ ausgelegt wird.

Matthias sieht sich vor Ort auch eine Schule an, aber sie ist nicht zu vergleichen mit der luxuriösen staatseigenen Vorzeigeschule, die unsere Kinder jetzt besuchen. Dazu kommt, dass Matthias in diesem Job sehr viel reisen soll. Dadurch wäre ich oft allein mit den Kindern, in einem Land, in dem ich meine Selbständigkeit aufgeben müsste und nur als Anhängsel meines Mannes agieren könnte.

Oh, wie hoffe ich, dass sich die Lage im Jemen beruhigt!

Zurück in Doha verdient Matthias weiter etwas Geld, indem er seinen Service für alles rund ums Auto anbietet. Wir haben ja seine Dienste in unserer Gemeinde und auch über eine Rundmail der deutschen Botschaft beworben. Seine Aufträge sind eigentlich immer in Doha, wir sind also ständig unterwegs zwischen Doha und Al Khor. Alles unter einen Hut zu bringen, ist in dieser Zeit ein Balanceakt: Wir sind inzwischen vier Autofahrer, aber wir haben nur zwei Autos. So müssen wir immer wieder genau planen, wer wann welches Auto benutzt, wer die Kinder abholt, wer mit wem fährt.

Eines Tages ruft ein Unbekannter Matthias an. Es ist ein Deutscher, der über die deutsche Botschaft von seinem Service erfahren hat. Er erzählt Matthias, dass er mehrere Wochen mit seiner Familie das Land verlassen muss, und er bittet Matthias, sich in der Zeit um sein Auto zu kümmern.

Das klingt interessant, aber irgendwie auch merkwürdig, findet Matthias. Er fährt zu der angegebenen Adresse. Ein schickes Hochhaus in einem der teuersten Viertel Dohas. Er fährt mit dem Aufzug in die Wohnung, voller Zweifel, was das nun soll. Der Mann ist in Eile, es geht alles ganz schnell. Matthias soll einfach das Auto nehmen. Es sei schon alles vorbereitet: Autopapiere, Schlüssel, sogar zweihundert Euro für eventuelle Unkosten liegen bereit.

Matthias möchte aber doch mehr wissen, und er fragt noch mal nach. Schnell erklärt der Autobesitzer, dass er sein fast neues Auto nicht unbenutzt in einer staubigen Garage stehenlassen will. Er möchte, dass das Auto gefahren wird. Er weiß nicht genau, wie lange er wegbleiben wird, aber, so sagt er, er wird sich schon melden. Er fragt Matthias nicht nach einem Ausweis oder nach irgendeiner Sicherheit. Er überreicht ihm einfach die Autoschlüssel und sagt ihm, wo in der Tiefgarage das Auto zu finden ist.

Gespannt und völlig verwundert, ist Matthias schon bald wieder im Aufzug, auf dem Weg in die Tiefgarage. Das Auto ist schnell gefunden.

Wow.

Ein fast neuer Nissan Armada. Ein SUV mit sieben Sitzen. Matthias öffnet gespannt die Autotür und atmet den Geruch des neuen Leders ein. Nur dreitausend Kilometer auf dem Tacho. Und die Aufforderung des Besitzers lautet, das Auto ja viel zu bewegen ...

Wir können nur staunen über einen Gott, der so gut für uns sorgt, und der uns so viel mehr gibt, als wir brauchen.

Als wir zwei Monate später das Auto abgeben, fragt der Besitzer besorgt, wie viel er uns für unsere Mühe bezahlen soll? Wahnsinn.

In dieser Zeit muss Matthias erneut das Deportation Centre aufsuchen. Unsere letzte Hoffnung, dass ein Wunder geschehen ist und wir vielleicht doch bleiben dürfen, zerschlägt sich: Bis spätestens Ende Juni müssen wir aus dem Land sein. Für immer.

Kleiner arabischer Sprachführer
Jayyid *(dschai-jid)* – gut

---

33. Eine Tür geht endlich auf

Die anfängliche Begeisterung, in einem kleinen schmucken Ort nahe am Meer zu leben, ist inzwischen verflogen. Das Leben in Al Khor ist einfach nur anstrengend. Unser neues Haus ist uns nicht zum Zuhause geworden. Wir leben immer noch zwischen Umzugskartons, die in aller Eile gepackt wurden, und die nun durchgesehen und neu gepackt werden müssen.

Im April haben wir außerdem immer noch kein Internet. Unsere Straße muss auf der Länge von mehreren Häusern aufgerissen werden – alles nur, weil das Verlegen von manchen Kabeln bei unserem Haus vergessen wurde ... vorausschauendes Planen wird in der katarischen Baubranche nicht so groß geschrieben wie in Deutschland. Dazu haben wir in der Hälfte des Hauses keinen Strom. Auch da wurde irgendetwas falsch verlegt. Wir bitten den Vermieter, sich darum zu kümmern, aber er sagt, dafür trügen *wir* die Verantwortung. Das macht uns einfach nur sprachlos. Das Problem ist ja eindeutig nicht unsere Schuld. Irgendetwas wurde beim Bau des Hauses nicht richtig geplant.

Insgesamt bin ich von Tag zu Tag mehr überfordert. Ich habe ein Baby, das viele Stunden am Tag gestillt und herumgetragen werden will. Es ist immer kompliziert, die vielen langen Fahrten zu managen. Und dazu leben wir zwischen zwei Umzügen. Und vor allem: Wir wissen nicht, wohin die Reise geht.

Bei allen Schwierigkeiten in diesen Tagen schreibe ich mehrmals in mein Tagebuch: «Und trotz allem fühle ich mich von Gott getragen.» Das ist in dieser Zeit mein beherrschendes Lebensgefühl. Und das ist nicht etwas, das ich selbst bewirkt oder «gemacht» hätte, ganz und gar nicht. Es ist ein Geschenk, etwas, das Gott mir gibt. Ich weine oft vor Erschöpfung und Ratlosigkeit, aber ich bin das kleine Kind auf dem Arm des guten Vaters, das trotz seiner Tränen getragen wird.

Wir erfahren, dass nun auch unser Sohn Thias «blacklisted» ist, das heißt: im Land unerwünscht. Er hat erst vor einem knappen Jahr sein Studium an der hiesigen Uni begonnen, gehört zu den Besten seines Jahrgangs und genießt sein Studium von ganzem Herzen. Wir können Gott nur vertrauen, dass er auch für ihn einen guten Weg hat. Ein erstes Anzeichen dafür bekommt er in Form eines unerwartet großen Segens: Er erfährt, dass er wegen seiner Leistungen im nächsten Semester mit einem Stipendium kostenfrei am Hauptcampus in den Staaten studieren darf.

Wir vertrauen darauf, dass Gott auch für den Rest der Familie sorgen wird, wissen wir doch immer noch nicht, wie es für uns weitergehen soll.

Ich gebe so ungern meinen Traum vom Jemen auf, aber es tut sich nichts Positives. Diese Tür scheint eindeutig fest verschlossen zu sein. Gut, dann müssen wir uns wohl mit der zweiten, ungeliebten Option auseinandersetzen: Saudi-Arabien. Ich möchte mich nicht für das Leben in einem Land entscheiden, das ich nie gesehen habe. Ich würde auch gerne mitentscheiden, welche Schule unsere Kinder besuchen und in welchem Haus wir leben. Aber Saudi-Arabien ist zu dieser Zeit eins der wenigen «verschlossenen» Länder der Erde. Man darf nur mit einem Geschäfts- oder Familienvisum einreisen. Beides ist für die Kinder und mich keine Option.

Doch dann erzählen uns Freunde, dass es doch noch einen anderen Weg gibt: Es ist eine verrückte Idee, aber warum nicht? Wir entschließen uns, es zu probieren.

Das große Land Saudi-Arabien liegt geografisch so, dass man es durchqueren muss, will man auf der arabischen Halbinsel beispielsweise von Katar nach Bahrain reisen. Dafür gibt es ein «Transitvisum». Dieses Visum ist natürlich an viele Bedingungen geknüpft, aber wir überprüfen die Möglichkeiten und denken, es könnte funktionieren. In den Osterferien der Kinder wollen wir es wagen. Ich bin sehr gespannt auf dieses Land.

Natürlich muss zuerst ein Antrag gestellt werden. Unmengen an Passbildern werden benötigt. Es ist alles aufwändig, doch schließlich halten wir das begehrte Visum in den Händen. Es kann losgehen! Wir haben 72 Stunden Zeit, um von Katar – über Saudi-Arabien – nach Bahrain zu reisen. Auf dem Weg dorthin können wir einen Abstecher in die Hauptstadt Riad machen, den Ort, an dem Matthias arbeiten soll.

Es ist so ein wunderbares Vorrecht der Christen, dass sie über alle kulturellen und räumlichen Grenzen hinweg verbunden sind! Freunde in Doha bringen uns in Kontakt mit Christen in Riad, bei denen wir auch übernachten können. Es ist gut, nicht ins Ungewisse zu reisen, sondern am Ankunftsort «Familie» zu haben.

In Doha gibt es eine Zweigstelle der internationalen Bibelgesellschaft. Wir entschließen uns, einige Bibeln mit nach Saudi-Arabien zu nehmen, denn dort sind sie nicht frei verkäuflich. Dieses Wagnis macht uns natürlich auch Angst, und wir diskutieren heiß, ob es besser ist, die Bibeln überall im Gepäck zu verteilen oder lieber zusammen an einem Fleck unterzubringen. Letztendlich ist uns klar: Das einzig Entscheidende ist Gebet um Bewahrung.

Und: Es geht alles gut. Die Grenze ist zwar einschüchternd und erinnert an Grenzübergänge zu DDR-Zeiten – die unfreundlichen Grenzbeamten schauen sich das Gepäck und die Insassen der Autos ganz genau an – und doch merken wir, dass sie milder mit uns umgehen, vermutlich aus zwei Gründen: weil wir weiß und als Familie unterwegs sind.

Ich sehe verwundert, dass es am Zoll ein Extra-Räumchen gibt, in dem Frauen überprüft werden. Bald wird mir klar, warum das nötig ist: Alle Frauen, die ich hier sehe, sind nur als schwarzgekleidete Gestalten zu erkennen. In vielen Fällen sind selbst die Augen von einem leichten Schleier bedeckt, sodass das Gesamtpaket an einen großen, schwarzen Sack erinnert. Verschleierte Frauen müssen also in diesen Raum gehen, damit sie ihre Hüllen ablegen und sich ausweisen können. – Das zu sehen, lässt mich erneut dankbar werden für die letzten Jahre, in denen ich unverschleiert in Katar leben durfte.

Ich selbst muss ab der Grenze auch eine Abaya anziehen. Das ist, wie gesagt, ein bodenlanger, formloser, leichter Mantel, der über der Kleidung getragen wird.

Meine katarische Freundin hat schon mit mir geübt, wie ich ein Tuch um meine Haare wickeln kann, damit auch sie verhüllt sind. *Verhüllt*, das drückt aus, wie ich mich in

Meine ersten Versuche, eine Abaya zu tragen

Saudi-Arabien fühle: Umgeben von einer Hülle wird man nicht mehr als Person wahrgenommen, nur als bewegliche schwarze Masse. Das Laufen mit Abaya, stelle ich fest, ist sehr schwer. Der lange Stoff klebt an den Beinen und schränkt die Bewegungsfreiheit erheblich ein.

Aber auf jeden Fall kommen wir gut durch die Kontrolle. Wir reisen also glücklich und erleichtert nach Saudi-Arabien ein. Gespannt sehen wir auf dem Weg nach Riad aus den Fenstern. Na ja, der Blick ist enttäuschend: Mit der Grenze ändert sich schlagartig der Straßenzustand. Hier wurde lange nichts erneuert oder ausgebessert. Das ganze Land wirkt grauer und trüber als Katar.

Auf der Fahrt, die fast den ganzen Tag dauert, sehen wir kaum etwas. Die Wüstenlandschaft links und rechts der Autobahn ist trüb und eintönig. Sand. Eine verstaubte Straße mit Müll an den Straßenrändern. Ab und zu steht am Rand ein kaputtes oder ausgebranntes Auto, das aussieht, als würde es dort schon seit Jahrzehnten stehen.

Und dann erreichen wir Riad. Auch hier wirkt alles verwittert im Vergleich zu Doha. Dazu: volle Straßen, viel Verkehr, rücksichtslose Fahrer. Weit und breit ist so gut wie keine Frau zu sehen, weder am Lenkrad eines Autos noch auf den Straßen oder Gehwegen. Es ist ein Land der Männer.

*Riad, die Hauptstadt des Königreichs Saudi-Arabien
und der gleichnamigen Provinz*

Gegen Abend kommen wir bei unseren liebevollen Gastgebern an. Diese freundliche Familie, die schon lange im Land ist, lebt in einem bescheidenen Haus. Alle vier Mädchen überlassen uns für die Dauer unseres Besuchs ihre Zimmer und ihre Betten. Ich schäme mich dafür, dass wir ihnen ihre Zimmer wegnehmen. Es fühlt sich so an, als würden wir in die Privatsphäre dieser Teenager, die wir nicht einmal kennen, eindringen. Ich fühle mich aber gleichzeitig auch herausgefordert von diesem guten Beispiel: Ich will auch eine solch aufopfernde Liebe entwickeln und wirklich im

Bewusstsein leben, dass alles, was ich habe, Gott gehört. Ich kann mir nicht vorstellen, dass ich bereit wäre, mein Schlafzimmer für unbekannte Gäste aufzugeben.

Am nächsten Tag sehen wir uns Häuser an. Der Standard liegt weit unter dem, was wir aus Katar gewohnt sind. Sehr viele der Häuser, die wir ansehen, haben keine Toilette, auf die man sich hinsetzen kann – nur dieses Loch, über das man sich hockt. Und das zu Hause? Ist so etwas überhaupt alltagstauglich? Nein, das kann ich mir wirklich nicht vorstellen! Erschreckend ist außerdem, dass an fast allen Häusern die Fenster vergittert sind. Sind das Sicherheitsvorkehrungen, damit die Frauen drinnen bleiben?, überlege ich voller Sorge.

Wir besichtigen potenzielle Häuser in Riad, aber ich bin skeptisch.

Wir gehen auch in ein Einkaufszentrum. Das große Gebäude ist fast leer. Für mich ist es sehr unangenehm, immer eine Abaya zu tragen. Ich fühle mich eingeengt, unfrei – ganz abgesehen davon, dass ich unter dem schwarzen Stoff wie verrückt schwitze. Rolltreppen mit Abaya zu betreten, ist außerdem ganz schön gefährlich.

Über allem liegt eine bedrückende Atmosphäre in diesem Land; ein Gefühl von Unfreiheit.

Das wird uns besonders deutlich, als wir am dritten Tag unserer Reise weiter nach Bahrain fahren. Das Gefühl der Unfreiheit, die Angst, etwas falsch zu machen, fällt hier schlagartig weg. Wie Katar ist Bahrain zwar ein islamisches Land, aber doch freier und offener als Saudi-Arabien.

Wir dürfen hier bei einer deutschen Frau bleiben, die wir vorher nicht gekannt haben. Wieder mal sind wir so dankbar für das gut funktionierende Netzwerk der Christen. Es ist wie ein Nach-Hause-Kommen, so wohl fühlen wir uns bei dieser Frau. Am Abend trifft sich bei ihr eine Gruppe von *einheimischen* Christen. Das ist etwas, das wir aus Katar nicht kennen. Die Freude dieser Glaubensgeschwister ist ansteckend. Sie sind total verliebt in Jesus, ihren Retter. Es tut so gut, diese Begeisterung mitzuerleben.

Am nächsten Tag geht es zurück nach Riad. An der Grenze zwischen Bahrain und Saudi-Arabien gibt es ein Problem mit unseren Pässen: Scheinbar wurde auf dem Hinweg etwas Falsches ins System eingetragen. Das lange Warten, bis das Problem geklärt ist, strapaziert unsere Nerven. Matthias macht das alles sauer. Nach diesem Vorfall sagt er, dass er sich eigentlich nicht vorstellen kann, in so einem Land zu leben.

Freitags dürfen wir unsere lieben Gastgeber in eine christliche Kleingruppe begleiten. Das Zusammenkommen als Kirche, wie wir es in Katar kennen, ist in Saudi-Arabien nicht erlaubt. Das geheime Treffen findet in einem großen Compound statt: Am Eingang stehen bewaffnete Wächter, die unsere Papiere gründlich studieren – nicht wegen der Zusammenkunft, sondern weil dies der normale Vorgang ist, um diese Wohnsiedlung besuchen zu dürfen.

Saudischer Grenzposten

Endlich dürfen wir hinein. Das Treffen ist in Ordnung, aber besonders die Frauen machen auf mich alle einen abgespannten Eindruck: Sie sind offensichtlich müde. Unglücklich. Ich fühle, dass es schwer ist, in diesem Land zu leben. Insgesamt machen die Christen hier einen leidenden Eindruck. Vor allem unsere Gastgeber, die von Spenden leben, scheinen sich sehr einschränken zu müssen.

Am nächsten Tag können wir eine Schule besichtigen. Wie alles andere hier macht auch diese Einrichtung gegenüber dem Pendant in Katar den Eindruck, als wäre sie in die Jahre gekommen. Müde, alt, hoffnungslos. Dabei ist es die größte und teuerste Schule in Riad. Damit ist dann auch unser Kurzurlaub vorbei. Wir fahren am selben Tag zurück, da die Kinder am nächsten Tag – Ostersonntag – wieder Schule haben.

Was sollen wir tun? Wohin sollen wir gehen? Die Antwort gefällt uns nicht besonders gut, aber sie scheint eindeutig zu sein: Unsere Kontaktpersonen im Jemen schreiben uns, dass sie inzwischen nach Deutschland zurückgekehrt sind. Sie waren Ziel eines Anschlags. Damit ist diese Tür eindeutig verschlossen. Gleichzeitig kommt eine Mail von Matthias' möglichem Arbeitgeber in Saudi-Arabien: Er ist im Großen und Ganzen mit der Gehaltsvorstellung von Matthias einverstanden. Wir fragen die Kinder nach ihren Eindrücken: Janek war während unseres Kurzbesuchs in Saudi-Arabien nicht dabei, da er mit der Jugendgruppe bei einem schon länger geplanten Hilfseinsatz in Jordanien teilgenommen hat. In diesen Tagen wurden Freundschaften gefestigt, und er möchte nicht wieder wegziehen von seinen Freunden. Aber leider haben wir keine Wahl. Ob zurück nach Deutschland – ohne Arbeitsstelle – oder nach Saudi-Arabien: Es steht fest, dass wir Katar verlassen müssen.

In diesen Tagen steht in meinem Tagebuch: «Der gütige Gott, der uns führt, wie es ihm gefällt, hat die Dinge von langer Hand machtvoll und behutsam vorbereitet. (Charles de Foucault)»

Janek, damals 16 Jahre alt, erzählt

Jordan Outreach

Während meine Familie in Saudi-Arabien war, machte unsere Jugendgruppe 2009 einen missionarischen Einsatz in Jordanien. Am Tag der Abreise sandte uns die

Gemeinde mit einem arabischen Lied namens «Ouha-bouka Rabbi Yasou» aus. Übersetzt heißt das: «Ich liebe dich, Herr Jesus.»

In den neun Tagen dort erlebten wir viel Schönes. Zum Beispiel besuchten wir eine örtliche Schule, wo wir das bekannte Skit (Anspiel) «Everything» aufführten: Es erzählt auf anschauliche Weise, wie uns Jesus von unserer Sünde befreit hat. Die anschließenden Gespräche mit den Schülern sind mir noch gut in Erinnerung.

An einem anderen Tag besuchten wir eine christliche örtliche Jugendgruppe, wo wir gemeinsam Lieder sangen und Beziehungen knüpften. Es war schön zu sehen, dass es auf der ganzen Welt Christen gibt, die wie Familie sind.

Wir haben in der Zeit in Jordanien einige Zeugnisse von anderen Christen gehört. Ein Mann zum Beispiel war auf der Suche nach Gott. Er dachte sich, da er Gott nicht auf der Erde begegnen könne, müsse er sich das Leben nehmen. – Also trank er Gift! Aber es tötete ihn nicht wie geplant. Er hatte danach eine Vision, in der er Jesus sah, der zu ihm redete. Später lernte er andere Christen kennen und erfuhr, dass Kontakt zu Gott im Diesseits möglich ist.

Neben solchen einprägsamen Geschichten war unsere Zeit auch durch praktische Einsätze geprägt. Zum Beispiel hatten wir die Aufgabe, in einem Dorf zwei Gebäude innen und außen zu weißeln. Ich erinnere mich noch, dass das Essen dort richtig gut war. Wir bekamen ein einheimisches Gericht namens «Mansah» serviert, bestehend aus Reis, Hühnchen und Brot mit Joghurtsauce. Ich erinnere mich noch gut an die lokale Essens-Kultur: Wir formten einen Ball aus Reis, den wir in den Mund schnippten (zumindest versuchten wir es).

Sehr schön war außerdem unser Ausflug zum Toten Meer. Wir konnten uns ins extrem salzhaltige Wasser legen und wurden einfach getragen. Besonders in Erinnerung geblieben ist mir das Schlammbad am Strand: Wir bedeckten unseren ganzen Körper mit feuchtem Sand und machten lustige Posen. Außer dem Toten Meer besuchten wir Sehenswürdigkeiten wie die beeindruckende Ruinenstadt Gerasa und die Städte Gadara (am See Genezareth) und Pella (im Jordantal).

Kleiner arabischer Sprachführer
Shwaye, shwaye *(schwaj-ye)* – langsam
(Oft gebraucht im Sinne von:
Mach' langsam, gedulde dich!)

34. Die letzten Wochen

Es gehen einige Mails hin und her: Die Konditionen für Matthias' Stelle werden ausgehandelt. Auch wenn es nicht der Schritt ist, den wir uns selbst ausgesucht hätten, scheint Gottes Führung eindeutig zu sein: Wir werden es tatsächlich tun. Wir werden nach Saudi-Arabien ziehen.

Bereits im Mai 2009 tritt Matthias seine neue Stelle an. Sein ehemaliger katarischer Arbeitgeber ist noch immer sein Sponsor, also muss Matthias vor der Abreise erneut seine Genehmigung einholen. Dabei sagt dieser Mann etwas Überraschendes: «Du solltest in Saudi-Arabien besser nicht das tun, was du hier getan hast! Die Konsequenzen wären dort viel schlimmer ...»

Er weiß also anscheinend doch etwas über die Gründe für diese geheimnisvolle Ausweisung!

Auch wenn Matthias nicht mehr dabei ist, gehen unsere drei Ältesten noch oft in die Arbeitercamps. Wir leben mit dem Gefühl, dass wir nun sowieso nichts mehr zu befürchten haben, da wir ohnehin bald gehen müssen. Für unsere Söhne sind die Erfahrungen dort prägend: Sie erleben den großen Hunger dieser Männer nach Jesus Christus. Und es ist nichts Außergewöhnliches, dass Menschen, für die sie beten, auf übernatürliche Weise geheilt werden. Welch ein Schatz, dass sie so jung schon erleben, dass Gott wirklich auch heute noch wirkt und Gebet erhört!

Matthias lebt sich langsam in unserer neuen Heimat ein. Das Leben dort ist nicht zu vergleichen mit demjenigen in Katar: Für einen Westler wirken viele Aspekte in Katar wie das Leben in einem sonnigen Urlaubsland. – So ist es in Saudi-Arabien keinesfalls! Vieles ist im Königreich neu und ungewohnt. So wundert sich Matthias über die unzähligen Bettler, die er sieht. Im dichten Verkehr, wenn die Autos an der Ampel warten, laufen sie durch die Autoreihen und klopfen an die Scheiben. Mit einem flehentlichen Blick nach oben erinnern sie die Autofahrer daran, dass gute Taten von Allah belohnt werden. Verstörend ist z. B. auch die Schließung eines Compounds, weil dort jemand erwischt wurde, der eine Bombe hineinschmuggeln wollte. – Und das wird unser neues Zuhause werden! Au weia.

Für mich sind diese letzten Monate sehr anstrengend. Ich bin nun allein mit den Kindern in Katar, und neben einem sehr anhänglichen Stillkind muss ich mich um den Umzug kümmern. Es sind so viele Kisten zu packen. Möbel müssen verkauft werden. Angebote von Speditionsfirmen eingeholt werden. Die Schulfahrten ins weit entfernte Doha. Es ist mir einfach zu viel.

Beim Packen der Sachen, die wir nach Saudi-Arabien mitnehmen, muss ich zudem besonders aufpassen. So höre ich zum Beispiel, dass jedes Buch, das ins Land eingeführt wird, auf Kosten des Einreisenden von einem Ministerium

*Ein Foto vom Auszug aus Al Khor zeigt das Choas,
mit dem wir in der Zeit kämpfen.*

geprüft werden muss. Und ich habe sehr viele Bücher! Als
wir später in Saudi-Arabien leben, hören wir von einer
befreundeten Familie, dass sie sich noch nicht einmal getraut haben, Bilderbücher mitzubringen, wenn darin ein
Bild eines Schweinchens abgebildet war: Im Islam gibt es
ja ein Schweinefleischverbot.

Mitte Mai kommt dann eine weitere Schreckensnachricht:
Unser Freund Hogni bekommt einen Anruf. Auch er soll
zur CID kommen, also zur Polizei. Inzwischen sind er und
seine Familie unsere besten Freunde – die Menschen, die
uns am nächsten stehen. Hogni wird mitgeteilt, dass er
und seine Familie das Land am Schuljahresende verlassen

müssen. Wir sind sehr betroffen. Als er bei der Polizei zum Gespräch ist, erblickt er auf dem Schreibtisch des Offiziers eine Liste mit vielen Namen. Der Offizier zeigt ihm eine weitere Liste mit nur sieben Namen und fragt ihn, ob diese Personen denselben Arbeitgeber hätten wie er. Bedeutet das etwa, dass noch mehr Familien von diesem Schicksal betroffen sein werden?

Leider ist es so. In den nächsten Tagen erfahren wir von fast allen unseren Freunden, dass sie ebenfalls gebeten wurden, Katar zu verlassen. Es sind schließlich ungefähr dreißig Familien! Sehr viele von ihnen leben schon jahrelang in Doha. Ihre Kinder haben von der ersten Klasse an hier eine Schule besucht. Sie können sich nicht vorstellen, jetzt Hals über Kopf zu gehen. Es ist ein erschreckender Einbruch unserer größtenteils heilen Welt.

Keinem wird ein Grund genannt, ihnen wird nur mitgeteilt, dass sie nicht mehr in Katar erwünscht sind. Die betroffenen Familien fragen sich, ob sie für Gerechtigkeit kämpfen sollen. Sie wenden sich an verschiedene Organisationen, die sich für Menschenrechte und für verfolgte Christen einsetzen, vor allem aber auch an die amerikanische Botschaft, denn einige der Ausgewiesenen sind Amerikaner.

Unsere Freunde wissen, dass ihnen im Ernstfall nur ein paar Wochen bleiben, also fangen sie schon einmal an, ihre Sachen zu verkaufen. Die Deportationen sind in dieser Zeit das beherrschende Gesprächsthema bei unseren Treffen: «Hast du von dem gehört? Er muss auch gehen! Und was ist mit dieser Familie? Dürfen sie bleiben?» Es ist wie ein Krimi, in dem man selbst mittendrin ist. Täglich kommen neue Namen dazu. Wir rätseln: Wer oder was steckt dahinter? Liegt es an Telefonaten, die abgehört worden sind? Ist jemand von unseren Freunden ein Verräter?

قطر

Im Mai besuchen wir als Familie mit einem Transitvisum noch einmal Riad. Unser Sohn Thias fährt, denn ich darf als Frau in Saudi-Arabien nicht Autofahren! Es ist gut, einen besseren Eindruck von diesem merkwürdigen Land zu bekommen, das unsere Heimat werden soll. Wir sehen uns noch einmal mehrere Häuser an, aber es ist keins dabei, in dem ich mich wohlfühlen könnte. Neben den vielen vertrockneten Kakerlaken in den Ecken störe ich mich vor allem an den winzigen Fenstern der Häuser, die zudem meistens noch vergittert sind. Die Wüstenbewohner lieben anscheinend die Nacht und scheuen das heiße Tageslicht. Selbst am Tag bleiben Vorhänge oft zugezogen. Ob ich mich jemals daran gewöhnen werde?

Der wichtigste Grund für unseren zweiten Besuch sind die Aufnahmetests für die Schule. Das können wir alles gut hinter uns bringen, und unsere Kinder bestehen die Prüfungen.

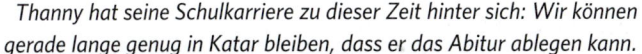

Thanny hat seine Schulkarriere zu dieser Zeit hinter sich: Wir können gerade lange genug in Katar bleiben, dass er das Abitur ablegen kann.

Ich kann mich, ehrlich gesagt, mit Saudi-Arabien immer noch nicht so recht anfreunden. An einem Morgen wollen wir Kaffee trinken und dazu einen Donut essen, aber trotz langer Suche finden wir keinen Laden, in dem ich mich als Frau hinsetzen könnte. Nur Männer dürfen sich gemütlich in diese Cafés setzen. Das fühlt sich an, als würde an der Tür stehen: «Frauen und Hunde bleiben draußen.»

Was für ein schwieriges und kompliziertes Leben für diese unfreien Frauen! Überall ausgeschlossen, kaum Rechte. Und das Essen in der Öffentlichkeit ist richtig schwer. In einem Einkaufszentrum beobachte ich verwundert eine verschleierte Frau beim Essen. Ihr ganzes Gesicht ist schwarz bedeckt. Im Augenbereich kann sie wohl durch ihren schwarzen Schleier einen Blick auf die trübe Welt, die sich ihr bietet, werfen. Gespannt sehe ich, wie sie immer blitzschnell den Schleier, der vor ihrem Mund liegt, anhebt, um vorsichtig einen Bissen nach dem anderen in ihren Mund zu stecken.

Viele Frauen in Saudi-Arabien tragen zusätzlich zur Abaya noch einen Niqab, also: einen Gesichtsschleier.

Und hierher werden wir ziehen …?

Auch Janek ist sich nach diesem Kurzbesuch sicher, dass er hier nicht leben möchte. Es stört ihn, dass alle christliche Aktivitäten im Verborgenen stattfinden müssen. Dazu findet er vieles einfach komisch, vor allem die Stellung der Frauen.

Auf dem Heimweg bekomme ich eine SMS von meiner Freundin – alle Deportationen der letzten Tage wurden aufgehoben! Wir können dieses Wunder kaum fassen. Wir jubeln und singen im Auto auf dem Heimweg. Und ganz zart keimt bei uns neue Hoffnung auf: Vielleicht bedeutet das, dass auch wir bleiben können? Wir haben zwar schon fast alles verkauft oder verpackt, aber wie wunderbar wäre es, wenn wir doch bleiben könnten! Es wäre doch alles schnell wieder ausgepackt.

In den nächsten Tagen sprechen wir viel mit unseren Freunden über diese ganze Geschichte. Trotz der Erlaubnis, bleiben zu dürfen, sind alle sehr erschüttert. Die amerikanische Botschaft, die sich für ihr Bleiben eingesetzt hat, warnt sie. Wer in Katar seinen Glauben bezeugt, kann dafür eine zehnjährige Gefängnisstrafe bekommen. Für mehrere dieser Freunde beginnt mit diesem Rauswurf-Schock eine Umorientierung: Obwohl sie nun bleiben dürfen, *wollen* sie nicht mehr. Eine überstürzte Abreise ist zum Glück nicht mehr notwendig, doch mehrere machen sich nun auf die Suche nach neuen Arbeitsstellen in anderen Ländern. Dieses Erlebnis hat ihnen Angst gemacht.

Ja, der Schrecken ist spürbar. Als ich einige Zeit später eine Freundin anrufe, ist sie am Telefon sehr merkwürdig. Abweisend und unfreundlich. Nachdem das unangenehme

Telefonat beendet ist, bekomme ich von ihr eine E-Mail. Natürlich auf den verschlüsselten Account. Ob ihr Mann uns nicht ausgerichtet habe, dass wir sie nicht mehr kontaktieren sollen? Sie habe ihm gesagt, dass er das unbedingt tun soll. Auf gar keinen Fall sollen wir sie jemals wieder anrufen, denn das wäre «nicht weise». Das verletzt mich so sehr. Diese Familie gehört zu den Freunden, die uns am nächsten stehen! Ich kämpfe noch lange danach damit, nicht zu verbittern. Ich will diese Frau trotzdem als Glaubensschwester lieben und verstehe nicht, dass eine Mitchristin so lieblos sein kann, so auf ihre Sicherheit bedacht. Sollte unser Leben als Christen nicht ganz anders aussehen? Geprägt von der Gewissheit, dass Gott für unsere Lebenswege sorgt?

Der Grundgedanke einer der letzten Predigten, die wir in unserer geliebten Gemeinde hören, ist: «Wovor ich mich fürchte, ist ein Hinweis darauf, was ich anbete.» Das gibt mir sehr zu denken.

Die letzten zwei Wochen sind dann der reinste Überlebenskampf: Unsere beiden Ältesten sind schon abgereist. Ich bin allein mit fünf Kindern, darunter ein anhängliches Still-Baby, und ich muss unser ganzes Leben in kurzer Zeit verpacken. Ich weine viel, einfach vor Erschöpfung. Ich kann mir nicht vorstellen, alles rechtzeitig fertig zu bekommen. Und doch habe ich immer noch dieses grundlegende Gefühl, in allem getragen zu sein von Gott. Immer wieder stelle ich in meinem Tagebuch fest, dass ich an einem Tiefpunkt bin, doch gleichzeitig geborgen und getragen.

Dann ein weiterer Schock: Matthias hat für unser Haus in Al Khor einen üblichen Jahres-Mietvertrag unterschrieben.

Er dachte, da wir das Land nach einem halben Jahr verlassen müssen, würden wir sicher nur für die Zeit bezahlen müssen, die wir tatsächlich im Haus wohnen. Der Vermieter ist anderer Meinung. Vertrag ist Vertrag! Er verlangt Schadensersatz. Dabei waren *wir* es, die dieses Haus überhaupt erst wohnlich gemacht haben: Nach und nach konnten alle Probleme behoben werden, die die Immobilie bei unserem Einzug aufwies, sodass das Haus jetzt, bei unserem Auszug, in einem viel besseren Zustand ist als bei unserem Einzug.

Wenn wir diese hohe Schadensersatzzahlung der Summe gegenüberstellen, die wir durch unseren Wegzug aus Doha gespart haben, wird deutlich: Wir hätten uns sehr viel Mühe und Nervenqualen ersparen und das letzte halbe Jahr in unserem geliebten ersten Haus in Doha bleiben können. Im Nachhinein denke ich, dass dieser Umzug eine Panikhandlung war. Wir haben nicht auf Gottes Führung gewartet.

Diese Lektion will ich nie vergessen: Ich glaube inzwischen, dass es falsch ist, überstürzt und aus Angst heraus zu handeln. Wenn ich darauf vertraue, dass Gott mich führt, kann das manchmal bedeuten, dass ich warten muss. Lieber will ich stehenbleiben, bis ich genau weiß, was Gott will, als in eigener Regie einen falschen Weg einzuschlagen.

Kleiner arabischer Sprachführer
Alan *(al-ahn)* – jetzt

35. VIP-Behandlung

Doha, Katar
Juni 2009

Ein paar Tage vor unserer Ausreise kommt Matthias zurück nach Katar – um danach offiziell und für immer das Land zu verlassen. Unsere vage Hoffnung, dass auch unsere Ausweisung, wie die unserer Freunde, aufgehoben wird, hat sich nicht erfüllt.

Matthias muss ins Deportationszentrum zu dem freundlichen Beamten Jassim. Ja, wir müssen tatsächlich gehen. Unser Fall sei «anders», meint er. Sie nehmen Matthias' Fingerabdrücke und machen einen Augenscan. Matthias fühlt sich wie ein Krimineller. Aus Sicht der katarischen Regierung ist er das auch tatsächlich.

Die letzten Tage vergehen in einem Wirbelwind des Packens. Wenig Schlaf. Stress. Das Gefühl, unmöglich alles schaffen zu können. Am letzten Abend packen wir bis in die Nacht und verlassen dann unser Haus, das leider nie ein Zuhause geworden ist. Vorher müssen wir dem Vermieter noch ein großes Bündel Geld geben. Wir überlassen ihm 15.000 Riyal und dazu unsere selbstgekaufte Klimaanlage, die wir als Entschädigung im Haus zurücklassen müssen.

Die letzte Nacht verbringen wir in Doha bei unseren besten Freunden. Ihre unglaubliche Liebe und Treue rührt unser Herz. Wir danken Gott, dass er uns solche Freunde an die Seite gestellt hat.

Ja, und dann ist er da, der 18. Juni 2009: unser letzter Tag in Doha. Matthias musste bei seinem Besuch im Deportationszentrum dem Offizier unsere Pässe übergeben, also reisen wir zum ersten Mal im Leben ohne Pässe zum Flughafen. Der liebe Hogni fährt uns. Er könnte uns einfach rauslassen und heimfahren, um nicht mit uns «Kriminellen» assoziiert zu werden, aber nein, dieser treue Freund bleibt bis zum Schluss an unserer Seite.

Am Flughafen werden wir von einem Polizisten in Empfang genommen. Wir sehen, dass wir nicht die Einzigen sind – auch andere werden von Polizisten aus dem Land herausgeleitet.

Unser Polizist geht uns überall voran. Er hält die Pässe, die wir abgeben mussten, und unsere Reisedokumente in der Hand. Damit geht er zu jedem Schalter, den wir passieren müssen, und kümmert sich um alles. Wir müssen in keiner Schlange warten, wir bekommen eine exklusive Vorzugsbehandlung. Reisen als VIP. Wir erkennen: Eine solche Ausweisung hat ja doch ihre Vorteile! Das Ganze ist spannend, und dafür, dass wir gerade deportiert werden, sind wir alle guter Dinge und fröhlich gestimmt.

Als wir später gemeinsam mit den anderen Reisenden im Flugzeug sitzen und es abhebt, blicke ich hinunter auf die Halbinsel, die nun so lange unsere Heimat war. Mir wird klar, was für ein Wunder und Abenteuer Katar für mich bedeutet hat. Ich durfte das Land unverschleiert erleben, sowohl buchstäblich als auch im übertragenen Sinne: Ich habe hinter seine Fassaden gesehen und das Liebenswerte genauso wie die Schattenseiten kennengelernt.

Auf Wiedersehen, Katar! Wie gerne würden wir dieses geliebte Land wiedersehen, das uns vier Jahre lang Heimat war und in dem wir wie nie zuvor gelernt haben, uns in aller Not an Gott festzuklammern.

Auf Wiedersehen, Katar! – Wo wir erleben durften, dass Gott uns durch schwere Zeiten trägt.

Kleiner arabischer Sprachführer
Ma'salama! *(ma-a-sa-la-ma)* – Auf Wiedersehen!

Auf Wiedersehen, Katar!

Epilog

Bayern, Deutschland
Sommer 2021

Der erste Entwurf fürs Buch ist geschrieben, die Anfrage nach einer endgültigen Fassung des Manuskripts wird konkret. Diese Nachfrage fällt in eine Zeit, die kaum voller sein könnte: Es ist Sommer, und ausnahmsweise ist die ganze Familie in Deutschland versammelt. Denn ja: Wir sind mittlerweile tatsächlich zu einer internationalen Familie geworden! Gerade fiebern alle der dritten Hochzeit eines unserer Kinder entgegen. In unserem Haus leben gerade zwischen elf und zwanzig Personen. Es ist ein Kommen und Gehen. Kleinkinder wuseln herum. Klebrige Flecken überall. Es wird viel gekocht, gelacht, geredet. Das ist alles wunderschön, aber ich finde im Haus kein ruhiges Plätzchen.

Damit ich also ungestört an diesem Schreibprojekt arbeiten kann, ermöglicht es meine Familie mir, eine Woche zu verreisen. Ich sehe mir kleine Ferienwohnungen an, scheue mich aber vor den Kosten. Da kommt es gerade recht, dass eine Freundin mir ihr Haus anbietet. Sie werden in den Urlaub fahren, und ich darf in dieser Zeit bei ihnen leben. Ich kann mich um ihre Post und Fische kümmern und habe dafür einen Unterschlupf. Es scheint die perfekte Lösung zu sein.

Allein: Ich bin dadurch ganz in der Nähe meiner Familie. Ich habe Bedenken, dass mein Ziel, für eine Woche «unerreichbar» zu sein, nicht umsetzbar ist, wenn ich so nahe bin, also sage ich meiner Familie nicht, wo genau ich in dieser Woche sein werde. Als es so weit ist und ich «verreise», bleibe ich für sie trotzdem per Telefon erreichbar.

Nicht zu wissen, wo genau ihre Mutter sich befindet, ist für die Kinder dennoch ungewohnt. Meine verrückten Angehörigen beschließen also: Sie müssen mich finden. Das Ganze entwickelt sich für sie zu so etwas wie einer Folge von «Die drei Fragezeichen»: Wie finden wir Mama? Ohne, dass sie etwas von unserer Suche erfährt?

Die erste Idee, eine Spur von mir anhand der Kontoauszüge zu finden, wird schnell verworfen, da sie meine Bankzugangsdaten nicht kennen. Aber es gibt ja noch andere Möglichkeiten.

Geplant war, dass ich von Donnerstag bis Donnerstag weg bin. Am Montagabend schickt mir einer meiner Söhne eine WhatsApp-Nachricht mit einem Link und fragt, was ich dazu meine. Der Link sieht merkwürdig aus, doch er ist ja von meinem Sohn. Ich denke mir also nichts dabei und klicke ihn an. Er führt zu einer Nachrichtensendung. Dass das eine Falle ist, ahne ich nicht. Während wir uns kurz über das Gelesene austauschen, beginnt derweil zu Hause eine eifrige Suche ...

Wie ich später erfahre, sitzen die Kinder im Wohnzimmer, jeder mit einem Laptop auf dem Schoß. Mit dem Anklicken des Links habe ich ihnen wohl irgendwie meine

IP-Adresse verraten und diese signalisiert, dass ich irgendwo in der Nähe sein muss. Nun müssen sie unbedingt herausfinden, wo genau.

Die Jagd beginnt.

Mama bucht immer über Airbnb, das ist klar, also sehen sie sich jede Unterkunft in der Umgebung an. Sie wissen genau, was mir gefällt, und da die Auswahl in unserer Gegend nicht groß ist, haben sie sich schnell entschieden. Sie sind sich sicher, in welchem Dorf ich bin, allerdings erfahren sie über die Buchungsseite nicht die genaue Anschrift. Also fahren sie in das Dorf und suchen ein Haus, das zur Online-Beschreibung passt.

Mittlerweile ist es schon neun oder zehn Uhr am Abend. Immer wieder fahren sie langsam durch die Straßen dieses kleinen Orts, auf der Suche nach unserem Familienauto.

So etwas fällt auf dem Land auf. Nach einer weiteren langsamen Runde durch das Dorf kommt eine kleine Gruppe von Anwohnern auf sie zu. Misstrauisch schauen sie ins Auto.

«Suchen Sie etwas? Sie fahren die ganze Zeit diese Straße ab. Wohin wollen Sie?»

Charmant und schlagfertig entgegnet Joel: «Oh ja, danke, dass Sie nachfragen! Wissen Sie, wir machen so eine Art Schnitzeljagd. Wir müssen ein bestimmtes Auto finden. Vielleicht können Sie uns helfen? Wir suchen einen blauen Volkswagen.»

Sofort verwandelt sich das Misstrauen der Anwohner in freundliche Unterstützung.

«Ach, das ist ja toll. Wir würden so gerne helfen. Einen blauen VW? Nein, so ein Auto haben wir hier nicht gesehen.» Sie beraten sich und überlegen. Wie gerne würden sie dieser freundlichen Familie bei ihrem Spiel helfen! Aber nein, sie haben nichts gesehen. «Aber wir wünschen noch viel Spaß bei der Suche!» Lächelnd wenden sie sich von dem Auto ab.

Ja, sie hat gerade wirklich viel Spaß, meine Familie. Auf der Jagd nach Mama.

Die Suche geht weiter. Und dann – tatsächlich! Da steht das Auto. Die richtige Marke, das richtige Modell, die richtige Farbe. Aber nein. Die Enttäuschung ist groß: Es ist das falsche Nummernschild.

Irgendwann spät am Abend wird die Jagd abgebrochen. Jonas hat schon eine neue Idee: Das geht noch genauer, denkt er.

Ich schlafe derweil ruhig in meiner Schreibwerkstatt und ahne von dem allen nichts.

Jonas, der im Home-Office an Software-Entwicklungen arbeitet, macht am nächsten Tag eine lange Mittagspause. Die Idee, wie er mir eine Falle stellen kann, ist ihm schon in der Nacht gekommen. Jetzt ist er an der Umsetzung. Mama wird wie ein «phish» in seinem Netz landen, da ist er sich sicher.

Wie lässt sich Mama am besten fangen? Welchen Köder kann er auslegen? Das ist leicht: Bücher natürlich. Bücher sind ihre große Leidenschaft.

Bei welchen Verlagen bestellt sie? Auch das weiß Jonas. Also kauft er eine ähnlich klingende Domain und schreibt eine E-Mail, die angeblich von genau diesem Verlag kommt: Ein Überraschungspaket voller Bücher, und das nicht nur einmalig, sondern immer wieder, wird angeboten. Ein Pilotprojekt! Der Verlag sucht Partner, die bei diesem spannenden Projekt mitmachen. Nähere Informationen folgen, aber es lohnt sich auf jeden Fall. Es ist ganz einfach, man muss dazu nur auf den Link in der E-Mail klicken, um den deutschen Wohnsitz zu bestätigen.

Ich kenne diesen Verlag und bekomme von dort oft E-Mails. Ich habe überhaupt keine Bedenken, als ich auf den Link klicke. Das klingt ja sehr spannend!

Und schon zappele ich im Netz.

Jonas rennt raus zu den anderen, die gerade im Garten sind. «Ich hab sie!», verkündet er siegesbewusst. Durch meinen Klick wissen sie ganz genau, wo ich mich befinde. Bis auf zwanzig Meter genau. Sie kennen natürlich die befreundete Familie, bei der ich wohne.

Teil zwei ihres Planes tritt in Kraft:

Am späten Nachmittag kommen sie heimlich und nehmen das Auto mit. Es ist an einer Stelle abgestellt, die ich vom Haus aus nicht sehen kann, also bemerke ich nichts.

Doch schon bald danach sehe ich etwas Merkwürdiges: Im Garten liegt ein kleiner Stapel mit meinen Sachen. Komisch – das war doch alles im Auto!

Ich sehe nach. Das Auto ist weg! Waaas?!

Es dauert eine Weile, bis ich erkenne: Ich wurde reingelegt ...

Meine Familie lässt mich ein bisschen schmoren, aber am nächsten Tag komme ich wieder zu meinem Fahrzeug. Als ich später die ganze Geschichte erfahre, finde ich das einfach nur verrückt. Unglaublich, diese Kinder!

Auch wenn es mich wurmt, dass ich einem «Cyberangriff» zum Opfer gefallen bin, muss ich doch insgeheim die Fähigkeiten unserer Sprösslinge bewundern und über ihre Hingabe und Zusammenarbeit staunen.

Ich denke über unsere Jahre in Katar nach und was aus uns allen geworden ist: Unsere Kinder sind mittlerweile fast alle selbstständig und, wie diese Spionage-Geschichte zeigt, sie haben einige erstaunliche Fertigkeiten.

Ein weiteres Glück: Inzwischen haben wir sieben Enkelkinder. Es ist amüsant, ihnen zuzuhören, denn sie sprechen

ein buntes Gemisch aus Englisch, Deutsch und Bayrisch –
und das alles in einem Satz!

Gott ist gut.

Im Nachhinein bin ich sehr dankbar für diese Jahre in
Katar. Sie haben unseren Glauben gestärkt und unseren
Familienzusammenhalt gefestigt. Die Tage und Wochen
und Jahre in Katar haben uns alle geprägt und verändert.

Gott ist gut.

Auch in den hoffnungslosen Tagen, in den schlaflosen
Nächten wusste er genau, wann die ersehnte Antwort
kommen würde und warum die schwere Wartezeit notwendig war.

Gott ist gut.

Da wo es uns bewusst war und auch da, wo wir es nicht
ahnten: Er hat uns getragen.

Ich liebe das Bild von Gott, das Jesaja 40 vor Augen malt:
«Er sorgt für sein Volk wie ein guter Hirte. Die Lämmer
nimmt er auf den Arm und hüllt sie schützend in seinen
Umhang.»

Was für ein Gott, der mich so liebt, dass er mich in guten und schlechten Tagen nah an seinem Herz hält. Der
mich schützt. Für mich sorgt. Mich trägt.

Gott ist gut!

*2021: Die Hochzeit unseres Sohnes Joel
bringt die ganze Familie einmal wieder zusammen.*

Liebe Leserin, lieber Leser,

das war's nun ... Ich hoffe, du hattest einige vergnügliche und interessante Stunden mit uns Müllers!

Falls du mehr von uns lesen willst, schau gerne mal vorbei auf meinem Blog: www.unverschleiert.com.

Wie es mit uns in Saudi-Arabien weitergegangen ist? – Ja, das ist noch mal eine ganz andere Geschichte!

Herzlich,
Marianne

Danke

Mein geliebter himmlischer Vater!

Mama, für deine Liebe.

Matthias, dass du in guten und schlechten Tagen
an meiner Seite bist.

Meine einmalige Familie, ich liebe euch!

Annette und Evin, für eure Freundschaft und euer
hilfreiches Feedback zum ersten Entwurf.

Bernd, für deine wertvollen Rückmeldungen zum Text.

Peter, for praying. *«The prayer of a godly person is powerful.»*

Anne, du bist so eine gute Lektorin! Ich staune darüber,
was du aus meinem Manuskript gemacht hast.